태라의 점성학 1

| 운명의 별 |

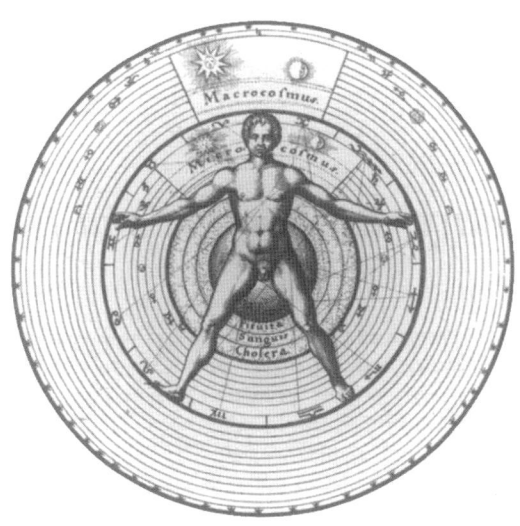

태라의 점성학 1
운명의 별

초판 1쇄	2016년 07월 07일
2쇄	2019년 11월 25일

지은이	태라 전난영
발행인	김재홍
편집장	김옥경
디자인	박상아, 이슬기
마케팅	이연실

발행처	도서출판 지식공감
등록번호	제396-2012-000018호
주소	경기도 고양시 일산동구 견달산로225번길 112
전화	02-3141-2700
팩스	02-322-3089
홈페이지	www.bookdaum.com

가격	27,000원
ISBN	979-11-5622-193-7 14160
SET ISBN	979-11-5622-188-3 14160

CIP제어번호	CIP2016015115

이 도서의 국립중앙도서관 출판도서목록(CIP)은 서지정보유통지원시스템 홈페이지(http://seoji.nl.go.kr)와 국가자료공동목록시스템(http://www.nl.go.kr/kolisnet)에서 이용하실 수 있습니다.

ⓒ 태라 전난영 2016, Printed in Korea.

- 이 책은 저작권법에 따라 보호받는 저작물이므로 무단전재와 무단복제를 금지하며, 이 책 내용의 전부 또는 일부를 이용하려면 반드시 저작권자와 도서출판 지식공감의 서면 동의를 받아야 합니다.
- 파본이나 잘못된 책은 구입처에서 교환해 드립니다.
- '지식공감 지식기부실천' 도서출판 지식공감은 창립일로부터 모든 발행 도서의 2%를 '지식기부 실천'으로 조성하여 전국 중·고등학교 도서관에 기부를 실천합니다. 도서출판 지식공감의 모든 발행 도서는 2%의 기부실천을 계속할 것입니다.

태라의 점성학 1

| 운명의 별 |

Tera's Astrology

태라 전난영 지음

지식공감

서문

마법과 깨달음의 도구 점성학

'어떻게 살아야 할까?'라는 물음을 놓고 오랜 시간 고민한 적이 있었다. 그저 하루하루 먹고사는 것에 충실하며 사는 삶이 아니라 뭔가 이 세상을 위해 의미 있는 일을 해보고 싶었다. '그렇다면 내가 잘하는 것이 무엇일까?'라는 오랜 물음 끝에 내가 가진 지혜와 통찰을 이 세상에 내어놓고 가겠다는 생각을 하게 되었다.

삶의 막다른 길에서 나는 점성학(astrology)을 만났고, 운명처럼 점성학을 시작하게 되었다. 점성학은 나에게 세상을 보는 새로운 도구가 되어 주었다. 또한 점성학은 좀 더 인생을 다차원적으로 접근하게 만들어 주었고, 인간 개개인의 카르마를 더욱 깊이 이해할 수 있는 계기를 만들어주었다. 이후 수백 명의 다양한 분들의 사연과 이야기를 듣고 상담을 하면서 얻은 배움을 토대로 이 책을 집필하게 되었다.

나는 별을 참 좋아했다. 옥상에 올라가 하늘의 별들을 바라보면 신기했고 시간 가는 줄도 몰랐다. 그래서 여름밤엔 옥상에 돗자리를 깔고 별을 보다가 잠이 들 때도 있었다. 별을 바라보고 있으면 '무한한 우주 속에 나란 존재가 먼지와 같구나!'라는 생각과 더불어 한편으론 무한한 우주의 에너지를 들이마시는 것처럼 신비로웠다.

1987년 핼리혜성이 지구 근처에 근접할 때는 매일 밤 옥상에 올라가 하늘만 바라본 적도 있었다. 별은 나의 친구였고 나의 놀이터였다. 그래서 난 대학에 진학할 때 천문학과에 가고 싶었다. 주변 사람들 모두 나에게 천문학과를 나와서 뭐를 하겠냐며 말렸다. 결국 난 의류학과를 선택했다. 이때부터 현실과의 타협이 시작되었던 것 같다. 그리곤 별은 점점 나에게서 멀어지고 현실적인 눈을 뜨기 시작했다. 그런데 몇십 년이 지난 지금 내가 점성학을 공부하고 있다.

점성학은 원래 천문학의 하나였다. 그런데 기술이 발달하고 과학이라는 분야가 생기면서 천문학이 과학의 한 분야로 떨어져 나갔다. 혹자는 천문학에서 점성학이 분리되어 나갔다고 말하기도 하지만 내가 볼 때는 점성학에서 천문학이 분리되어 과학에 포함되었다고 본다.

사실 이런 경우는 많다. 연금술에서 화학이 탄생되었고, 수비학에서 수학이 탄생되었고, 점성학에서 천문학이 탄생되었고, 자연철학에서 물리학이 탄생되었다. 그래서 피타고라스는 수학자이자 철학자로 알려졌고, 레오나르도 다빈치는 화가, 해부학자, 식물학자, 천문학자, 지리학자라고 하는데, 내가 보았을 때 '피타고라스'나 '레오나르도 다빈치'는 마법사였다.

마법사는 연금술, 자연철학, 점성학, 수비학, 해부학, 식물학, 미술, 음악, 지리 이 모든 것에 통달해야만 했다. 서양에 마법사들이 있었다면 동양에는 선비들이 마법사를 대신했다. 조선시대 선비들은 사서삼경(四書三經)을 공부했는데, 사서삼경이란 『대학』, 『중용』, 『논어』, 『맹자』, 『시경』, 『서경』, 『역경』으로 『역경』이 바로 『주역』이다.

『주역』은 미래 예언서이기도 하다. 음양론을 바탕으로 우주 삼라만상의 이치를 통달하는 것으로, 과거·현재·미래에 대한 정보를 분석하는 학문이 바로 『주역』이다.

『주역』은 철학, 도학, 천문학, 수학, 지질학, 물리학, 생물학, 종교학, 사회학, 정치학, 심리학 등 모든 요소가 통합된 학문의 원형이라고 할 수 있다. 그래서 옛날 선비들은 모든 학문에 통달하는 자이기도 하다.

그런데 이런 총체적이고 원형적인 학문에서 과학이라는 분야가 떨어져 나감으로 인해, 우주 삼라만상의 이치를 통해 미래를 예지하는 학문은 미신 취급을 당하게 되었고, 점쟁이들의 소산물이 되어 버렸다. 그러나 세계를 움직이는 최상층부들은 미신이라 취급당하는 마법을 비밀리에 활용하고 있었다. 그들이 바로 '프리메이슨(Freemason)'이다.

프리메이슨은 마법의 종교이다. 일반 서민들은 접근하지 못하게 미신으로 취급하게 만들어 버렸으면서, 정작 마법은 그들의 전유물이 되어 있었다. 요즘은 마법의 체계가 분리되어 실생활에 적용되고 있는데, 대체로 치유 목적으로 활용되고 있다. 요가, 명상, 아로마테라피, 타로, 점성술 등이 바로 그것이다.

점성학은 천문학적 현상을 통하여 인간세계의 사건들을 풀어내는 도구이다. 동양에 음양오행을 통한 명리학이 있다면, 서양에는 천문학을 이용한 점성학이 있다. 명리학이나 점성학이나 모두 인간세계의 길흉화복을 점치는 도구이자 인간세계의 이치를 담고 있는 학문이다.

고대 점성학은 수메르, 메소포타미아, 고대 이집트에서 영향을 받아 그리스, 로마에 정착되었다. 서양에서는 이 점성학이 활발하게 이용되고 있는데, 물론 비공식적이지만 미국 나사에서 우주선을 발사할 때도 이 '때'란 걸 맞춰서 발사한다. '때'는 무척 중요한 시간의 마법이다. 점성학은 이 시간의 마법을 살펴보는 도구이며, 서양정신의 완성은 '마법'으로 완성된다.

마법이란 창조의 힘이다. 이 마법을 알아가기 위해서는 카발라(Kabbalah)를 알아야 하고, 카발라 체계를 알고 난 뒤에는 점성학을 알아야 한다. 카발라는 열 개의 세피롯(Sefirot, 생명나무)을 통해서 내려오는 신의 에센스이다. 즉, 보이지 않는 신의 에너지가 물질화되는 과정을 생명나무라는 도구를 사용하여 설명한 것이 바로 카발라이다. 이 생명나무는 에너지 전압기처럼 신의 에너지가 차원을 낮춰 물질계에 현현하는 과정을 보여준다.

신의 체계를 통해 영의 에너지가 어떻게 물질화되는지에 관한 과정을 파악하고 난 뒤에는 점성학을 통해서 영의 세계에 접속하는 '때'를 알아야만 한다. 즉, 신과의 약속 시간을 잡을 때 바로 이 점성학을 이용한다.

절묘한 타이밍을 파악하고 자신의 소원을 집중하면서 믿음을 가질 때 우리의 소원은 물질화가 빨라진다. 때를 안다는 것은 나아갈 때와 물러설 때를 안다는 것이다.

서양정신의 기초에는 카발라와 점성학 그리고 상징의 도구인 타로가 있다. 이 셋은 모두 연결되어 있으며, 이 모두를 알아야 마법 체계에 접근할 수 있다. 또한 카발라, 점성학, 타로는 길흉화복을 점치는 도구로 사용되기도 했다. 그러나 여기에서 중요한 것은 자신이 깨달은 만큼 보이고 자신이 깨달은 만큼 접근할 수 있다는 것이다.

인간이 세상을 살면서 가장 알고 싶어 하고 호기심을 느끼는 분야는 바로 '자기 자신'이다. 끊임없이 자신을 탐구하고 자신을 알아가는 것이 우리 인생의 최종 목표이기도 하다. 세상의 모든 사람들은 저마다 배워야 하는 깨달음의 과정을 거쳐야 한다. 그리고 보면 이 지구란 곳은 나를 정련하는 정련소이기도 하다.

서양의 점성학은 깨달음의 도구인 카르마(karma, 자신이 갚아야 하는 빚)와 다르마(dharma, 자신에게 할당된 역할)에 대한 풀이가 잘되어 있다.

이번 생에 내가 깨달아야 하는 것은 무엇이고, 내가 이번 생에 꼭 이루어야만 하는 어젠다(agenda)는 무엇인지 스스로 깨달아야 한다. 물질에서 이루는 것만이 전부가 아니라, '혼'의 측면에서 이루어야 하는 숙제도 있다. 이것을 깨닫지 못하면 영의 발전 없이 의식은 계속해서 추락하고 만다.

  모든 사람이 이 마법의 도구를 사용할 필요는 없다. 각자 자신에게 맞는 깨달음의 도구가 있기 때문이다. 즉, 어떤 옷을 입느냐의 문제이기도 하다. 어떤 사람은 직장에서 자신의 일을 하면서 전문가가 되기도 하고, 또 어떤 사람은 사람과 자연을 대하면서 자연의 이치를 깨우치기도 한다. 저마다 제각각 눈이 다르고 생김새가 다르듯, 각자 자신에게 할당된 도구로 세상의 이치를 살펴보는 것이다. 저자로서 바라는 바가 있다면, 자신의 인생을 살아가는 데 있어서 이 책이 한 줄기 조그만 빛이 되었으면 한다.

  마지막으로 내가 점성학을 이야기하면서 스스로 깨달을 수 있는 여러 가지 장치들을 넣어놓았으니, 자신의 카르마와 다르마를 창문 너머로 엿보면서 스스로 자신을 분석해나가길 바란다. 이것이 내가 점성학을 풀이하는 이유이다.

  나는 안내자이다.
  자신에게 이르는 길을 안내하는 안내자일 뿐이다.
  자신에게 이르는 길은 자신만이 도달할 수 있다.

- 태라 전난영 -

contents

서문 마법과 깨달음의 도구 점성학 · 4

Chapter 1   12궁(Sign)

01 공간의 궁합과 천궁도   31

02 12궁과 춘분점   36

03 세차운동과 점성학 시대   40

04 12궁의 특성   43
상승점: 빛이 열리는 시간 / 양자리(백양궁, Aries): 길을 만드는 리더 / 황소자리(금우궁, Taurus): 지조를 지키는 귀부인 / 쌍둥이자리(쌍자궁, Gemini): 바람의 전령 / 게자리(거해궁, Cancer): 보호막이 강한 왕비 / 사자자리(사자궁, Leo): 명예를 중시하는 왕 / 처녀자리(처녀궁, Virgo): 꼼꼼한 비서 / 천칭자리(천칭궁, Libra): 공정한 판관 / 전갈자리(천갈궁, Scorpio): 깊게 파고드는 탐정 / 사수자리(인마궁, Sagittarius): 이상을 펼치는 종교가 / 염소자리(마갈궁, Capricorn): 보수적인 정치가 / 물병자리(보병궁, Aquarius): 변화를 이끄는 혁명가 / 물고기자리(쌍어궁, Pisces): 경계를 허무는 신비가

05 12궁과 10행성의 궁합   94
도머사일, 룰러십 / 엑절테이션 / 데트리먼트 / 폴

Chapter 2   10행성

01 행성의 종류와 분류   115

02 천동설 vs 지동설   119

03 10행성의 특징   122
태양(Sun): 야망이 넘치는 청년 / 달(Moon): 변덕이 심한 여인 / 수성(Mercury): 눈치 보는 소년 / 금성(Venus): 매력적인 정부 / 화성(Mars): 전쟁터의 무사 / 목성(Jupiter): 허세 많은 중년 / 토성(Saturn): 고독한 노인 / 7행성별 생김새 / 천왕성(Uranus): 광기의 천재 / 해왕성(Naptune): 허무한 몽상가 / 명왕성(Pluto): 어둠의 보스

Chapter 3   행성별 분석

01 12궁에 위치한 행성들   155

02 태양: 빛의 속성   157
양자리 태양 / 황소자리 태양 / 쌍둥이자리 태양 / 게자리 태양 / 사자자리 태양 / 처녀자리 태양 / 천칭자리 태양 / 전갈자리 태양 / 사수자리 태양 / 염소자리 태양 / 물병자리 태양 / 물고기자리 태양

03 달: 감정과 본능   185
양자리 달 / 황소자리 달 / 쌍둥이자리 달 / 게자리 달 / 사자자리 달 / 처녀자리 달 / 천칭자리 달 / 전갈자리 달 / 사수자리 달 / 염소자리 달 / 물병자리 달 / 물고기자리 달

04 수성: 지적 능력   197
양자리 수성 / 황소자리 수성 / 쌍둥이자리 수성 / 게자리 수성 / 사자자리 수성 / 처녀자리 수성 / 천칭자리 수성 / 전갈자리 수성 / 사수자리 수성 / 염소자리 수성 / 물병자리 수성 / 물고기자리 수성

05 금성: 사랑의 방식   207

양자리 금성 / 황소자리 금성 / 쌍둥이자리 금성 / 게자리 금성 / 사자자리 금성 / 처녀자리 금성 / 천칭자리 금성 / 전갈자리 금성 / 사수자리 금성 / 염소자리 금성 / 물병자리 금성 / 물고기자리 금성

06 화성: 공격 성향   218

양자리 화성 / 황소자리 화성 / 쌍둥이자리 화성 / 게자리 화성 / 사자자리 화성 / 처녀자리 화성 / 천칭자리 화성 / 전갈자리 화성 / 사수자리 화성 / 염소자리 화성 / 물병자리 화성 / 물고기자리 화성

07 목성: 확장하는 방법   231

양자리 목성 / 황소자리 목성 / 쌍둥이자리 목성 / 게자리 목성 / 사자자리 목성 / 처녀자리 목성 / 천칭자리 목성 / 전갈자리 목성 / 사수자리 목성 / 염소자리 목성 / 물병자리 목성 / 물고기자리 목성

08 토성: 지키는 방법   241

양자리 토성 / 황소자리 토성 / 쌍둥이자리 토성 / 게자리 토성 / 사자자리 토성 / 처녀자리 토성 / 천칭자리 토성 / 전갈자리 토성 / 사수자리 토성 / 염소자리 토성 / 물병자리 토성 / 물고기자리 토성

09 천왕성: 특별한 재능   251

양자리 천왕성 / 황소자리 천왕성 / 쌍둥이자리 천왕성 / 게자리 천왕성 / 사자자리 천왕성 / 처녀자리 천왕성 / 천칭자리 천왕성 / 전갈자리 천왕성 / 사수자리 천왕성 / 염소자리 천왕성 / 물병자리 천왕성 / 물고기자리 천왕성

10 해왕성: 헌신과 희생   260

처녀자리 해왕성 / 천칭자리 해왕성 / 전갈자리 해왕성 / 사수자리 해왕성 / 염소자리 해왕성 / 물병자리 해왕성 / 물고기자리 해왕성

11 명왕성: 끌어당기는 자력   265

처녀자리 명왕성 / 천칭자리 명왕성 / 전갈자리 명왕성 / 사수자리 명왕성 / 염소자리 명왕성

Chapter 4   12하우스

01 12하우스의 특징   273

02 1하우스(자신의 방)   274
1하우스 태양 / 1하우스 달 / 1하우스 수성 / 1하우스 금성 / 1하우스 화성 / 1하우스 목성 / 1하우스 토성 / 1하우스 천왕성 / 1하우스 해왕성 / 1하우스 명왕성

03 2하우스(재물방)   284
2하우스 태양 / 2하우스 달 / 2하우스 수성 / 2하우스 금성 / 2하우스 화성 / 2하우스 목성 / 2하우스 토성 / 2하우스 천왕성 / 2하우스 해왕성 / 2하우스 명왕성

04 3하우스(가까운 이웃·친척 그리고 형제방)   292
3하우스 태양 / 3하우스 달 / 3하우스 수성 / 3하우스 금성 / 3하우스 화성 / 3하우스 목성 / 3하우스 토성 / 3하우스 천왕성 / 3하우스 해왕성 / 3하우스 명왕성

05 4하우스(아버지 및 가족의 방)   298
4하우스 태양 / 4하우스 달 / 4하우스 수성 / 4하우스 금성 / 4하우스 화성 / 4하우스 목성 / 4하우스 토성 / 4하우스 천왕성 / 4하우스 해왕성 / 4하우스 명왕성

06 5하우스(연애와 자녀의 방)   304
5하우스 태양 / 5하우스 달 / 5하우스 수성 / 5하우스 금성 / 5하우스 화성 / 5하우스 목성 / 5하우스 토성 / 5하우스 천왕성 / 5하우스 해왕성 / 5하우스 명왕성

07 6하우스(직장 및 질병의 방)   311
6하우스 태양 / 6하우스 달 / 6하우스 수성 / 6하우스 금성 / 6하우스 화성 / 6하우스 목성 / 6하우스 토성 / 6하우스 천왕성 / 6하우스 해왕성 / 6하우스 명왕성

08 7하우스(배우자 또는 파트너의 방)   319
7하우스 태양 / 7하우스 달 / 7하우스 수성 / 7하우스 금성 / 7하우스 화성 / 7하우스 목성 / 7하우스 토성 / 7하우스 천왕성 / 7하우스 해왕성 / 7하우스 명왕성

09 8하우스(부활과 자아정련의 방)　　328
　　8하우스 태양 / 8하우스 달 / 8하우스 수성 / 8하우스 금성 / 8하우스 화성 / 8하우스 목성 / 8하우스 토성 / 8하우스 천왕성 / 8하우스 해왕성 / 8하우스 명왕성

10 9하우스(정신과 외국의 방)　　335
　　9하우스 태양 / 9하우스 달 / 9하우스 수성 / 9하우스 금성 / 9하우스 화성 / 9하우스 목성 / 9하우스 토성 / 9하우스 천왕성 / 9하우스 해왕성 / 9하우스 명왕성

11 10하우스(사회생활의 방)　　342
　　10하우스 태양 / 10하우스 달 / 10하우스 수성 / 10하우스 금성 / 10하우스 화성 / 10하우스 목성 / 10하우스 토성 / 10하우스 천왕성 / 10하우스 해왕성 / 10하우스 명왕성

12 11하우스(그룹 및 조직의 방)　　349
　　11하우스 태양 / 11하우스 달 / 11하우스 수성 / 11하우스 금성 / 11하우스 화성 / 11하우스 목성 / 11하우스 토성 / 11하우스 천왕성 / 11하우스 해왕성 / 11하우스 명왕성

13 12하우스(운둔과 명상의 방)　　355
　　12하우스 태양 / 12하우스 달 / 12하우스 수성 / 12하우스 금성 / 12하우스 화성 / 12하우스 목성 / 12하우스 토성 / 12하우스 천왕성 / 12하우스 해왕성 / 12하우스 명왕성

맺음말 천궁도 안에 내 인생이 담겨 있다!　·　363

Chapter 1

12궁(Sign)

01 공간의 궁합과 천궁도

세상에는 이런저런 길이 많다. 태양이 지나는 길이 있고, 비행기가 지나는 길이 있으며, 마찬가지로 인간이 지나는 길이 있다. 해가 동쪽에서 떠서 서쪽으로 지는 것은 태양이 걷는 길이고, 우리 인간도 각자 자신만의 패턴의 길을 걷는다.

여러 길 중에서도 자신과 잘 맞는 공간이 있게 마련이다. 자신이 쉬는 집 외에 친한 친구 집을 방문할 수도 있고, 또 덜 친한 사람의 집을 방문할 수도 있다. 익숙한 공간이 있는가 하면 낯선 공간도 있다. 자신과 비슷한 기질의 공간에서는 일종의 익숙함과 편안함을 느끼듯, 행성들도 공간과의 궁합이 있다.

태양이 한 해 동안 지나는 길을 황도(黃道)라 한다. 황도는 지구 공전에 의해 생기는 길이다. 그리고 황도의 양쪽으로 8~9도 넓이로 하늘을 두르는 띠를 황도대(黃道帶)라 한다. 이 황도대를 12등분하여 각각의 특징과 이름을 붙였는데, 이것이 황도 12궁(sign)이며, 천궁도의 기본 공간이다.

모든 별들은 이 황도대를 따라 움직인다. 황도 12궁에는 각각의 공간에 할당된 특성이 있다. 공간을 열두 개로 분류하여 열두 가지 특성의 옷을 입혀 놓은 것이 바로 황도 12궁이다.

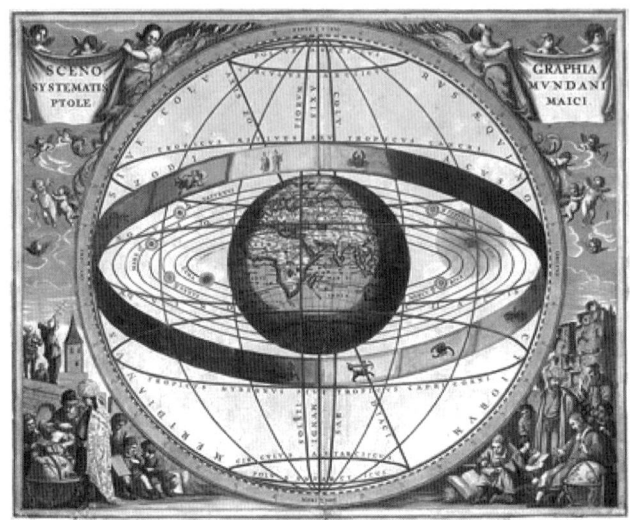

황도대의 별자리

열두 개로 나뉜 각각의 공간에는 특수 에너지 장(場)이 형성된다. 공간 에너지를 형성하는 데 있어서 주변의 큰 에너지가 가장 영향을 많이 미치듯, 12궁도 그 방향의 별자리에 영향을 받아 특유의 성격이 형성되는 것이다. 황도대에 할당된 별자리는 황도대 가까이 위치하는 '별자리'라기보다는 그 방향에 위치한 별자리이다.

사람도 태어난 지역에 따라 다른 성격, 다른 기질, 다른 품성이 발현된다. 그만큼 그 지역에 형성된 에너지 장에 영향을 많이 받는다는 것이다. 한국에서 태어나 한국 문화 속에서 자란 사람과 미국 문화 속에서 자란 사람의 마인드가 다르듯, 개개인은 공간에 형성된 에너지 장에 크게 영향을 받는다.

자신의 터전에서는 자신감이 붙는 법이다. 오랜 시간 한곳의 터에 뿌리를 내리면서 그 터에 대한 정보를 누구보다도 잘 알기 때문에 자신감이 붙는 것이다. 사람도 각각 자신의 터전이 있듯, 별들에게도 자신의 터전이 있다.

점성학에서는 별들 간 공간의 궁합을 맞추어 보며 운을 가늠하듯, 동양의 풍수는 사람과 공간의 기운을 맞추는 기법이다.

예를 들어 한반도 지형을 보면, 지형 자체가 동쪽으로 밀려 형성된 산맥으로 인해 기가 강하게 밀집되어 회오리치고 있는 볼텍스(vortex) 지역이다. 이러한 지역에 사는 사람들은 대체로 고립되면서 도를 닦기에는 최적의 환경을 만든다. 그래서 이곳 한반도는 고대로부터 대륙에서 밀려온 왕족들이 도를 닦는 지역이 되었다. 한반도에 살고 있는 우리들은 고대로 올라가면 대륙으로부터 도망 온 왕족의 후예이거나, 도를 닦기 위해 온 도인들의 후예들이 많았으며, 환경 자체가 도를 닦게 만드는 환경이 되었다.

마찬가지로 각각의 공간에 형성된 기운은 그 공간에 들어선 별들의 특성을 변하게 만들고, 공간과 별들에 영향을 받아 인간 육신에 들어온 영혼은 각각의 인생지도를 만들어간다. 대자연은 우주 공간과 별의 운동을 연결하여 인간 영혼의 길과 운명을 만들어냈다.

공간과 별의 운동을 한눈에 볼 수 있도록 펼쳐 놓은 것이 천궁도(天宮圖)[1]이다. 사람이 태어난 생년월일시(生年月日時)는 공간에 위치한 별의 위치를 결정한다. 각각의 별의 위치에 따라 개인의 성향과 성격이 달라지고 운명의 지도가 달라진다. 인간이 태어나는 출생 순간에 태양과 달을 비롯한 행성들이 어떻게 공간에 배치되느냐에 따라 인간의 성품과 운명도 달라진다. 이러한 별자리 배치도가 천궁도(天宮圖, horoscope)이다.

호로스코프(horoscope)는 그리스어로 '시간의 모습'을 뜻하는 파생어인데, 천궁도란 한마디로 시간의 모습을 도식화해 놓은 것이다. 천궁도는 영화의 '시놉시스'와 같은 것이다. 영화의 시놉시스에 어떤 디테일과 어떤 내용을 입혀서 영화를 완성시킬지는 본인의 결정 여하에 달려 있는 것이며, 천궁도는 한 사람 인생의 시놉시스를 살펴보는 좋은 도구이다.

인간은 누구나 각자 자신만의 스케줄이 있으며, 개개인 한 명 한 명의 체험은 소중한 것이다. 길도 알고 가는 것과 모르고 가는 것은 천지 차이이다. 따라서 자신의 인생에 대해 분석하고 싶은 분, 자신의 인생 시놉시스가 궁금한 분들은 자신의 출생 천궁도(출생 차트)[2]를 한 번 살펴보아도 좋은 데이터가 되어 줄 것이다. 명리학이 음양오행으로 우리의 운명을 살펴본다면, 점성학은 별자리와 행성을 가지고 우리의 운명을 살펴볼 수 있다.

---

1 특정 시간대에 위치한 행성들의 배치를 도표화해놓은 도해.
2 태어난 시간에 위치한 별의 배치도.

우리의 인생은 한 편의 영화와 같다. 점성학은 영화의 시놉시스를 눈치채는 것과 같다. 각각의 개인은 자신의 인생 시놉시스, 즉 운명의 지도를 가지고 지구에 내려온다.

이번 생에 만들어진 인생이 독립영화라면, 다음 생에는 같은 줄거리로 더욱 세련된 영화가 탄생되는 것과 같다. 처음 실패와 좌절을 겪었을 때는 견디기 힘들지만 이미 한 번 체험을 해보았기에 대응할 수 있는 힘이 생기게 된다. 즉, 이미 한번 겪어봤고 어느 정도 대비를 하고 받아들일 자세가 장착되기 때문에 처음보다 시련의 충격파는 작게 느껴지는 법이다. 그래서 나이가 들면 들수록 시련에 대해 더욱 굳건해지는 이유이다.

우리 인생이 프로그램화되어 있느냐고 묻는다면 나는 프로그램화 되어 있다고 말할 수 있다. 이 부분은 영화 〈매트릭스(The Matrix)〉를 보면 어느 정도 감을 잡을 수 있다. 개개인은 각각의 인생지도를 가지고 있다. 코스는 정해져 있지만 가는 방법은 조금씩 다를 수 있다.

영화 〈매트릭스〉에서 주인공 네오와 오라클은 다음과 같이 이야기한다.

오라클 캔디를 먹겠나?

네오 제가 먹을 거란 걸 이미 알고 있나요?

오라클 모르면 오라클이라고 할 수가 없겠지.

네오 그럼 이미 모든 것을 알고 있다면 제가 어떻게 선택을 할 수 있나요?

오라클 너는 선택하러 온 것이 아니야. 너는 이미 선택을 했지. 여기에 온 것은 왜 그 선택을 했나, 알려고 하는 거지.

02　12궁과 춘분점

　12궁은 하늘의 공간에 붙여진 이름이다. 지구를 크게 확장하여 하나의 구체로 보았을 때, 하늘 공간을 천구(天球)라 하고, 태양이 지나가는 길을 황도(黃道)라 하며, 황도의 띠를 황도대(黃道帶)라고 한다. 황도는 지구 공전에 의해 생기는 길이다. 이 황도대를 따라 별들이 움직이는데, 황도가 통과하는 별자리들은 대부분 동물을 나타낸다고 하여 조디악(zodiac)이라 부른다.

　황도대는 고대 수메르와 메소포타미아에서부터 사용됐던 개념으로 동양의 12지(十二支)와 상통하는 부분이 있다. 이 황도대를 12등분하여 각각의 특징과 이름을 붙였는데, 이것이 황도 12궁이며, 천궁도의 기본 공간이다.

　원은 360도이므로, 천구를 12등분하면 각 궁은 30도씩 할당된다. 지구가 태양을 한 바퀴 돌면 1년이 되므로, 1년을 열두 달로 나누면 대략 한 달(30일) 동안 머물다가 이동한다. 천구를 12등분하여 각각의 별자리 특성을 붙여놓았는데, 이를 12궁 또는 12sign이라고 한다.

　12궁은 춘분점을 기준으로 양자리, 황소자리, 쌍둥이자리, 게자리, 사자자리, 처녀자리, 천칭자리, 전갈자리, 사수자리, 염소자리, 물병자리, 물고기자리로 나누어진다.

춘분점 1도를 양자리 1도로 간주하는데, 양자리는 황도대의 첫 30도에 걸쳐 있다. 춘분점은 태양이 지나가는 황도와 천구의 적도가 만나는 지점(분점, 分點)이며, 날짜는 3월 20일 혹은 3월 21일부터 시작된다.

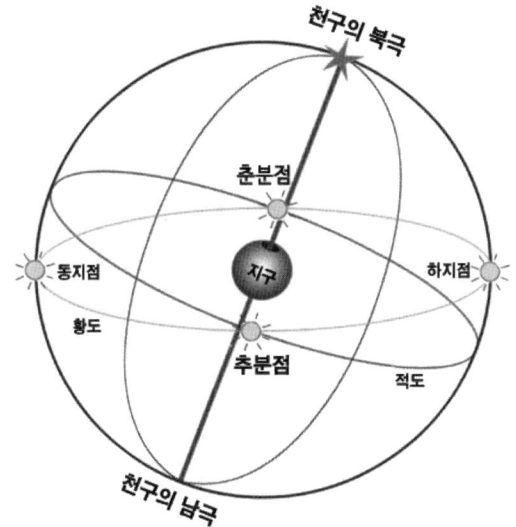

지구가 태양의 주위를 도는데 365.256일이 걸리므로, 춘분점의 정확한 시간은 매년 같지 않으며, 일반적으로 매년 약 여섯 시간 정도 늦게 나타난다.(윤년에는 뒤로 하루 건너뛴다.)

춘분점은 세차운동(歲差運動)[3]으로 인해 72년마다 1도씩 움직이며, 1년에 50.3초씩 움직인다. 따라서 춘분점은 세차운동에 따라 조금씩

---

3 회전운동을 하고 있는 물체의 회전축이 움직이지 않는 어떤 축의 둘레를 회전하는 현상이다.

움직이고 있다.

(참고로 『고전 점성술』을 집대성한 윌리엄 릴리[William Lilly, 1602~1681년]가 살던 시대와 지금의 시대는 세차운동으로 인해 춘분점이 약 5도가량 이동했다.)

지구 공전 1년에 365.256일
세차운동 72년마다 1도씩, 1년에 50.3초
춘분일 양력(3월 21일), 윤년(3월 20일)

기호	별자리	황경	태양이 머무는 기간	절기
♈	양자리(백양궁)	0도	3월 21일~4월 19일	춘분
♉	황소자리(금우궁)	30도	4월 20일~5월 20일	
♊	쌍둥이자리(쌍자궁)	60도	5월 21일~6월 20일	
♋	게자리(거해궁)	90도	6월 21일~7월 22일	하지
♌	사자자리(사자궁)	120도	7월 23일~8월 22일	
♍	처녀자리(처녀궁)	150도	8월 23일~9월 22일	
♎	천칭자리(천칭궁)	180도	9월 23일~10월 22일	추분
♏	전갈자리(천갈궁)	210도	10월 23일~11월 23일	
♐	사수자리(인마궁)	240도	11월 24일~12월 24일	
♑	염소자리(마갈궁)	270도	12월 25일~1월 19일	동지

♒	물병자리(보병궁)	300도	1월 20일~2월 18일	
♓	물고기자리(쌍어궁)	330도	2월 19일~3월 20일	

※ 태양이 머무는 기간의 날짜는 그 해 천문력에 따라 조금씩 달라진다.

춘분 태양 황경(黃經)[4]이 0도(황도와 천구의 적도 교차점)
  밤과 낮의 길이가 같다.

하지 태양 황경이 90도
  낮이 가장 길어지는 시간.

추분 태양 황경이 180도(황도와 천구의 적도 교차점)
  밤과 낮의 길이가 같다.

동지 태양 황경이 270도
  낮이 가장 짧아지는 시간.

---

4 황경은 황도 좌표의 경도(經度).

03 세차운동과 점성학 시대

지구는 자전축이 23.5도 기운 채 공전을 하고, 그 중심축은 황극을 중심으로 천천히 회전하는데 약 25,920년[5]에 걸쳐 그 회전주기를 마친다. 이것이 지구의 세차운동이다. 세차운동은 팽이를 돌릴 때 회전 속도가 줄면 팽이의 축을 중심으로 축 자체가 돌다가 멈출 때 세차운동을 관찰할 수 있다. 팽이뿐만이 아니라 특정 축을 중심으로 자전하는 물체는 중력이 작용하는 지구상에서 모두 세차운동을 한다.

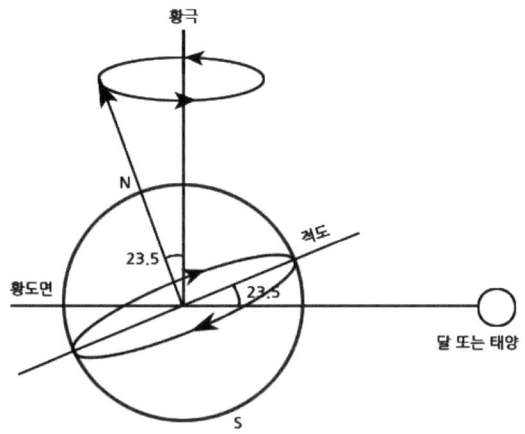

---

5 세차주기는 72년에 1도씩 움직이므로, 한 바퀴 도는 데 걸리는 시간은 대략 72×360=25,920년이다. 1년에 50.3초로 계산하면 약 25,765년 4개월 27일이다.

현재 천구의 북극은 북극성이나 대략 13,000년이 지나면 천구의 북극은 직녀성(베가)이 된다. 기원전 3,000년 전에는 용자리 알파별 투반(Thuban)이 북극성 자리에 있었다.

세차운동의 주기는 25,920년의 대년(大年, Great Year) 또는 플라톤년(Platonic Year)이라고 불린다. 이 대년을 12등분하면 2,160년씩 할당이 되고, 황도대의 12궁에 상응하는 열두 개의 별자리를 붙인 것을 점성학적 시대라고 이야기한다.

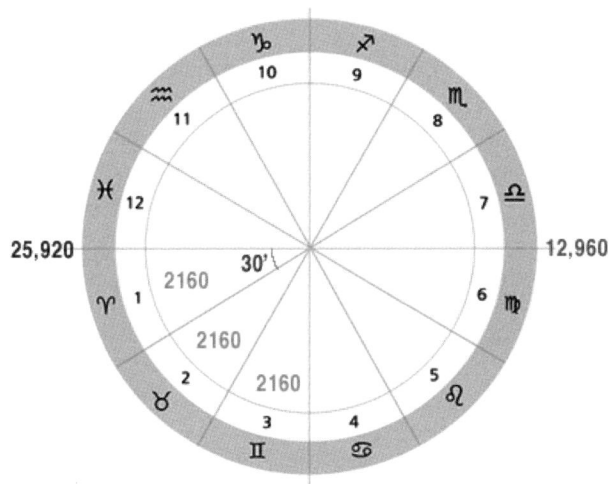

황도대 별자리는 춘분점을 기준으로 시계 방향으로 회전하지만, 점성학적 시대는 세차운동 방향(지구 자전의 반대 방향-시계 반대 방향)으로 회전한다. 황도대 별자리가 양자리-황소자리-쌍둥이자리 순으로 떠

오른다면, 점성학적 시대는 물고기자리-물병자리-염소자리 순으로 조금씩 이동한다. 지금의 시대는 물고기자리를 지나 물병자리 시대를 맞이하고 있다. 지금으로부터 약 2,000년 전 예수가 살던 시대는 물고기자리 시대였고, 지금의 시대는 물병자리 시대라고 이야기하는 것이다.

물병자리 시대는 변화, 변혁의 시대이기도 하다. 물고기자리 시대가 희생과 연민 그리고 사랑과 허용의 시대였다면, 물병자리는 새로운 변화의 흐름을 만들어가는 창조의 시대이다. 새로운 발명과 새로운 패러다임이 창조되는 시대로, 새로운 이념과 사상이 나오는 시대이다. 또한 기존의 관념을 무너뜨리고 새로운 이념을 장착하는 진보적인 시대로의 흐름을 이어갈 것이다. 이러한 시대는 곧 과학의 시대이기도 하다.

04 12궁의 특성

황도대는 춘분점을 기준으로 양자리부터 시작된다. 양자리, 황소자리, 쌍둥이자리, 게자리, 사자자리, 처녀자리, 천칭자리, 전갈자리, 사수자리, 염소자리, 물병자리, 물고기자리 순으로 회전하는데, 각 별자리는 약 한 달 동안 머물다가 이동한다.

열두 개의 궁에 열 개의 행성이 일정 기간 머물다가 지나가며, 궁과 행성이 만나 특정 성격을 형성한다. 출생 천궁도(出生 天宮圖, natal chart)[6]에서는 각각의 궁에 위치한 행성의 특성으로 성격을 분석한다.

---

[6] 태어난 시간에 위치한 별의 배치도.

12궁의 상징체계는 아래와 같은 상징으로 표현된다. '태라의 점성학'에 입문하고자 한다면, 12궁의 상징 기호와 10행성의 상징 기호는 반드시 외워야 한다.

: 12궁 상징 이미지

: 12궁 기호

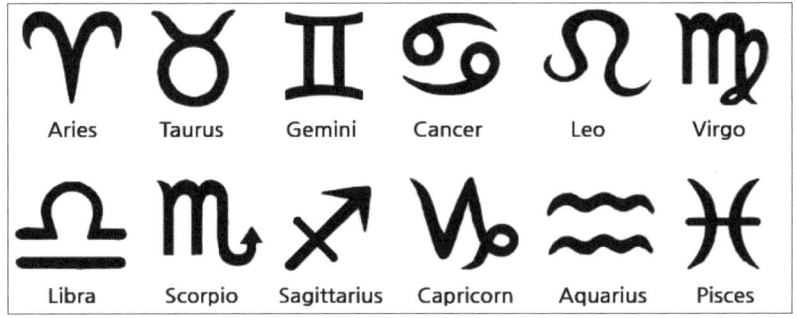

: 10행성 기호

상승점: 빛이 열리는 시간

상승점(上昇點) 또는 상승궁(上昇宮)은 동쪽 지평선에서 떠오르고 있는 황도대의 별자리로 ascendant라 한다. 약자로는 Asc 또는 AC로 나타낸다. 상승점은 동쪽 지평선으로 태양이 떠오르는 지점이며, 새로운 날이 열리는 시작점이다. 어둠 속에서 빛이 열리는 시간으로, 사물의 형체를 환히 드러내는 시간이다. 그래서 상승점은 개인의 특성을 가장 잘 나타내주는 지표가 되며, 출생 차트에서는 출생 시(時)에 의해 좌우

된다. 일반적으로 태양 점성술의 경우 태양이 위치하는 사인(sign)으로 그 성격을 유추하는데, 태양의 위치는 태어난 생월(生月)로 나타낸다. 상승점은 출생 차트 주인의 품성을 비롯한 신체적 외모에 영향을 끼치기 때문에 태양이나 달처럼 매우 중요하게 여긴다.

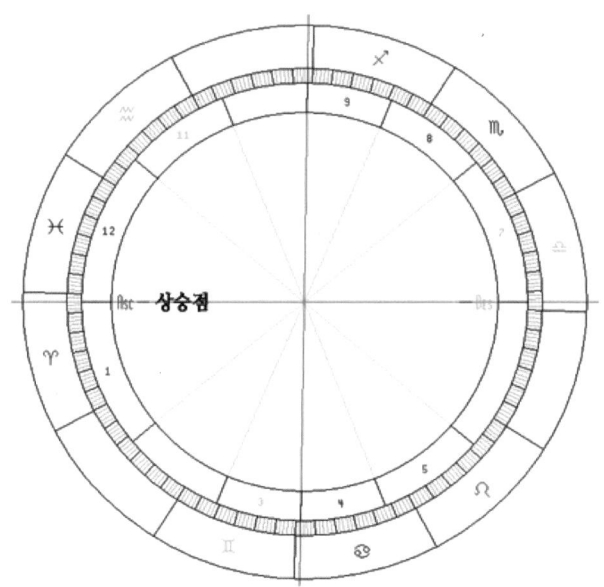

양자리(백양궁, Aries): 길을 만드는 리더

∨ 양자리는 황도대의 첫 번째 별자리로, 황도대의 0~30도 사이에 걸쳐 있는 별자리이다.

기간	(매년 평균) 3월 21일~4월 20일
원소	불
사인 룰러(sign ruler, 주인)	화성
엑절테이션(exaltation, 고양)	태양
데트리먼트(detriment, 손상)	금성
폴(fall, 쇠약)	토성

양자리의 상징 기호 ♈는 양의 뿔 모양을 닮았다. 양의 뿔 느낌은 굳건하고 강인하다. 또한 강한 의지와 집념이 담겨 있다. 양자리는 초봄의 새싹들이 추운 겨울을 지나 굳은 땅을 뚫고 나오듯, 진취적이고 에너지가 넘치며 생동감이 있다. 양의 성질은 고집이 세고 제멋대로이며 무모하고 충동적이다. 어디로 튈지 모르는 잠재적 에너지를 내포하고 있으며, 뚫고 나가려는 힘이 강하다. 에너지 자체가 생동감이 있고

열정적이다. 양자리의 파동 자체는 초봄의 새싹처럼 빠르고 가벼운 편이다. 양자리는 불 원소의 속성을 가지고 있으며, 확장하려는 남성적 성향을 띠고 있다.

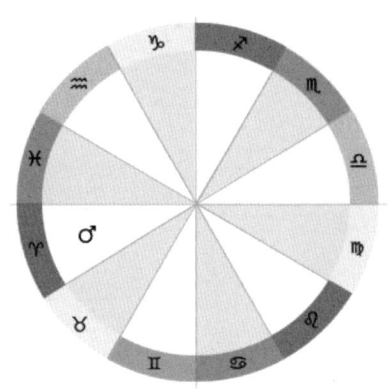

양자리의 지배 행성 혹은 룰러십(rulership)[7]을 차지하는 행성은 화성이다. 즉, 화성이 양자리의 주인 행성이 되는데, 화성이 양자리에 있을 때 화성은 자신의 힘을 가장 잘 발휘한다. 이것은 마치 화성이 자신의 집에 들어가 있는 것처럼 주인 행세를 할 수 있기 때문에 자신감이 차오르고 여유가 생긴다. 한마디로 표현하면 양자리의 집주인이 화성이다. 집주인은 자신의 집을 잘 안다. 자신의 집에서는 특유의 안정감과 자신감이 뿜어져 나오는 법이다.

또한 엑절테이션(exaltation)[8]을 얻는 태양도 화성과 마찬가지로 불 원소의 속성을 가지고 있다. 비슷한 사람은 비슷한 사람과 친구를 맺듯이, 화성과 태양은 친한 친구에 해당된다. 일단 이야기가 통하는 상대이다. 화성을 인간으로 비유하자면 군인에 비유할 수 있고, 태양은 왕에 비유할 수 있다. 마치 왕과 군인이 국정을 논의하듯, 화성과 태양은

---

7 본질적 위계를 얻는 거주지에서 '주인'의 지위를 얻는 것.

8 다섯 가지 본질적 위계 중 하나로 '고양(高揚)'이라고 하며, 가장 중요한 위계인 주인의 위치보다는 덜 중요한 위치에 해당된다.

서로 이야기가 잘 맞는 상대이다. 따라서 태양은 양자리에 들어오면 친한 친구의 힘을 얻어 기운이 고양되는 형국이다.

금성은 양자리에서 데트리먼트(detriment)[9]에 빠진다. 금성은 귀부인이고, 화성은 군인이다. 자유로운 성향의 귀부인(금성)이 질서적인 군인(화성)의 집에 들어가니, 뭔가 기운이 안 맞고 품위가 손상되는 느낌이며, 심기가 불편하고, 자신의 고유한 특성이 발현되지 못하는 느낌이다.

토성이 양자리에 들어가면 폴(fall)[10]에 빠졌다고 한다. 이것은 마치 노예 혹은 사병이 리더십 있는 장군 집에 들어가서 주눅이 들고 힘을 발휘하지 못하는 상태가 되는 것을 말한다.

· **양자리 상승궁인 사람의 품성은**

양자리 상승궁의 경우, 천궁도의 처음 시작 위치를 점하기 때문에 뚫고 나가는 용기와 추진력이 강하다. 처음으로 없는 길을 만들어가는 자리이다. 양자리는 리더의 속성이 강하다. 리더는 에너지가 넘치고 진취적이며 열정이 충만해야 한다. 또한 자신만의 신념과 사상 그리고 아이디어를 가지고 있어야 한다.

그래서 양자리 상승궁의 경우, 용기와 모험심 그리고 자기주장이 강하며 리더의 속성을 가지고 있다. 또한 프로젝트의 시작 단계를 가장 좋아한다. 굳은 땅을 뚫고 나오는 새싹처럼 생명 에너지가 충만하고 시작 단계의 아이디어가 많다. 자기 주관에 관한 고집이 있으며, 뚫고 나

---

9 본질적 위계 중 '손상'에 해당하며 품위가 손상되었다고 표현한다. 룰러십을 얻는 정반대편에 위치.

10 힘이 쇠퇴하는 위치로 '기능저하'라고 표현한다.

가려는 힘 때문에 매우 직설적이고 적극적이며 열정적이다. 모았던 에너지를 분출하듯, 초반에 강한 힘을 몰아서 사용한다.

부정적인 부분으로는 에너지가 충만하고 힘이 넘치기 때문에 넘쳐나는 에너지를 조절하지 못하고 쉽게 감정적이 되기 쉽고, 충동이 강하며 성급하다. 한 가지 생각에 꽂히면 돌진하는 힘이 강하므로, 매우 단순하고 무식하며 무모하기까지 하다.

이러한 성향은 모든 면에서 충동적으로 나타나기도 하며, 고집도 세고 자기 멋대로 튀어나가며, 주관이 강하기 때문에 자기중심적으로 보인다. 일에 있어서도 추진력이 강하고 아이디어가 풍부하다. 새로운 개성을 구축하며 독창적이고 독립적이며 적극적이다. 이런 성향은 프로젝트의 시작 단계가 잘 어울린다. 처음 시작을 세팅하고 빠지는 역할이다. 자신이 최고라는 생각을 기본적으로 깔고 있기 때문에 시샘이 많고 질투가 많으며 리더가 되려고 애를 쓰는 편이다.

· 양자리 상승궁의 경우 생김새는

양자리 상승궁인 사람의 외모는 먼저 첫인상이 강하고 눈빛이 세다. 도전적이고 강렬한 인상을 주는 사람들이 많고, 역삼각형의 얼굴에 눈에 잘 띄는 눈, 코, 입을 가지고 있다. 체형은 강인하고 팔다리가 튼튼한 체형에 단단한 몸매를 가지고 있으며 순발력이 빠르다. 건조한 체질에 약간 마른 듯 보이지만 뼈는 굵다. 눈썹은 검고 짙으며 목은 길고, 턱은 발달되었으며 각진 모양이다. 눈썹 뼈 부분이 튀어나와 있고, 구릿빛 혹은 황갈색의 건강한 피부 빛을 띠고 있다. 개성이 강한 스타일이며 왠지 믿고 따를 수 있을 것만 같은 느낌을 주기도 한다.

※ 외모에 영향을 미치는 요인

1. 상승궁에 어떤 행성이 들어가 있는가?
2. 상승점과 연결된 행성은 무엇인가?

- 금성, 목성, 달이 상승궁에 들어가 있거나 상승궁과 연결되어 있으면 외모가 준수한 편이다.

- 토성이 연결되면 건조하고 메마른 체형이 된다.

- 화성이 1번 방에 들어가 있는 경우 쌍꺼풀이 없는 눈이 많다.

- 상승점이 달이나 목성과 연결되면 살이 잘 찐다.

- 상승점이 토성과 연결되면 살이 찌는 타입은 아니다.

- 1번 방에 수성이 위치하면 머리가 작다.

- 1번 방에 목성이 위치하면 얼굴이 크고 사각이다.

- 1번 방에 금성이 위치하면 대체적으로 용모가 좋다.

황소자리(금우궁, Taurus): 지조를 지키는 귀부인

 |

∨ 황소자리는 황도대의 두 번째 별자리로, 황도대의 30~60도 사이의 궁이다.

기간	(매년 평균) 4월 21일~5월 21일
원소	흙
사인 룰러(sign ruler, 주인)	금성
엑절테이션(exaltation, 고양)	달
데트리먼트(detriment, 손상)	화성, 명왕성
폴(fall, 쇠약)	없음

황소자리는 초봄을 지나 풍요로운 대지의 여신처럼 풍성하고 여유 있으며 부드러움이 있는 궁이다. 황소의 성질은 고집이 세고 느리지만 성실하고 인내심이 강하다. 생각이 좀처럼 쉽게 바뀌지 않고 꾸준하며 충실하다. 파동 자체는 느리고 무거운 편이다. 실제로도 엉덩이가 무거운 편이나 한번 결정하면 실행력은 좋다.

황소자리는 흙 원소 속성을 지니고 있으며, 황소자리의 주인(룰러십)은 금성이다. 황소자리 금성은 집안의 안주인 성격을 가지고 있다. 여유가 있고 넉넉하기 때문에 손님을 잘 받아들인다.

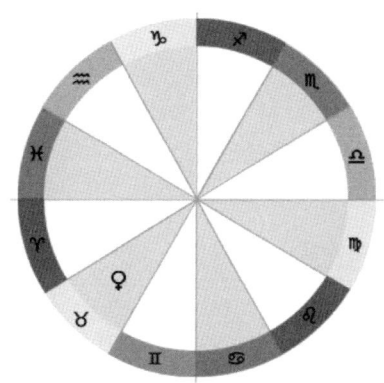

달은 황소자리에서 엑절테이션을 얻는다. 달은 금성과 마찬가지로 여성 행성이다. 마치 친한 친구 집에 놀러 간 듯 달은 황소자리에서 에너지가 고양된다. 인간으로 비유하자면 달은 왕비에 해당되고, 금성은 귀부인에 해당된다. 왕비와 귀부인이 서로 이야기를 나누듯, 황소자리에서 금성과 달은 이야기가 잘 통하는 상대이다.

반면에 화성은 금성과 정반대의 성격으로, 화성이 황소자리에 들어오면 품위가 손상된다. 질서적인 화성이 자유로운 마님 방에 들어간 형국이다. 그나마 성격 좋은 황소자리가 행성들의 기운을 잘 맞추기 때문에 기운이 쇠약해지는 행성은 없다.

· **황소자리 상승궁 사람의 품성은**

황소자리 상승궁은 리더를 뒤에서 받쳐주면서 따라가야 하기 때문에 안정적인 에너지를 가지고 있어야 한다. 뒤에 따르는 사람이 안정적으로 받쳐주고 신의를 가지고 따라주어야 리더가 일을 칠 수 있다. 따라서 황소자리 상승궁의 사람은 조용하고 생각이 깊으며 마음씨가 곱고 안정적이다. 또한 엄격하고 단호하나 인정도 많고 정직하다.

  황소자리의 가장 큰 장점은 인내심과 성실함이다. 일을 할 때 성실하기 때문에 일을 끝까지 마무리하는 성격이다. 그러나 행동이 느리고 천천히 일하는 편이다. 또한 쉽게 만족하고 신의가 있으며 무언가를 결정할 때는 신중하고 확고하다.

  어디에도 흔들리지 않고 꾹 참아내는 인내심은 사람의 마음을 편안하게 하고 안정시켜준다. 이러한 성향 때문에 황소자리 상승궁의 사람은 고집이 매우 세다. 누가 뭐라 하든 흔들리지 않는 신념과 믿음을 가지고 있고, 예민한 사람을 잘 맞추어주는 편안함을 가지고 있다. 그러나 고지식하고 융통성이 없는 것처럼 비춰질 수 있다. 보수적이고 전통적이며 진지하고 신중하다.

  에너지 파동은 다소 느리지만 수용성이 좋고 포용하고 품는 마음이 크며 한번 결정하면 끝까지 밀고 나가는 힘이 강하다. 또한 황소자리 상승궁의 사람은 지키려는 속성이 강하기 때문에 물질에 대한 소유욕이 강하고 어떻게든 지키려는 마음이 크다.

  인내를 가지고 현실적이면서도 실질적인 해결책을 강구하는 편이다. 손실에 대한 두려움을 가지고 있어서 물질에서 안정을 찾으려 하며 정신적이고 영적인 삶을 원한다. 또한 혼자 있으려 하는 속성도 강하다. 조용하고 내향적이나 한번 결정하면 쉽게 바꾸지 않고 직접 행동으로 옮기는 편이다.

• **황소자리 상승궁인 사람의 생김새는**

황소자리는 얼굴이 큰 편으로, 이마가 넓고 눈과 입이 크며 입술도 도톰한 편이다. 어깨는 넓고 튼튼한 편이며, 보통 체형에 강인하고 단단한 체형이다. 머리카락은 억센 편이다.

얼굴은 다른 궁에 비해 크고 넓은 편이며, 턱보다는 이마부터 광대까지 부분이 넓은 소를 닮은 얼굴상이다. 눈은 가로 폭이 길며 약간 처진 듯 보인다. 눈물을 머금은 듯 큰 눈에 시원스러운 얼굴 생김새를 하고 있으며 조용하고 부드러운 인상을 준다.

마찬가지로 1번 방에 어떤 행성이 들어오느냐에 따라서 얼굴의 생김새가 영향을 받으며, 또 상승궁과 연결된 행성에 따라서 기질이 달라진다. 황소자리 상승궁이 달과 연결되는 경우, 살이 찔 가능성이 높다.

쌍둥이자리(쌍자궁, Gemini): 바람의 전령

Gemini

∨ 쌍둥이자리는 황도대의 세 번째 별자리로, 황도대의 60~90도 사이이다.

기간	(매년 평균) 5월 20일~6월 21일
원소	공기
사인 룰러(sign ruler, 주인)	수성
엑절테이션(exaltation, 고양)	없음
데트리먼트(detriment, 손상)	목성
폴(fall, 쇠약)	없음

쌍둥이자리는 완연한 봄에 들어선 시간으로, 꽃을 피우고 생명체들이 매우 바쁜 시간을 보낸다. 쌍둥이자리는 열매를 맺기 위해 벌과 나비가 바쁘게 움직이는 것처럼 자연을 가꾸고 성장시킨다.

쌍둥이자리의 성격은 두 가지 성격, 즉 이중적인 성격을 가지고 있다.

이성적, 논리적 측면이 강하고 머리가 상당히 영리하고 똑똑하며 호기심이 강한 궁이다. 한 사람보다 두 사람의 머리가 좋듯, 쌍둥이자리는 영리하고 의사소통을 중시한다. 생각의 변덕이 심하고 반응이 빠른 편이다. 쌍둥이자리의 파장은 가볍고 빠르다.

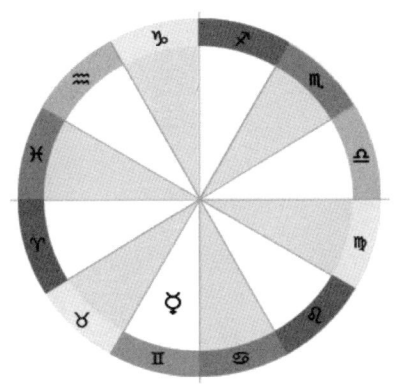

쌍둥이자리는 공기 원소의 속성을 지니고 있으며, 쌍둥이자리의 주인은 수성이다. 쌍둥이자리 수성은 에너지를 전달하는 전령(傳令)의 역할이 강하다. 수성은 일의 실무를 맡고 있는 전문가이다. 그렇기 때문에 추상적 성격을 지닌 목성이 쌍둥이자리에 들어오면 품위를 잃는다. 정신적인 종교가가 이성적이고 현실적인 실무가의 에너지 권에 들어오는 격이다.

• **쌍둥이자리 상승궁 사람의 품성은**

쌍둥이자리 상승궁은 위의 그림처럼 천궁도에서 세 번째 위치를 점한다. 양자리가 리더적 속성을 가지고 있다면, 황소자리는 리더를 지지하고 받쳐주는 사람이고, 쌍둥이자리는 앞서가는 두 사람을 연구·분석하는 사람이다. 1번의 포지션과 2번의 포지션을 연구·분석하면서 어떤 길이 과연 옳은 길인가 생각하면서 정리해 나가는 제3의 포지션이다.

쌍둥이자리 상승궁의 사람은 친절하고 이야기하기를 좋아하며, 정신 에너지를 많이 사용한다. 머리가 매우 영리하고 똑똑하며 호기심이 많다. 다목적이고 통찰력이 있으며 연구하고 분석하려는 속성이 강하다. 무슨 일이든 그 이유를 알고 싶어 하며, 자신의 생각과 타인의 생각을 비교·분석하려 한다. 매우 논리적이고 이성적이며 합리적이다.

좌우 생각을 동시에 알고자 하며 이쪽저쪽의 장단점을 따지기 때문에 생각의 변덕이 많은 편이다. 그러나 상당히 논리적이기도 하다. 반응에 대한 분석을 잘하기 때문에 상대의 말에서 많은 것들을 읽어내는 장점을 가지고 있다. 또한 한 번에 여러 가지 일들을 쉽게 처리해 내기도 한다.

때때로 매우 모순적이게도 불안하고 두 얼굴에 비판적인 측면이 있으며 조급한 편이다. 변덕이 심하기 때문에 분위기에 따라 이랬다저랬다 변덕이 극단을 오고 간다. 신경 에너지를 많이 쓰는 편이며, 매 순간의 진행 상황을 체크하려고 한다. 지루함을 싫어하고 모든 유형의 정보를 모아 동시에 여러 작업을 하는 것을 좋아한다.

주제에 깊이 들어가지 않고 광범위한 주제에 관심을 가지며 뛰어난 재치와 유머 감각을 가지고 있다. 문제의 양면성을 볼 수 있는 능력이 있고 생각이 빠르다. 그러나 우유부단한 측면이 있으며 잔소리가 많고 집중력이 부족할 수 있다. 정신적 자극을 충족하기 위해 정보를 광범위하게 흡수한다.

• **쌍둥이자리 상승궁인 사람의 생김새는**

가녀리고 연약하며 팔다리가 가늘고 얼굴은 달걀형이다. 달걀형의 작은 얼굴에 목이 가늘고 영리한 얼굴에 유순하며 반짝이는 눈을 가지고 있다. 총명하고 영민해 보인다.

1번 방에 어떤 행성이 있느냐에 따라 생김새가 달라지는데, 쌍둥이자리라 하더라도 1번 방에 목성이 들어간 경우 얼굴이 넓고 큰 편이다.

게자리(거해궁, Cancer): 보호막이 강한 왕비

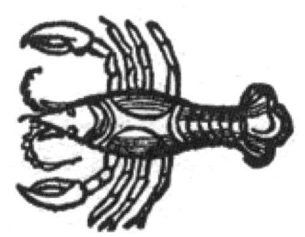 

∨ 게자리는 황도대의 네 번째 별자리로, 황도대의 90~120도 사이이다.

기간	(매년 평균) 6월 21일~7월 22일
원소	물
사인 룰러(sign ruler, 주인)	달
엑절테이션(exaltation, 고양)	해왕성, 목성
데트리먼트(detriment, 손상)	토성
폴(fall, 쇠약)	화성

게자리는 초여름의 물기운이 많은 상태이다. 완전하게 기운이 펼쳐지지는 않았기에 다소 방어막을 가지고 있다. 게의 성질은 옆으로 걷는 고집을 가지고 있다. 정면 공격하기보다는 역습을 선호하는 편이다.

고집도 여러 가지 고집 형태가 있는데, 양자리 고집은 자신의 일을 하는 데 있어서 추진력과 같은 고집으로 밀고 나가는 성격의 고집이다. 반면에 황소자리의 고집은 어떤 일을 시킬 때 자신의 마음에 들지 않으면 꼼짝도 하지 않고 반응도 하지 않으며 움직이지 않는 고집이다. 그에 비해 게자리 고집은 맘에 안 들면 엉뚱한 방향으로 튀어나가는 속성의 고집이다.

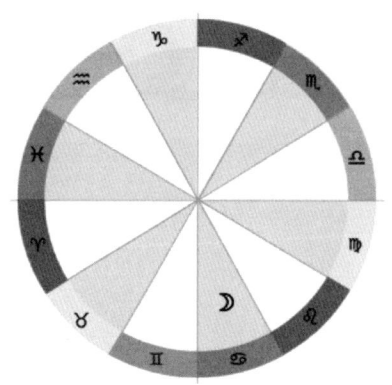

게자리는 물 원소의 속성을 지니고 있으며, 게자리의 주인은 달이다. 음의 행성인 달은 물이 많은 행성으로, 여성 특유의 정과 눈물이 많다. 게자리에 위치한 달은 왕비 격으로 들어온다.

해왕성은 게자리에서 엑절테이션을 얻는데, 해왕성도 여성 특유의 자비가 있는 행성으로 신비가에 해당된다. 해왕성은 치유가, 점술가 등 신비주의 정신 사상가 혹은 여성 무당에 해당되며, 왕비와 귀부인 등은 비밀리에 이들에게 조언을 구한다. 그래서 서로 이야기가 잘 통하는 사이가 된다.

목성도 게자리에서 엑절테이션을 얻는데, 게자리는 안방마님의 성격이 있고, 목성은 정신적 지도자 혹은 종교가의 성격이 있다. 감성이 풍부한 달은 정신적인 이야기를 나눌 신비가 혹은 종교가와 궁합이 잘 맞는다.

반면에 건조한 속성인 토성이 게자리에 들어가면 데트리먼트에 빠진다. 물을 싫어하는 염소가 물에 빠진 형국이다. 이성적인 성향의 총독이 감성적인 성향의 왕비를 만나면 서로 이야기가 통하지 않는다.

• **게자리 상승궁 사람의 품성은**

게자리 상승궁의 경우, 모성애와 보호본능이 강하다. 자기희생적이고 감정적·감상적이며, 걱정이 많은 편이다. 감정적이기 때문에 기분이 쉽게 바뀌고 변덕이 있으며 감정의 기복도 심하다. 또한 감정 분출도 많은 편이다. 동정심과 정도 많지만 눈물도 많으며 잔소리도 심하다. 반면에 상상력이 풍부하고 직관과 직감도 뛰어나며 감수성이 높다. 사교적이고 근면하며 검소하다.

보호막이 강하여 쉽게 자신을 내어주지 않으며, 정면보다는 측면을 노리며 때때로 논쟁적이다. 타인에 대한 배타성이 강하지만 안정적인 환경을 원하기 때문에 자신의 에너지 권이 평온하고 안전하기를 바란다. 가정과 재산 그리고 자신의 에너지 권에 들어온 사람은 어떻게든 소중히 여기고 보호하려는 욕망이 강하다.

헌신적, 희생적이며 직관적, 심령적이다. 지키고 보호하려는 성향이 강해 애국심도 강한 편이다. 감정적 진동에 함께 반응하므로 감정이 쉽게 변한다. 상대로부터 공감과 배려를 구하고, 자신이 희생하는 만큼 타인으로부터 애정을 갈구하기도 한다.

게자리 상승궁은 보호하고 지키려는 속성 때문에 환경에 민감하고 주변 기운의 감을 잘 포착하며 감각이 예민하다. 불안정한 환경에서는 감정적 불안감을 느끼기도 한다.

과거에 대한 기억력은 상당히 좋은 편이다. 과거의 상처를 잊는데도 시간이 많이 걸리며, 감정의 기억이 담긴 물건들은 모아두고 쌓아두는 편이다. 과거를 추억할 수 있는 물건을 간직하길 원하고, 과거 기억 속에서 안정감을 느끼려는 측면이 강하다. 주변 사람들을 보호하고 양육하려는 속성 또한 강하다. 조그만 일에도 걱정을 많이 하며, 위궤양을 조심해야 한다.

• 게자리 상승궁인 사람의 생김새는

얼굴은 전체적으로 둥근 편이며 창백하다. 천진난만한 얼굴에 턱은 둥글고 코는 작다. 키는 평균적이며 상체가 하체보다 두툼하다. 전반적으로 건강이 약한 편이다. 여자의 경우 둥글둥글 하면서도 여성성이 강하다.

게자리 상승궁에 달이 들어가 있으면 정이 많고 매우 감성적이고 감정적이다. 또한 게자리 상승궁에 금성이 들어가 있으면 인물이 좋게 빠지고, 게자리 상승궁에 목성이 들어가 있으면 쉽게 살이 찌는 체질이 된다. 게자리 상승궁에 화성이 들어가 있으면 다혈질이 된다.

사자자리(사자궁, Leo): 명예를 중시하는 왕

∨ 사자자리는 황도대의 다섯 번째 별자리로, 황도대의 120~150도 사이이다.

기간	(매년 평균) 7월 22일~8월 22일
원소	불
사인 룰러(sign ruler, 주인)	태양
엑절테이션(exaltation, 고양)	명왕성
데트리먼트(detriment, 손상)	천왕성, 토성
폴(fall, 쇠약)	없음

사자자리는 여름의 찬란한 태양빛이 비치는 계절의 절정이다. 사자는 자신의 위엄을 뽐내고 자신만만하며 당당하게 최고의 권위를 갖는다.

사자의 성질은 위엄이 있고 자기중심적이며 위압적이기도 하다. 또한 열정이 있고 인기가 많으며 여유가 있다. 사자자리의 파동은 위엄 있고 여유로운 편이다.

한여름의 뜨거운 열기와 같이 사자의 깃털은 이글거리는 태양의 열기처럼 타오르고 여름의 절정기를 맞는다. 모든 만물이 한층 솟아오르는 시기로, 자신의 기운이 뻗치는 시기이다. 그래서 사자자리는 위엄 있고 웅장하게 보이지만 조금만 도가 지나쳐 버리면 거만하게 보인다. 프라이드와 자존심이 강하기 때문에 곧 죽어도 자신의 약한 모습은 보이지 않으려 한다. 겉으로 드러나지는 않으나 감정적으로는 상처를 많이 받는 타입이다.

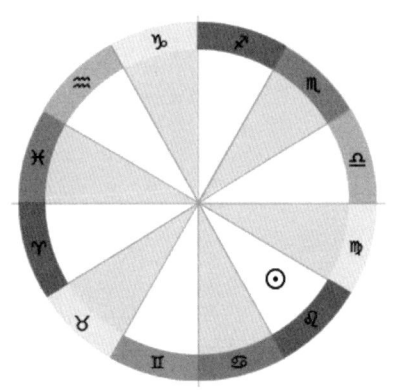

사자자리는 불 원소의 속성을 지니고 있으며, 사자자리의 주인은 태양이다. 사자자리 태양은 무리의 우두머리가 되어 자신감과 당당함으로 전체를 거느리려 한다.

사자자리 태양은 왕의 성격을 갖는다. 왕처럼 당당하고 도도하며 자존심과 자부심이 강한 성격으로 나타난다.

명왕성은 사자자리에서 엑절테이션을 얻는다. 명왕성은 밤의 제왕이 되어 낮의 제왕인 태양과 서로 각자의 에너지 권을 인정하면서 통하는 면이 있다. 천왕성은 사자자리에서 데트리먼트를 당하는데, 사자의 위엄 앞에서 천왕성의 혁명정신은 왕의 질서에 대한 반역처럼 비춰지기 때문이다.

• **사자자리 상승궁 사람의 품성은**

사자자리 상승궁의 사람은 점잖고 무게감이 있으며 진지하고 침착하다. 용기가 있고 관대하며 낙관적이기도 하다. 또한 성실하고 관대하나 지배적인 속성이 강하기 때문에 위엄 있어 보이려 하고 주변을 관리하고 지키려 한다. 야망이 강하고 자기중심적 성향도 강하다. 밝은 성격으로 천진난만한 아이와 같고, 사람들에게 칭찬과 존경 그리고 흠모받기를 좋아한다. 부정적인 측면으로는 옹졸하고 거만하며 나태할 수 있다.

사자자리 상승궁은 관리자적 속성이 강하다. 마치 기업의 사장처럼 전체를 관장하고 지키려 하며 사람들이 우러러보기를 바란다. 또한 사자자리 상승궁은 자존심이 세고 프라이드가 강하다. 겉으로는 강해 보이나 쉽게 상처를 받는 아이 같은 측면이 있다. 이런 성격은 외적으로는 강해 보이나 내적으로는 민감하고 감정을 쉽게 다치기도 한다.

관심의 중심이 되고 싶어 하며 강한 회복 능력과 생명력을 가지고 있다. 또한 자신의 행동이 다른 사람의 이익을 위하는 것이라는 믿음을 가지고 있다. 있을 때는 잘 베푸는 관대함도 가지고 있으나 반대로 없을 때는 있어 보이게 하는 허세나 사치가 생기기 쉽다. 사람들의 이목을 상당히 신경 쓰는 편이다. 감정적으로 안정이 되면 상황에 매우 충실하고 성실하며 관대한 마음과 신의가 나온다. 돈이 잘 빠져나가고 마음의 문제가 신체로 나타나기도 한다.

• 사자자리 상승궁인 사람의 생김새는

전반적으로 점잖게 보이며 크고 둥근 머리를 가지고 있다. 노려보는 것 같은 눈과 부리부리한 눈매를 가지고 있다. 몸은 크나 옆구리는 얇으며 대체적으로 넓은 이마를 가지고 있다. 또한 독수리 부리 같은 코를 가지고 있기도 하다. 전체적인 느낌으로는 프라이드가 강하고 당당해 보인다. 움직임이 느린 편이기 때문에 겉으로 보기에는 우아하고 강하게 보인다.

처녀자리(처녀궁, Virgo): 꼼꼼한 비서

∨ 처녀자리는 황도대의 네 번째 별자리로, 황도대의 150~180도 사이이다.

기간	(매년 평균) 8월 22일~9월 22일
원소	흙

사인 룰러(sign ruler, 주인)	수성
엑절테이션(exaltation, 고양)	수성
데트리먼트(detriment, 손상)	목성, 해왕성
폴(fall, 쇠약)	금성

처녀자리는 여름의 절정을 지나 결실을 맺기 전, 마치 결혼을 앞둔 순수한 처녀와 같이 수확기를 기다리는 쌀쌀하고 냉랭한 마음이 있는 여인이다. 처녀의 성질은 꽤 예민하고 민감하며 시니컬하다. 순수한 마음도 있지만 냉소적인 면도 가지고 있다. 처녀자리의 파동은 무겁지만 빠른 편이다.

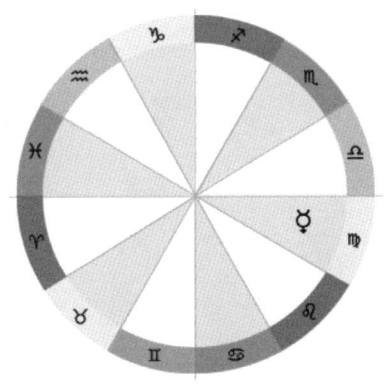

처녀자리는 흙 원소의 속성을 지니고 있으며, 처녀자리의 주인은 수성이다. 내실을 다지며 수확기를 준비하고 정리 과정에서 꼼꼼하고 섬세하며 잘 따지는 성향을 가지고 있다. 처녀자리 수성은 꼼꼼하게 내실 업무를 담당하는 시녀 또는 비서에 해당된다.

처녀자리에서 목성은 데트리먼트를 당한다. 시녀는 철학자 및 종교가의 조언이 별로 필요 없기 때문에 철학자가 시녀의 방에 들어오면 품위가 손상되는 것이다. 굳이 종교가가 처녀인 시녀의 방까지 찾아올 이유가 없다. 또한 금성은 처녀자리에서 폴(fall) 상태에 빠진다. 금성은 놀기 좋아하고 사교적인 귀부인인데, 일하는 시녀의 집에 들어가니 힘을 쓸 수가 없는 형국이다.

〈쌍둥이자리 수성과 처녀자리 수성의 차이점〉

쌍둥이자리와 처녀자리는 각각 태양과 달이 다스리는 사자자리와 게자리 옆에 시종처럼 붙어 있다. 쌍둥이자리와 처녀자리의 지배성[11]은 수성인데, 수성이 쌍둥이자리에 들어가면 전령적인 속성이 강하고, 처녀자리에 들어가면 시녀적인 속성이 강하다.

즉, 쌍둥이자리 수성은 바깥일을 보는 전령의 역할을 하며 남성성이고, 처녀자리 수성은 안의 일을 보는 시녀의 역할을 하며 여성성이다.

---

11 주인 행성.

쌍둥이자리 수성과 처녀자리 수성은 머리가 상당히 좋고 영리하다. 쌍둥이자리 수성은 외향적이기 때문에 여기저기 호기심을 가지고 정보를 찾는 성격이라면, 처녀자리 수성은 내향적이기 때문에 안에서 자료를 정리·분석하는 일이 잘 어울린다.

쌍둥이자리 수성	처녀자리 수성
외향적	내향적
남성적(양)	여성적(음)
전령	실무

• **처녀자리 상승궁 사람의 품성은**

처녀자리 상승궁은 매우 예민하고 민감하다. 예민하다는 것은 그만큼 좋고 싫은 것이 분명하다는 뜻이며, 식별력과 분별력이 좋다. 또한 비판적인 측면이 있어서 어떤 것도 쉽게 만족하는 스타일은 아니다. 정밀하고 세밀하기 때문에 모순을 찾아내서 해결해야만 하는 집착적 성향도 지니고 있다.

정리·정돈을 잘하고 청결하며 깔끔한 스타일로, 완벽을 추구하는 편이다. 어수선하거나 질서가 잡히지 않은 상황을 싫어한다. 그만큼 자기관리가 철저하다는 뜻인데, 자아를 단련하고 개발하는 데는 돈을 아끼지 않는 편이다.

조심스럽고 부끄럼이 많아 내성적으로 비춰진다. 또한 개인주의적인 성향이 강해서 자기만의 공간을 갖기를 원하고, 타인으로부터 간섭받는 것도 싫어한다. 완벽성을 추구하기 때문에 작은 부분까지 섬세하게 신경 쓰는 편이다. 좋고 싫음이 바로 표시가 난다. 그만큼 까다로운 스타일이다.

분석력이 좋고 정밀하며 체계적으로 일을 한다. 근면하고 성실하며 신뢰할 수 있는 스타일이다. 세부 작업에 대한 감각이 뛰어나고 실용적인 면이 강하다. 까다롭고 비판적이며 자기중심적으로 생각하고, 문제에 대해 분석하기를 좋아한다. 걱정하는 경향이 있고 남을 위해 일을 할 때 행복감을 느낀다. 예민하고 민감하기 때문에 때때로 휴식이 필요하다.

- **처녀자리 상승궁인 사람의 생김새는**

얼굴은 긴 편이고, 입매는 다부지며 눈은 가늘고 길다. 얼굴은 크지 않고 예민하게 보인다. 중간 정도의 키에 호리호리하고 단정하며 진지하고 예의가 바르다. 나서기를 꺼리는 편이며 눈매가 예리하고 민감하다.

천칭자리(천칭궁, Libra): 공정한 판관

∨ 천칭자리는 황도대의 일곱 번째 별자리로, 황도대의 180~210도 사이이다.

기간	(매년 평균) 9월 22일~10월 23일
원소	공기
사인 룰러(sign ruler, 주인)	금성
엑절테이션(exaltation, 고양)	토성
데트리먼트(detriment, 손상)	화성
폴(fall, 쇠약)	태양

천칭자리는 가을 수확기에 접어들어 결실을 맺는 시기에 해당된다. 나무가 열매를 맺는 시기로, 그동안의 결과물을 분별하는 시간이다. 마치 판관처럼 잘잘못을 따지고, 공과 사를 구분하며, 공정하게 나눌 것은 나누고 상과 벌을 주는 무섭고 냉정한 재판의 시간이 돌아온 것이다. 과정에 대한 결과물을 볼 수 있고 그동안의 행위에 대한 보상을 받는 시기이기 때문에 어느 때보다도 냉철하고 냉정해야 한다. 천칭으

로 무게를 달듯, 결과의 대가에 따라 상벌을 매기는 시기이다.
　천칭의 성질은 공정하고 균형적이며 세련된 조화를 이루지만 어느 누구보다 냉정한 면이 있다. 천칭자리의 파동은 가볍고 세련된 느낌이다.

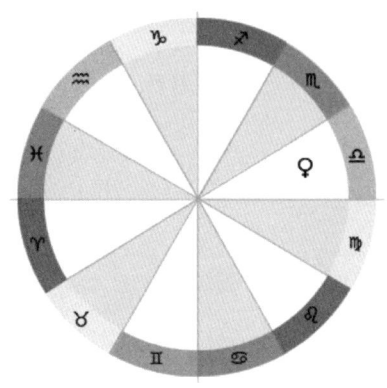

천칭자리는 공기 원소의 속성을 지니고 있으며, 천칭자리의 주인은 금성이다. 안방마님이 곡식을 내어주듯, 금성의 귀부인은 공과 사를 구분하여 일꾼들에게 곡식을 배분한다. 마치 곡식 창고 열쇠를 쥐고 있는 안방마님처럼……

　천칭자리에서 토성은 엑절테이션을 얻는데, 토성의 엄격함과 성실성이 천칭자리에서 힘을 발휘하기 때문이다. 정에 이끌리지도 않고 이성적으로 판단하는 토성은 천칭자리에서 제대로 된 역할을 할 수 있다. 한편 금성과 정반대의 성격을 가지고 있는 화성은 천칭자리에서 데트리먼트에 빠진다. 화성의 불같은 성미가 공정함에는 그다지 도움이 되지 않기 때문이다. 감정에 치우쳐 자칫 판단하는데 실수를 할 수 있기 때문이다.
　태양은 천칭자리에서 폴 상태에 빠진다. 긴 여름을 지나 가을에는 태양빛이 줄어들기 때문에 힘을 쓰지 못하고 태양의 힘은 쇠약해진다.

• 천칭자리 상승궁 사람의 성격은

　천칭자리 상승궁의 사람은 균형 감각이 발달되어 있다. 육체적으로도 균형이 잡혀 있지만 매사 균형된 감각을 놓치지 않는 편이다. 공평한 것을 좋아하고 조금이라도 한쪽으로 치우치면 분노하기 쉽다. 상냥하고 친절하며 매너가 좋지만 이러한 성향은 타인을 위한 진정한 마음이라기보다는 타인에게 잘 보이려는 마음에서 나오는 자연스런 행동이기도 하다. 그만큼 천칭자리 상승궁은 자기중심적이며 이기적이다.

　자신이 원하는 것을 쉽게 얻을 수 있을 만큼 타고난 매력이 많은 사람이기도 하며, 원하는 것을 얻을 수 있는 미묘한 기술도 가지고 있다. 천칭자리 상승궁의 상냥함과 친절함은 상대로 하여금 공감과 이해를 이끌어내기 위한 방편이기도 하다. 자신의 타고난 매력을 도움이나 호의를 받는데 잘 활용한다. 친구들과 어울려 놀기 좋아하고 활발하며 인기도 많고 사람들에게 사랑을 많이 받는다. 또한 사랑을 받을 줄 아는 말과 행동을 하는 편이다. 사람들의 관심과 인정을 받고 싶어 하기 때문에 그의 행동이 가식적으로 보일 수도 있다. 쉽게 만족하는 스타일은 아니다.

　무게를 다는 천칭처럼 결론에 도달하기 전에 상황에 대한 장단점을 측정하기 좋아하고 적절한 균형을 찾으려 한다. 공정성과 균형 감각만큼은 타고났다.
　부정적인 측면으로는 도움을 받으려는 의존성이 큰 편이며 게으르다. 직접 움직이기보다는 사람을 이용하는 편이다. 사람과 사람 사이에 오고 가는 인간적인 상호작용을 즐기며, 주변이 불안정하면 감정적으로 안정이 안 된다. 모든 사람들에게 잘 보이고 싶어 하며 논쟁의 양쪽을 볼 수 있는 능력이 있다. 너무 재는 것처럼 보이기 때문에 자칫 이기적으로 보일 수 있다. 쉽게 움직이는 스타일이 아니고 중립을 유지하려는 성향 때문에 우유부단해 보이기 쉽고, 동기부여가 되지 않으면 절대 움직이지 않는다.

- **천칭자리 상승궁인 사람의 생김새는**

키는 큰 편으로, 자세가 곧고 균형이 잡혀 있으며 약간 마른 경향이 있다. 달걀형 얼굴에 볼은 편편하며 잘 조화된 얼굴이다. 미남 미녀들의 경우 천칭자리 상승궁인 경우가 많으며, 천칭자리는 대체적으로 외모가 출중한 편이다. 연예인 기질이 있고 인기(人氣)와 광(光)을 받고 싶어 한다.

전갈자리(천갈궁, Scorpio): 깊게 파고드는 탐정

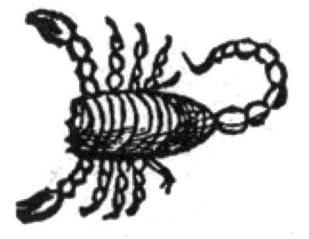 

Scorpio

∨ 전갈자리는 황도대의 여덟 번째 별자리로, 황도대의 210~240도 사이이다.

기간	(매년 평균) 10월 23일~11월 22일
원소	물
사인 룰러(sign ruler, 주인)	명왕성, 화성
엑절테이션(exaltation, 고양)	천왕성
데트리먼트(detriment, 손상)	금성
폴(fall, 쇠약)	달

전갈자리는 완연한 가을의 시기로, 초겨울의 추운 기운을 담고 있다. 마치 독침과 같은 겨울의 을씨년스런 기운을 가지고 다가온다. 또한 깊이 파고들어 자신을 돌아보는 시간을 갖게 해준다. 자신의 잘못이 무엇인지, 자신을 돌아보고 반성하는 시간을 갖는다. 전갈자리는 집행자의 성격이 강하다. 천칭자리에서 죄와 벌의 판결이 내려지면 전갈자리에서 집행하는 사자(使者) 역할을 맡는다.

전갈의 성질은 예측할 수 없고 독침이 강하며 깊이 침잠하는 성질을 가지고 있다. 전갈의 파동은 무거운 편이며 끌어당기는 힘이 강하다.

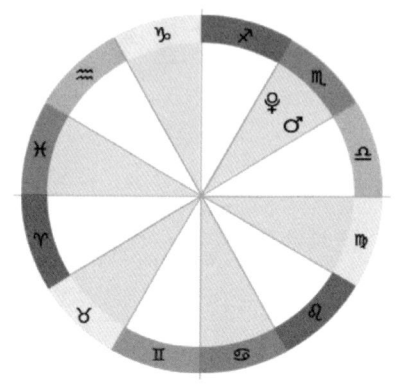

전갈자리는 물 원소의 속성을 지니고 있으며, 전갈자리의 주인은 화성과 명왕성이다. 화성이 전갈자리에 들어가면 안으로 내파한다. 화성의 찌르는 듯한 성격이 밖으로 펼쳐지는 것이 아니라 안으로 파고드는 의사와 같다. 마찬가지로 명왕성은 특유의 무거움을 가지고 어둠 속으로 깊이 침잠하는 속성을 지니고 있다. 깊은 바다로 무겁게 침몰하듯 감정은 더욱 깊게 파고든다. 전갈자리에서 명왕성은 어둠의 보스 역할을 맡는다.

전갈자리는 수술의 방이기도 하며 자신을 변성시키는 연금술의 방이다. 수술을 하는 데에 있어서 천왕성과 같은 뛰어난 머리와 과학적 생각들은 많은 도움을 주기 때문에 천왕성은 전갈자리에서 엑절테이션을 얻는다.

반면에 전갈자리에 들어온 달은 폴 상태에 빠지는데, 수술을 하는 데 있어서는 이성적인 힘이 필요하기 때문이다. 전갈자리에서 달의 감성은 그다지 도움이 되지 않는다. 감정이나 정에 호소하기보다는 차라리 자신을 도려내는 아픔을 참아내는 것이 더 전갈자리답다.

〈전갈자리 화성과 양자리 화성의 차이점〉

전갈자리 화성은 안으로 파고드는 성격이라면, 양자리 화성은 밖으로 치는 성격이다. 양자리 화성은 양의 힘으로 추진하는 힘이라면, 전갈자리 화성은 음의 힘으로 안으로 분석하고 수술하는 힘이 강하다.

양자리 화성	전갈자리 화성
외향적	내향적
양(陽)의 속성	음(陰)의 속성
외파(外破)	내파(內破)

양자리 화성은 타인을 다스리고, 전갈자리 화성은 자신을 다스린다. 전갈자리 화성은 스스로를 변화시키는 변성의 힘을 가지고 있고, 양자리 화성은 타인을 이끄는 리더적 속성을 가지고 있다. 양자리의 파괴성은 타인에게 나타나지만, 전갈자리의 파괴성은 자신에게 나타난다. 양자리가 밖으로 폭발하는 외파적 성격이라면, 전갈자리는 안으로 폭발하는 내파적 성격으로 나타난다. 그래서 전갈자리는 야심을 숨기고 양자리는 야심을 드러낸다.

• **전갈자리 상승궁 사람의 성격은**

　전갈자리 상승궁은 감정의 기복이 매우 심한 편이다. 때로는 감정이 격해지기도 하지만 밖으로 표출하지는 않는다. 일을 할 때는 야심적이고 유능하며, 결정을 내릴 때는 담대하다. 또한 직관과 통찰이 발달되어 있다. 일에 대한 자부심이 강하고 무엇이든 명확한 것을 좋아하지만 자신은 정작 비밀스러워 보이기도 한다.

　강한 집중력을 요하는 일을 좋아하며, 어려운 주제의 문제 풀기를 좋아한다. 지략이 풍부하며 질투가 많고 골을 잘 내며, 소유욕과 복수심이 강하다. 상대로부터 받은 감정의 상처는 잘 잊지 않고 가슴에 품어 두는 편이며, 원한과 복수의 마음을 갖기 쉽다.

　자신에게 맡겨진 일을 성취하려는 결심과 의지가 강하다. 원대한 계획 능력과 강한 직감 그리고 깊이 파고들어 분석하는 이성적인 힘을 가지고 있다. 감정이 깊은 만큼 상대의 에너지를 끌어당기는 자력이 강하다. 전갈의 독침처럼 명확함을 좋아하고 상대에게는 확고함을 심어준다. 극단적인 성향이 강하기 때문에 힘들고 어려운 일이나 극단적인 일을 하려는 경향이 있다. 극과 극의 성격 때문에 전부(全部)가 아니라면 차라리 전무(全無)한 쪽을 선택한다. 강렬한 감정과 욕망을 가지고 있으며, 돌아가는 모든 상황을 알아야 하지만 정작 자신은 비밀스러움을 남긴다. 속마음을 드러내지 않고 감정을 밖으로 잘 표현하지 않기 때문에 비밀스럽게 보이는 것이다.

　사랑하는 사람을 위해서는 감정이 깊고 자기희생적일 수 있으나 자신이 에너지를 소모한 만큼 상대에 대한 소유욕과 질투심이 강하다. 또한 상대가 배반했을 때 보복심을 갖기도 한다. 다른 궁보다 원과 한을 남기기 쉽다.

강한 집중력을 가지고 있어서 무엇이든 강하게 파고들며, 일이든 사랑이든 깊게 파고들어가는 편이다. 그만큼 자신의 일에서는 자존심도 강하고 자부심도 강하다.

• **전갈자리 상승궁인 사람의 생김새는**

얼굴은 각지고 사각이며 인상이 강렬하다. 신체는 튼튼하고 강인한 편이며, 안색은 어둡고 목은 짧다. 꿰뚫는 듯한 자력적인 눈과 관능적인 입술을 가지고 있으며, 도발적인 능력을 지니고 있다. 얼굴빛은 잘 빚은 듯한 구릿빛을 띠고 있다. 외모는 좋은 편은 아니나, 개성 강한 얼굴에 끌어당기는 자력이 강한 편이다.

사수자리(인마궁, Sagittarius): 이상을 펼치는 종교가

∨ 사수자리는 황도대의 아홉 번째 별자리로, 황도대의 240~270도 사이이다.

기간	(매년 평균) 11월 22일~12월 21일
원소	불
사인 룰러(sign ruler, 주인)	목성
엑절테이션(exaltation, 고양)	없음
데트리먼트(detriment, 손상)	수성
폴(fall, 쇠약)	없음

　사수자리는 초겨울에 들어서는 시간이다. 추수가 끝나고 안정기에 들어가는 시간으로, 어느 정도 태평스러움을 가지고 있다. 결과에 대한 상벌과 모든 집행이 끝나고 상처를 치유한 뒤, 에너지를 충전하는 시간을 갖는다. 모든 것이 정리된 후에 새로운 이상과 꿈을 계획하는 시간을 갖는다.
　사수의 성격은 멀리 보고 멀리 뛰며 큰 포부와 이상을 가지고 있다. 또한 운동신경이 뛰어나고 진취적이며 낙천적이다.

사수자리의 상징은 켄타우로스(Kentauros)이다. 켄타우로스는 그리스 신화에 나오는 상반신은 사람의 모습이고, 하반신은 말인 상상의 동물로 표현된다. 켄타우로스가 화살을 들고 있는 모습이 사수자리의 모습이다.

사수자리는 인간과 동물의 중간 단계로, 정신과 물질을 동시에 포함하고 있다. 인간의 정신과 동물의 본능이 공존한다. 정신은 하늘을 향해 있고, 물질은 땅을 딛고 서 있다. 우리 인간은 정신과 물질이 결합된 존재들이다. 정신은 끊임없이 하늘을 향해 올라가려 하지만, 몸은 땅에 구속되어 있다. 켄타우로스는 인간의 본질적 특성을 상징으로 잘 표현해놓았다.

은하수는 사수자리와 쌍둥이자리를 가로지른다. 사수자리가 인간의 정신과 동물적 본능으로 나눠진 지킬 박사와 하이드 같은 존재라면, 쌍둥이자리는 이성과 감성으로 나눠진 야누스(Janus)와 같은 이중적 성격으로 나타난다. 사수자리가 정신과 몸, 즉 상하로 분리된 존재라면, 쌍둥이자리는 좌뇌와 우뇌, 즉 좌우로 분리된 존재이다.

켄타우로스와 야누스

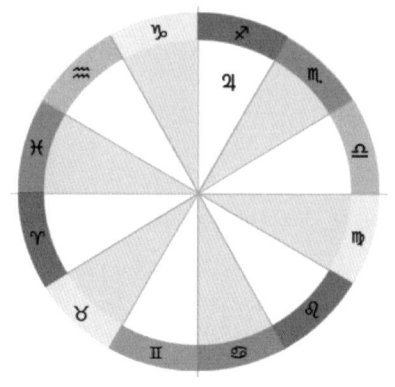

사수자리는 불 원소의 속성을 지니고 있으며, 사수자리의 주인은 목성이다.

사수자리는 이상과 꿈을 확장하고 멀리 바라보는 속성이 있는데, 목성의 확장하는 성격과 잘 맞아떨어진다. 켄타우로스가 활을 들고 멀리 쏘아 올리듯, 이상과 꿈을 크고 넓게 펼치는 형국이다.

사수자리는 멀리 바라보고 꿈과 이상이 커서 추상적인 개념에 접근을 하는데, 여기에 수성이 들어오면 수성의 구체적인 성격이 묻혀버린다. 그래서 수성은 사수자리에서 데트리먼트에 빠진다.

• **사수자리 상승궁 사람의 품성은**

사수자리 상승궁의 사람은 낙천적이고 태평하며 솔직하다. 철학적이고 이상적인 생각을 하며, 꿈과 포부가 매우 크다. 매사에 낙관적이고 열린 마음을 가지고 있으며 친절하고 정직하다. 자유를 사랑하며 더 넓은 세계로 확장하려는 속성이 매우 강하다. 이런 확장적 속성 때문에 집 안에 머물기보다는 야외활동을 좋아하며, 더 큰 이상과 비전을 가지려 한다. 때로는 이상이 너무 커서 현실과 부조화하기 쉽고 주어진 조건이나 상황에 비해 꿈을 너무 높게 잡는 편이다.

자유로움에 높은 가치를 두며, 어느 한군데에 얽매이는 것을 싫어한다. 찬양받고 싶어 하는 욕구가 큰 편이며, 강한 정신력을 가지고 있다.

　단점으로는 현실과 이상의 부조화가 생기기 쉽고, 자신의 능력치보다 높은 것을 추구하려 하며 자신을 높게 보는 경향이 있다. 세부 작업을 피하려 하기 때문에 무책임하게 보일 수 있으며, 독선적으로 비춰지기도 한다. 자랑을 잘하며 솔직하고 쿨하다. 멀리 더 높게 뻗어나가고 싶어 하며 자연과 스포츠를 사랑한다. 무료한 느낌 때문에 여행을 하고자 하며, 너무 많은 활동에 에너지를 소비한다.

・ **사수자리 상승궁인 사람의 생김새는**

　전반적으로 좋은 인상에 얼굴은 길고 큰 편으로, 턱이 길고 발달되어 있다. 팔다리는 긴 편이다. 미소 띤 입매에, 유쾌하고 명랑한 에너지를 가지고 있다. 하관이 발달된 사각 턱을 가지고 있다. 낙천적인 에너지를 가지고 있어서 밝고 명랑한 느낌이 든다.

염소자리(마갈궁, Capricorn): 보수적인 정치가

∨ 염소자리는 황도대의 열 번째 별자리로, 황도대의 270~300도 사이이다.

기간	(매년 평균) 12월 21일~1월 20일
원소	흙
사인 룰러(sign ruler, 주인)	토성
엑절테이션(exaltation, 고양)	화성
데트리먼트(detriment, 손상)	달
폴(fall, 쇠약)	목성

염소자리는 완연한 겨울에 들어선 시간으로, 땅은 얼고 수분은 말라 건조하고 차가운 기운이 들어서는 때이다. 염소자리 시간에는 에너지를 수축하고 몸을 사리며 스스로 고립되어 보호하려는 방어적 속성이 나온다.

땅이 얼듯, 긴 잠을 자듯, 염소자리는 모든 움직임을 멈추어 버린다. 밖으로 에너지가 새어나가지 않게 움직임을 최소화하고, 남은 양분을 가지고 최소한의 움직임만을 일으킬 뿐이다. 그래서 염소자리는 인색하고 보수적으로 보이는 것이다. 지키려는 힘이 강해지는 시기이다. 이러한 성향은 보수적인 정치인이나 권위를 지키려는 집정관 또는 총독으로 상징된다.

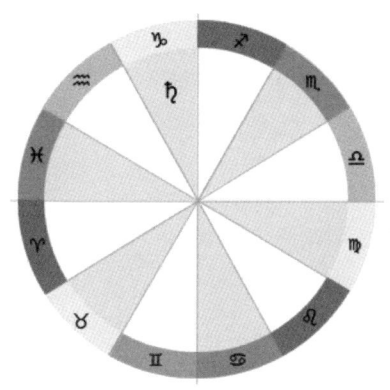

염소자리는 흙 원소의 속성을 가지고 있고, 염소자리의 주인은 토성이다. 메마르고 인색하며 권위적인 토성과 잘 맞는다.

염소자리에 화성이 들어오면 엑절테이션을 얻는데, 군인 기운의 화성과 보수적인 총독과는 기운이 잘 맞고, 이야기가 잘 통하는 상대이다.

반면에 달이 염소자리에 들어오면 데트리먼트에 빠진다. 물이 많은 달이 건조한 염소자리에 들어가면 마치 인어가 땅 위에 올라온 것처럼 품위가 손상된다. 또한 총독과 왕비는 서로 이야기의 공통분모가 없다.

염소자리에 목성이 들어오면 폴 상태에 빠진다. 목성은 확장하는 성격이 강한 반면, 염소자리는 수축하는 자리이기 때문에 목성이 염소자리에 들어오면 자신의 확장하는 힘을 발휘할 수가 없다.

• **염소자리 상승궁 사람의 품성은**

　염소자리 상승궁은 고집이 매우 센 궁이다. 지키려는 속성이 강하기 때문에 고집이 셀 수밖에 없다. 강직하고 질서적이며 인내심이 강하고 참을성이 좋으나, 반대로 융통성이 없어 보인다. 대체로 성실하고 정직하며 관리자적 속성을 지니고 있다. 또한 권력적이고 보수적인 성향이 매우 강하다. 관리자적 측면이 강하기 때문에 주변 사람들의 인생까지 관리하고 싶어 하며, 이러한 성향은 권력적인 성향으로 비춰지기도 한다.

　겨울은 움츠러들지만 내실을 다지고 미래를 준비하는 기간이다. 따라서 염소자리는 미래를 대비하고 준비하려는 속성이 강하며, 자신에 대한 보호막도 강한 편이다. 자신에게 주어진 권리를 중시하기 때문에 주어진 권리는 어떻게든 지키려 한다. 명분을 찾으려 하고 절대적 정의를 고집하기도 한다. 다소 차갑고 냉혈한 궁이며, 겉으로 표현하지 않기 때문에 뒤에서 남 탓을 하기 쉽고 보복심을 품기도 한다.

　변화에 약하고 스스로 고립되는 성향이 있으며 상처받는 것에 대한 두려움이 있다. 옛것을 지키려는 성향은 전통적으로 보이게 만든다. 또한 방어적이고 보수적인 성향이 강하다.
　질서를 잘 지키고 책임감이 강하며 인내심이 좋다. 놓지 않으려는 속성은 권위적으로 보이게 만들고 야망이 강한 것처럼 비춰진다. 매사에 진지하고 신중하나 걱정이 많고 비관적이다. 고집이 세고 보호막이 강하며 강직한 인상을 준다. 의무와 책임감을 가지고 성실히 일하려 한다.

• 염소자리 상승궁인 사람의 생김새는

체질은 건조해 보이고, 전반적으로 무겁고 침울한 느낌이며, 무표정한 얼굴에 광대뼈가 발달되어 있어서 역삼각형의 얼굴처럼 보인다. 목은 가늘고 길며 가슴도 좁고 홀쭉하다. 뼈는 가늘고 단단하며 남자는 수염 숱이 적다. 염소자리 상승궁의 경우 얼굴은 검은 편이다.

물병자리(보병궁, Aquarius): **변화를 이끄는 혁명가**

∨ 물병자리는 황도대의 열한 번째 별자리로, 황도대의 300~330도 사이이다.

기간	(매년 평균) 1월 20일~2월 18일
원소	공기
사인 룰러(sign ruler, 주인)	토성, 천왕성
엑절테이션(exaltation, 고양)	없음
데트리먼트(detriment, 손상)	태양
폴(fall, 쇠약)	없음

물병자리는 겨울의 끝에서 차갑게 얼어붙은 대지에 눈이 오고 난 뒤, 서서히 땅속으로 물이 스며드는 시간이다. 차갑고 단단한 기운을 무르게 만드는 내부의 창조 에너지가 돌아가는 시간이다. 대지에 물이 스며들고 건조한 땅에 공기가 들어가 땅을 부드럽게 만든다. 새로운 창조를 위한 준비 기간이다. 눈에 보이지는 않지만 변화의 기운이 생성되기 시작한다. 물병자리는 마치 새로운 나라를 만들려는 개혁가처럼 모든 정보를 받아들여 새로운 이념과 사상이 태동되는 시점과 같다.

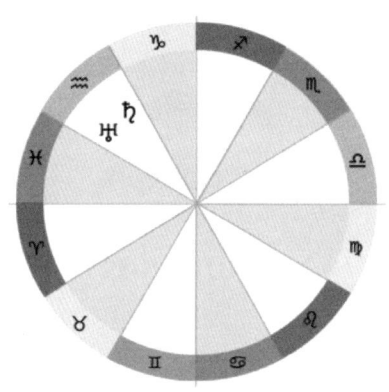

물병자리는 공기 원소의 속성을 지니고 있으며, 물병자리의 주인은 토성이다. 토성은 지배적이고 권력적인 속성이 강하기 때문에 총독, 혹은 정치인으로 표현된다.

염소자리 토성이 보수적인 총독이라면, 물병자리 토성은 혁명가에 해당된다. 염소자리 토성이 질서를 유지하려는 보수 정치인이라면, 물병자리 토성은 진보 정치인에 해당된다. 물병자리는 고착화된 질서를 부수고 새로운 변화를 시도하는 혁명가와 같다. 지키려는 자는 보수적인 색채를 띠고, 변화시키려는 자는 진보적인 색채를 띤다.

천왕성도 물병자리에서 룰러십을 얻는데, 변화가 필요한 시점이기 때문에 개혁적이고 진보적인 천왕성과 잘 맞아떨어진다. 천왕성의 창조성과 천재성은 새로운 변화의 바람을 이끄는 촉매제가 되기 때문이다. 새롭고 혁신적이며 창조적인 아이디어가 힘을 받는 시기이다.

• 물병자리 상승궁 사람의 품성은

　물병자리 상승궁의 사람은 진보적인 성향이 강하다. 틀에 얽매이지 않고 새로운 사상이든 정보든 모든 것들을 흡수한다. 생각의 자유는 자주적이고 독립적으로 만들기 때문에 개인주의적 성향을 띠기 쉽다. 생각이 독창적이고 창조적이며, 기존 질서를 따르지 않기 때문에 반항아 혹은 이단아처럼 비춰지기도 한다. 질서에 순종적이지 않고 자유를 사랑한다. 생각에 편견은 없으나 자신이 믿는 것에 강한 신념이 실리면 급진적이고 편향적일 수 있다. 관조적이고 철학적으로 생각하나, 자신의 생각과 다를 때는 무관심해지고 시니컬해지기 쉽다.

　사상에 있어서도 과격성을 내재하고 있으며, 이성적으로 생각하려 하나 잘난 체하는 것처럼 보이기 쉽다. 반항적이며 기존의 틀에 얽매이지 않는 자유로움을 가지고 있으며, 형식보다는 내용을 중시한다. 또한 인도주의적 이상이나 사상에 깊이 빠져들 수 있고, 이상을 꿈꾸며 질서에 얽매이기 싫어하는 개인주의자이다. 하지만 개인주의자라 할지라도 그룹으로 일할 때는 관습을 따르는 편이다.

　결론에 이르기까지 여러 가지 방법을 생각하려 하며, 남에게 관심을 두지 않는 만큼 뒷말을 싫어한다. 철학적이고 이상적이며 망상적이기도 하다. 규칙을 잘 따르지는 않지만 필요하다면 쉽게 적응하는 편이다. 물병자리 상승궁의 사람은 사람이나 일에 있어서 소유욕이 강한 편은 아니다. 바람처럼 자유롭고 얽매이지 않는다.

• 물병자리 상승궁인 사람의 생김새는

전반적으로 사색적인 느낌을 주는 사람이다. 체형은 보통 체형에 단단하고 강인해 보인다. 얼굴형은 약간 긴 듯한 계란형에 혈색이 좋고 안색은 깨끗하고 희다. 피부가 매우 좋은 편이나 상승점이 염소자리 가까이에 위치할수록 얼굴색은 짙어진다. 전체적으로 생기와 독창성을 지니고 있다.

물고기자리(쌍어궁, Pisces): 경계를 허무는 신비가

Pisces

∨ 물고기자리는 황도대의 열두 번째 별자리로, 황도대의 330~360도 사이이다.

기간	(매년 평균) 2월 18일~3월 20일
원소	물
사인 룰러(sign ruler, 주인)	목성, 해왕성
엑절테이션(exaltation, 고양)	금성
데트리먼트(detriment, 손상)	수성
폴(fall, 쇠약)	수성

물고기자리는 겨울이 끝나고 초봄의 시간에 들어서는 시기로, 땅은 촉촉해지고 대지에 물이 뿌려지며 새싹이 싹을 틀 준비를 하는 시간이다. 땅은 부드럽고 유연해지며 자연 만물의 기운을 받아들이기에 최적의 상태가 되어가고 있다. 모든 정보를 품어 새로운 사상을 잉태하기 위한 준비 단계에 이른 것이다. 모든 것들을 수용하고 받아들이는 최적의 상태이다.

물고기의 성질은 바다를 자유롭게 헤엄치며, 수용성이 좋고 희생적인 성격이 강하다. 물고기자리의 상징은 두 마리의 물고기가 서로 반대 방향으로 헤엄치고 있는 모습이다. 머리와 꼬리가 서로 맞물려 있는 형국으로, 시작과 끝이 연결되어 있는 모습이다. 새로운 끝은 새로운 시작과 연결되어 있다.

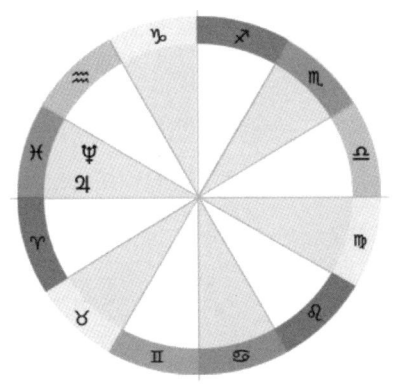

물고기자리는 물 원소의 속성을 지니고 있으며, 물고기자리의 주인은 목성과 해왕성이다.

물고기자리는 긴 겨울의 끝에 자신을 갖추고 성숙을 준비하는 시간으로, 자신을 돌아보고 남을 도와주는 신비가적인 성향을 띠고 있다.

목성이 종교가를 나타낸다면, 해왕성은 신비가 혹은 치유가를 상징한다. 신비가와 철학자 혹은 종교가는 서로 정신적인 부분에서 이야기가 잘 통하는 상대이다. 그래서 신비가인 해왕성도 물고기자리의 주인이 된다. 또한 귀부인인 금성은 물고기자리에서 엑절테이션을 얻는데, 귀부인은 신비가에게 조언을 구할 수 있고, 귀부인은 비밀스러운 신비가와 궁합이 잘 맞는다.

여기에서 게자리 달의 왕비는 왕비라는 직위 때문에 세상에 알려진 종교 지도자를 찾는 반면에, 귀부인인 금성은 비밀리에 점술이나 무당을 찾아간다. 이런 측면에서 금성은 물고기자리와 궁합이 잘 맞는다.

수성은 물고기자리에서 폴 상태에 빠진다. 구체적으로 일을 진행해야 하는 수성이 신비가와 만나면 논리적인 면에서 상충되기 때문이다.

• **물고기자리 상승궁 사람의 품성은**

물고기자리 상승궁은 모든 정보를 받아들여 통합하는 궁이다. 좋은 것이든 나쁜 것이든 가리지 않고 모두 흡수하여 자신의 것으로 만든다. 그렇기 때문에 상대의 감정을 흡수하는 스펀지와 같이 동정심과 연민의식이 강하다. 상상력도 매우 풍부하다. 블랙홀처럼 받아들이는데 익숙하기 때문에 감정의 쓰레기통 역할을 하기도 한다. 상대의 감정에 쉽게 영향을 받고 매우 감정적이기도 하다. 정에 약하여 상대의 기운에 끌려가기 쉽다. 이런 면 때문에 나약하게 보이기도 한다. 융통성은 매우 좋은 편이며 자기희생적이다. 감수성이 풍부하고 이상주의적이다. 뭐든지 흡수하는 성질 때문에 결단력이 부족해 보인다.

눈물이 많고 따뜻한 감성을 지니고 있어서 사소한 것에도 눈물을 흘리기 쉽다. 물고기자리 상승궁의 사람은 수용성이 매우 좋은 편이라 타인의 감정을 스펀지처럼 흡수한다. 타인을 위해 봉사하려 하며 사랑에 있어서는 낭만적이나 거절을 잘 못하며 우유부단하다.

　인류에 대한 연민의식을 가지고 있기 때문에 타인을 위해 봉사하려 하는 착한 사람으로 비춰진다. 그러나 자신의 일이 잘 풀리지 않을 때는 술이나 마약을 돌파구로 삼기도 한다. 고통을 통해 배우고 주변 정보와 환경을 흡수하여 내면에서 통합을 해 나간다. 매몰차게 끊지 못하기 때문에 의지력이 약한 것처럼 보이기도 한다. 감정에 빠져서 인생을 낭비하며 허우적거리는 시간이 길어지면, 자신의 행동이 초래한 결과로 인해 안 좋은 상황에 직면할 수도 있다.

· 물고기자리 상승궁인 사람의 생김새는

　전체적으로 신비롭고 조용한 인상을 띠고 있다. 남자는 어깨가 약간 굽어서 꾸부정하게 보이기도 한다. 눈이 크고 눈동자의 움직임이 적으며, 파동은 정적이고 느린 편이다. 눈가가 약간 검고 자비로운 인상을 띠고 있으며, 얼굴은 하얗거나 검거나 둘 중 하나로 나타난다. 눈 밑에 다크서클이 있는 사람들이 꽤 많으며, 얼굴 형태는 자유로운 편이다. 1번 방 행성에 영향을 크게 받는 편이며, 달이 들어와 있는 경우, 마음의 변덕이 상당히 심하다.

05 12궁과 10행성의 궁합

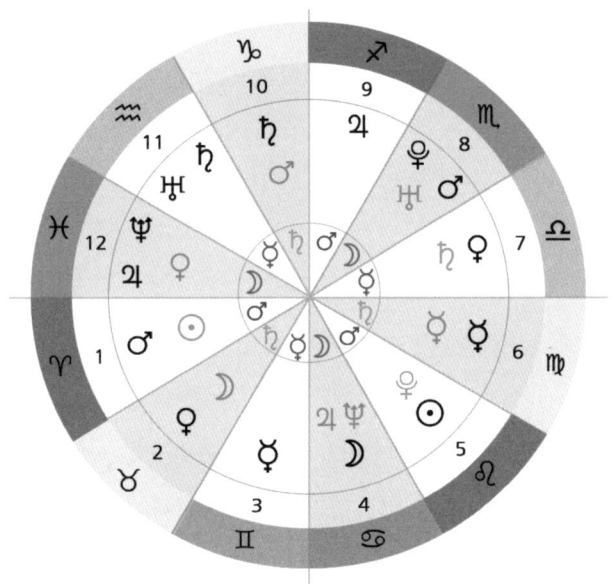

각각의 궁은 그 궁을 다스리는 지배 행성이 있게 마련이다. 지배 행성은 각각의 궁과 궁합이 잘 맞는 행성이 지배 행성이 되는데, 궁의 속성과 행성의 속성이 비슷한 경우, 각 궁의 주인 행성이 된다. 이것은 마치 사람이 집을 보러 다니다가 자신의 특징과 성향에 잘 맞는 공간을 발견하여 풍수를 보는 것과 같다. 각 궁과 행성의 궁합을 살펴보자.

도머사일, 룰러십

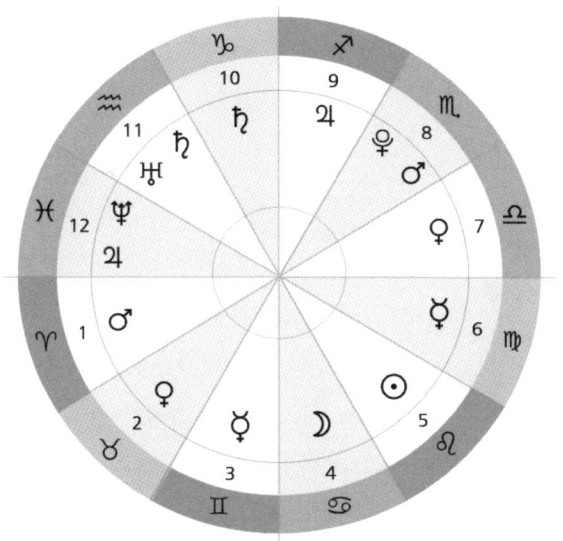

도머사일(domicile)은 거주지 혹은 주소라는 뜻이다. 즉, 자신이 집주인이 되는 장소를 말한다. 자신의 집(domicile)에 주인(lord)이 들어갈 때, 룰러십(rulership, 통치권), 즉 위계를 얻었다고 표현한다. 비유하자면 왕이 왕궁에 들어와 왕권을 얻었다는 의미이다.

룰러(ruler)는 도머사일의 집주인 격이 되는 것으로, 주인이라는 뜻의 로드(lord)라는 말로 나타낸다. 도머사일, 룰러, 로드는 모두 각 궁(sign)의 지배 행성 혹은 주인이라는 뜻으로 사용된다. (예를 들어, 목성은 사수자리에서 도머사일이고, 황소자리의 룰러는 금성이며, 염소자리의 로드는 토성이라고 표현한다.)

각 궁에는 궁을 지배하고 다스리는 주인(主人) 행성이 있고, 이 주인 행성을 지배성(支配星) 또는 지배 행성이라고도 표현한다. 12궁의 룰러를 찾는다는 것은 거주지를 나타내는 도머사일에 맞는 집주인 로드를 찾는 것이다.

다음은 각 도머사일(거주지)의 룰러(지배자) 혹은 로드(주인)를 알아보자.

♈ – ♂

양자리는 새로움이 꿈틀거리는 자리이다. 어디로 튈지 모르는 에너지가 이글거리는 곳으로, 모아둔 에너지를 분출하고 발산하는 곳이다. 이러한 에너지가 차 있는 양자리에 진취적이고 적극적인 화성이 들어오면 크게 힘을 받는다. 화성은 에너지가 고양되면서 더 진취적이고 적극적으로 변한다. 자신감이 차오르고 아이디어가 샘솟으며 충만한 에너지를 가지고 사람들을 이끄는 리더적 자질로 나타난다. 양자리에 화성이 들어가면 '양(陽)의 화성'이 되어 외부로 기운을 발산한다. 그래서 화성이 양자리에 들어갔을 때 제집에 들어간 것처럼 가장 큰 힘을 발휘하는 것이다. 양자리 화성은 전쟁을 이끄는 장수나 군인으로 상징된다.

♉ – ♀

황소자리는 온화하고 부드러운 여성궁이다. 에너지를 진정시키고 더불어 에너지를 고착시키는 궁이다. 에너지를 고착화시키려면 끌어당기는 자력이 세야만 날뛰는 에너지를 진정시킬 수 있다. 그래서 황소자리에는 자력이 센 여성 행성인 금성이 주인으로 들어오는 것이다. 황소자리는 안방마님 혹은 귀부인의 성격이 짙은 금성과 궁합이 잘 맞는다. 안방마님이 자리를 굳건히 지키고 있어야 주변이 흔들리지 않는다.

♊ – ☿

쌍둥이자리는 가볍게 움직이는 바람 같은 성격의 궁이다. 정보를 전달하고 연결하는 성격이 짙기 때문에 가볍고 빠른 수성과 잘 어울린다. 그래서 쌍둥이자리의 주인은 수성이 된다. 수성이 쌍둥이자리에 들어가면 더욱 영민해지고 재치 있어지며, 가볍고 활동적으로 일하게 된다. 수성이 쌍둥이자리에 들어가면 정보를 가지고 밖으로 움직이는 '양(陽)의 수성'이 된다. 쌍둥이자리의 주인 행성은 수성이며, 쌍둥이자리 수성은 시종 또는 전령에 해당된다.

♋ – ☽

게자리는 물이 많고 주변의 변화에 반응하면서 움직이는 궁이다. 변화가 많기 때문에 때때로 방어적으로 나온다. 이러한 성향은 모양을 자주 바꾸고 물이 많은 달과 궁합이 잘 맞는다. 시시각각 변하는 여자의 마음처럼 달도 모양을 빠르게 바꾼다. 게자리의 주인 행성은 달이다. 달은 왕비에 해당된다.

♌ – ☉

사자자리는 자연 만물이 빛을 내는 시기에 맞게 생명력이 강하고 독립적이며 권위적인 궁이다. 생명력이 차올라 자연의 위엄을 뽐내는 것이 명예를 중시하는 태양과 궁합이 잘 맞는다. 자신의 자리에서 위엄을 내품는 사자와 태양은 닮았다. 사자자리의 주인 행성은 태양이다. 태양은 왕에 해당된다.

♍ – ☿

처녀자리는 섬세하고 예민하며 정리·정돈을 잘하는 궁이다. 수성이 처녀자리에 들어오게 되면 섬세하게 정보를 다루고 처리한다. 작고 빠른 움직임으로 인해 보이지 않는 먼지를 털어내며 섬세한 부분을 신경 쓰게 된다. 처녀자리에 수성이 들어오면 '음(陰)의 수성'이 된다. 작은 부분을 디테일하게 신경 쓰고 서류를 정리하며 안살림을 살핀다. 태양의 가장 가까운 곳에서 공전하는 수성처럼 권력의 최측근에 붙어서 일을 하는 형국이다. 처녀자리의 주인 행성은 수성이다. 처녀자리 수성은 시녀에 해당된다.

♎ – ♀

천칭자리는 무엇이든 공정하게 분배하고 그동안의 결과에 대해 상벌을 매기는 궁이다. 무게를 달아 황금비율을 잡아내듯, 균형과 조화를 중시하는 궁이다. 따라서 천칭자리는 미의 행성인 금성과 잘 어울린다. 천칭자리의 주인 행성은 금성이다. 조화와 균형의 궁답게 아름다운 행성인 금성과 잘 어울린다.

♏ – ♂, ♇

전갈자리는 독침처럼 깊이 파고드는 성향이 강하다. 화성이 전갈자리에 들어오게 되면 안으로 깊이 파고드는 '음(陰)의 화성'이 된다. 전갈의 독침처럼 원점 타격을 하는 전갈자리의 특성과 불기운을 발산하는 화성은 궁합이 잘 맞는다. 화성이 전갈자리에 들어가면 외파하는 것이 아니라 내파하는 성향으로 바뀐다. 같은 폭파의 성향이 음 또는 양으로 갈라지기 때문에 전갈자리의 주인 행성은 화성이 된다.

전갈자리의 주인 행성으로 화성 외에 명왕성이 주인 행성으로 배치된다. 명왕성은 주변의 기운을 끌어모으는 자력이 매우 센 행성이다. 이러한 성향은 바다 깊이 침잠하는 전갈자리의 성격과 매우 닮았다. 그래서 전갈자리의 주인 행성은 화성과 명왕성이다.

♐ - ♃

사수자리는 이상과 꿈을 가지고 에너지를 확장하고 넓히는 궁이다. 먼 곳을 향해 활을 쏘는 켄타우로스는 더 높은 꿈을 향해 달려간다. 이러한 사수자리에 목성이 들어오면 함께 공명하며 더 크게 더 넓게 꿈과 이상을 펼치려 한다. 그래서 사수자리의 주인 행성은 목성이 된다. 목성의 확장성과 사수자리의 확장성은 서로 닮았다.

♑ - ♄

염소자리는 모든 움직임을 멈추게 하는 자리이다. 차가운 겨울처럼 차갑고 메마른 궁이기도 하다. 토성이 염소자리에 들어오면 매우 권위적이고 시니컬하게 보인다. 염소자리는 지키려는 속성과 보호막이 센 궁이다. 이러한 성향은 차갑고 건조한 행성인 토성과 닮았다. 그래서 염소자리의 주인 행성은 토성이 된다.

♒ – ♄, ♅

물병자리는 변화와 변혁의 궁으로, 천왕성과 궁합이 잘 맞고, 정치 권력적 성향 때문에 토성과도 궁합이 잘 맞는다. 토성이 물병자리에 들어오게 되면 '양(陽)의 토성'이 된다. 물병자리의 주인 행성은 토성과 천왕성이다. 천왕성은 개혁가를 상징하고, 토성은 정치가를 상징한다. 보수와 진보 두 가지의 힘겨루기가 물병자리에서 이루어지기 때문에 보수적인 토성과 개혁적인 천왕성이 물병자리의 주인이 되는 것이다.

♓ – ♃, ♆

물고기자리는 동정심과 연민의식이 강한 궁이다. 감정을 스폰지처럼 빨아들이는 궁이기도 하다. 그래서 연민이 많은 해왕성 그리고 관대한 목성과 궁합이 잘 맞는다. 목성이 물고기자리에 들어오면 퍼주는 성향이 된다. 즉, '음(陰)의 목성'이 되는 것이다. 물고기자리의 주인 행성은 목성과 해왕성이다. 목성은 종교 지도자이고, 해왕성은 신비가이다. 둘 다 추상적이고 몽상적인 물고기자리와 잘 어울린다.

엑절테이션

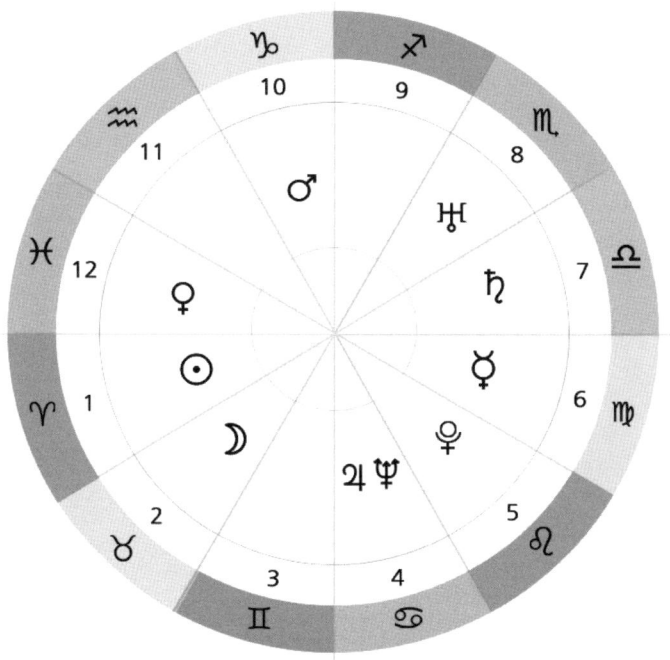

엑절테이션은 집주인이 초대한 친한 친구 격으로, 호흡이 잘 맞아서 서로 만나면 기운이 고양되는 상태이다. 왠지 모르게 존중받아 행복한 느낌을 받는 자리이다. 엑절테이션이라는 뜻은 '굉장한 행복감' 혹은 '승격'이라는 뜻으로 풀이된다. 따라서 엑절테이션의 지위를 얻었다는 것은 주인으로부터 귀빈 대우를 받는다는 뜻이다.

♈ 양자리에서 태양(☉)은 엑절테이션을 얻는다. 태양은 양자리에 들어오면 귀한 손님이 된다. 양자리 주인은 화성이고, 화성은 군인을 상징한다. 군인은 왕과 있을 때 자신의 빛을 발한다. 그래서 왕의 속성을 지닌 태양이 양자리에 들어오면 귀빈 대접을 받아 기운이 고양된다. 왕과 군인이 서로 국정을 논의하듯, 서로 말이 잘 통하는 상대가 된다. 또한 태양과 화성은 양의 행성이고, 불기운이 강하기 때문에 양자리와 잘 어울린다.

♉ 황소자리에서 달(☽)은 엑절테이션을 얻는다. 황소자리 주인은 귀부인인 금성이고, 달은 왕비에 해당된다. 왕비가 귀부인의 집에 들어오니 귀한 손님 대접을 받아 기운이 고양된다. 귀부인과 왕비는 서로 말이 잘 통하는 상대이다. 같은 여성으로 품위를 중시하고 둘 다 안주인의 성향이 강하기 때문에 서로 잘 맞는다.

♋ 게자리에서 목성(♃)과 해왕성(♆)은 엑절테이션을 얻는다. 게자리의 주인은 왕비인 달이다. 왕비는 종교가인 목성과 신비가 혹은 치유가인 해왕성을 귀하게 맞이한다. 왕비는 종교가와 신비가를 불러 영적인 조언을 구하기 때문에 이들을 극진히 대접한다.

♌ 사자자리에서 명왕성(♇)은 엑절테이션을 얻는다. 사자자리의 주인은 왕인 태양이다. 명왕성은 자신의 자리에서 끌어당기는 자력이 강한 행성으로 어둠의 보스를 상징한다. 빛의 왕인 태양과 어둠의 보

스가 만나면 같은 보스끼리 이야기가 잘 통한다. 왕은 보스를 극진히 대접하려 하기 때문에 명왕성은 사자자리에서 엑절테이션을 얻는다.

♍ 처녀자리에서 수성(☿)은 엑절테이션을 얻는다. 처녀자리의 주인은 시녀 역할을 맡은 '음의 수성'이다. 그렇다면 엑절테이션을 얻은 수성은 전령 역할을 맡은 '양의 수성'이다. 시종과 시녀는 같은 신분끼리 잘 통하기 때문에 처녀자리 음의 수성은 비슷한 역할을 가지고 있는 양의 수성을 잘 대접한다.

♎ 천칭자리에서 토성(♄)은 엑절테이션을 얻는다. 천칭자리의 주인은 조화와 균형을 가지고 있는 판관인 금성이다. 결과에 대한 상벌을 내리는 판관은 권위적인 총독을 맡고 있는 토성과 잘 맞는다. 둘 모두 권위적이고 위엄이 있으며 질서를 유지하고 지키려는 힘이 강하다. 균형과 공정함을 맞출 때는 토성의 엄격함이 필요하므로 판관인 금성은 토성을 극진히 대접한다.

♏ 전갈자리에서 천왕성(♅)은 엑절테이션을 얻는다. 전갈자리의 주인은 화성이다. 안으로 파고들어 치유하는 성격이 강하기 때문에 의사 역할을 맡고 있는 화성은 과학자인 천왕성과 이야기가 잘 통한다. 천왕성은 예측 불허하고 창조·발명적이다. 천왕성의 이러한 성질은 변화와 변성을 일으키기 때문에 전갈자리에게는 꼭 필요한 손님이 되는 것이다.

♑ 염소자리에서 화성(♂)은 엑절테이션을 얻는다. 염소자리의 주인은 국정을 운영하는 총독이다. 총독은 군인인 화성과 말이 잘 통한다. 서로 둘 다 질서를 지키려는 성향이 강하기 때문에 잘 맞는 것이다. 국정을 운영하는 총독에게 외적을 물리치는 장수는 귀한 손님이기 때문이다. 그래서 화성은 염소자리에 들어올 때 가장 권력적으로 비춰진다.

♓ 물고기자리에서 금성(♀)은 엑절테이션을 얻는다. 물고기자리의 주인은 영성과 신비를 탐구하는 해왕성이다. 귀부인은 종교가보다는 점술가, 치유가, 신비가에게 조언을 구하며, 이들을 금전적으로 지원하기도 한다. 그래서 금성은 신비가에게 극진한 대접을 받는다.

데트리먼트

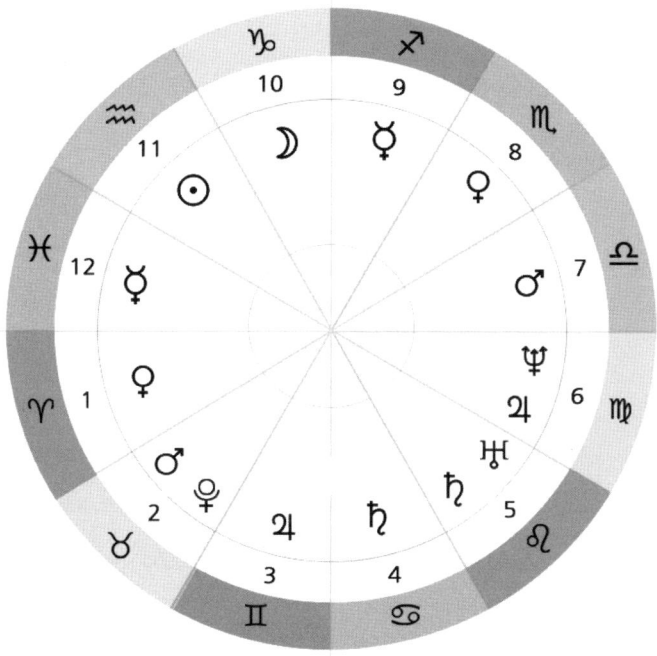

　　데트리먼트는 기운이 맞지 않는, 멀리에서 온 손님 격이다. 정반대편에 위치한 궁의 주인이 가장 멀리 위치한 반대편의 궁으로 들어오면서 서로 간에 반대적 속성을 띠게 된다. 따라서 해당 집주인이 멀리 반대편 궁에 들어가서 품위가 손상당하는 형국이다. 룰러십의 정 반대편 위치에서 데트리먼트(손상) 당한다.

♈ 양자리는 반대편에 있는 천칭자리의 지배성(支配星)인 금성(♀)과 가까이하기엔 너무 먼 당신이다. 양자리의 주인은 화성인데, 화성과 금성은 서로 반대 속성을 가지고 있기 때문에 서로 보완될 수 있으나 서로의 표현 방식과 색깔이 다르고, 의견이 다르며, 행동양식 또한 다르다.

♉ 황소자리는 반대편에 있는 전갈자리의 지배성인 화성(♂)과 먼 관계이다. 황소자리의 지배성인 금성과 전갈자리의 지배성인 화성은 둘 다 '음의 속성'이다. 서로 반대의 극성을 띠고 있으며 둘 다 고집이 매우 세다.

♊ 쌍둥이자리는 반대편에 있는 사수자리의 지배성인 목성(♃)과 먼 관계이다. 이성적이고 분석적인 쌍둥이자리에 들어온 종교 지도자인 목성은 망상가 또는 추상적인 이야기를 하는 사람으로 비춰진다. 쌍둥이자리는 현실적인 것을 원하는 스타일이다.

♋ 게자리는 반대편에 있는 염소자리의 지배성인 토성(♄)과 먼 관계이다. 왕비와 정치가가 만나 할 이야기는 별로 없으며, 정이 많은 게자리에서 완고하고 비정한 토성은 잘 어울리지 않는다. 또한 물이 많은 게자리에 메마른 토성이 들어가면 더 우울하고 비관적으로 변할 수 있다.

♌ 사자자리는 반대편에 있는 물병자리의 지배성인 토성(♄)과 먼 관계이다. 사자자리는 왕의 속성을 가지고 있기 때문에 질서를 유지하려 하지만, 물병자리 토성은 혁명을 원하기 때문에 서로의 이해관계가 다르다. 마치 나라를 뒤엎으려는 역적(逆賊)이 왕이 머무는 궁에 들어오는 형국이다.

♍ 처녀자리는 반대편에 있는 물고기자리의 지배성인 목성(♃)과 먼 관계이다. 이것은 마치 시녀의 방에 종교 지도자가 들어간 형국으로, 종교 지도자와 시녀가 만나면 딱히 할 말이 없을뿐더러 오해를 불러일으키기 쉽다.

♎ 천칭자리는 반대편에 있는 양자리의 지배성인 화성(♂)과 먼 관계이다. 천칭자리는 균형을 잡으려는 궁인데 화성이 들어와 균형을 깨뜨리기 때문이며, 원래 금성 여자와 화성 남자는 상극의 성격을 가지고 있다.

♏ 전갈자리는 반대편에 있는 황소자리의 지배성인 금성(♀)과 먼 관계이다. 황소자리 금성은 고집이 세서 의사인 전갈자리 화성이 수술을 하기가 매우 힘들다. 마찬가지로 금성과 화성은 정반대의 성격을 가지고 있다.

♐ 사수자리는 반대편에 있는 쌍둥이자리의 지배성인 수성(☿)과

먼 관계이다. 이성적인 수성과 추상적인 목성은 서로 반대적인 속성을 가지고 있다.

♑ 염소자리는 반대편에 있는 게자리의 지배성인 달(☽)과 먼 관계이다. 물이 많고 정이 많은 달과 물이 없고 메마른 토성은 서로 반대적인 속성이다. 차갑고 인정 없는 총독의 집에 왕비가 들어가면 품위가 손상된다.

♒ 물병자리는 반대편에 있는 사자자리의 지배성인 태양(☉)과 먼 관계이다. 혁명과 변화를 이끄는 물병자리의 성격과 나라를 지키고 질서를 유지하려는 왕은 서로 뜻이 다르다. 이것은 마치 왕이 역적을 치러 들어가는 형국이 된다.

♓ 물고기자리는 반대편에 있는 처녀자리의 지배성인 수성(☿)과 먼 관계이다. 물고기자리는 낭만적이고 몽상적인 반면에, 처녀자리 수성은 매우 현실적이고 분석적이기 때문에 서로 반대적 성향을 띠고 있다.

폴

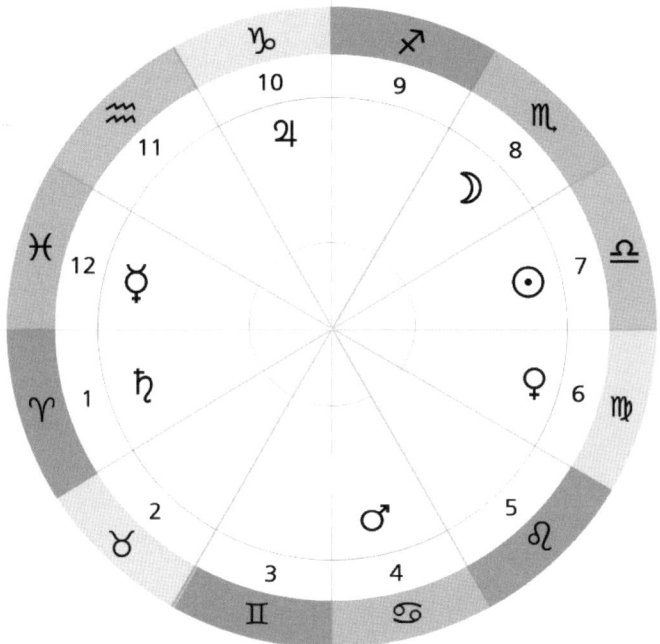

폴(fall)은 자기 기운에 맞지 않는 집에 들어가 힘을 쓰지 못하고 주눅이 든 사람이다. '폴'이라는 뜻 자체가 '나락으로 떨어지다', '넘어지다', '빠지다'라는 의미가 있다. 엑절테이션 정 반대편 위치에서 폴(쇠퇴) 당한다.

♈ 양자리에서는 토성(♄)이 폴에 빠진다. 양자리의 속성은 펼치고 확장하는 속성이 강한데 반해, 토성은 수축하고 지키려는 속성 때

문에 양자리에서 제대로 힘을 쓸 수가 없다.

♋ 게자리에서는 화성(♂)이 폴 상태에 빠진다. 게자리는 물이 많은 궁이고, 화성은 불 원소의 행성이기 때문에 불기운을 가진 화성은 물이 많은 곳에서는 그 힘을 제대로 쓸 수가 없기 때문이다.

♍ 처녀자리에서는 금성(♀)이 폴 상태에 빠진다. 시녀라 할지라도 왕비를 모시는 시녀이기 때문에 귀부인인 금성을 만만하게 보기도 한다. 이것은 마치 허영심이 강하고 게으른 귀부인이 현실적이고 꼼꼼한 시녀의 집에 들어가면 힘을 못 쓰는 것과 같다.

♎ 천칭자리에서 태양(☉)은 폴 상태에 빠진다. 천칭자리의 공정함과 엄격함은 왕도 어찌하질 못한다. 판관은 한쪽으로 치우침이 없어야 하기 때문에 왕조차도 천칭자리에서는 힘을 쓸 수가 없다.

♏ 전갈자리에서 달(☽)은 폴 상태에 빠진다. 전갈자리의 지배성은 화성이고 화성은 불기운이다. 불과 물은 상극이며 전갈자리는 눈물을 머금고 뼈를 깎는 정련을 하지만, 눈물 많은 달은 전갈자리에서 나약하게 보인다.

♑ 염소자리에서 목성(♃)은 폴 상태에 빠진다. 염소자리는 수축하고 지키려는 속성인 반면에, 목성은 확장하는 성격이 강하기 때문에 목성이 염소자리에 들어가면 힘을 제대로 쓰지 못한다.

♓ 물고기자리에서 수성(☿)은 폴 상태에 빠진다. 물고기자리는 낭만적이고 추상적이며 몽상적인데 반해, 수성은 이성적이고 분석적이라 물고기자리에 들어가서는 말이 통하질 않아 주눅이 든다.

sign	ruler	exaltation	detriment	fall
♈	♂	☉	♀	♄
♉	♀	☽	♂, ♇	
♊	☿		♃	
♋	☽	♃, ♆	♄	♂
♌	☉	♇	♄, ♅	
♍	☿	☿	♃, ♆	♀
♎	♀	♄	♂	☉
♏	♂, ♇	♅	♀	☽
♐	♃		☿	
♑	♄	♂	☽	♃
♒	♄, ♅		☉	
♓	♃, ♆	♀	☿	☿

Chapter 2

10행성

01 행성의 종류와 분류

　점성학에서는 지구 외에 태양과 달, 수성, 금성, 화성, 목성, 토성, 천왕성, 해왕성, 명왕성 이렇게 10행성을 다룬다. 그러나 고전 점성술에서는 천왕성, 해왕성, 명왕성이 미처 발견되지 않았기 때문에 7행성인 태양, 달, 수성, 금성, 화성, 목성, 토성을 기본으로 삼았다. 이후 19세기 말 무렵 천왕성, 해왕성, 명왕성이 지구 주위를 도는 행성으로 편입되어 사용되어왔으나, 명왕성은 2006년부터 행성에서 빠지게 되었다. 명왕성 관련 이야기를 비롯하여 몇몇 중요한 소행성(小行星)과 가상점(假想點) 등 기타 마이너 행성12을 포함하여 포르투나(Fortuna)와 같은 주요 지점에 대한 설명은 『태라의 점성학 2』에서 다룰 것이다.

　각 행성은 고유의 성질이 있고, 행성의 기능은 거주하는 궁(sign)과 하우스(house)에 영향을 받는다. 예를 들어 화성이 양자리에 위치할 때의 성격과 게자리에 위치할 때의 성격은 확연히 달라진다. 화성이 에너지가 충만한 양자리에 위치하면 그 힘을 받아 앞으로 진격하는 힘이 나오는데, 만약 화성이 방어적인 게자리에 위치하면 변화에 대응하면

12　마이너 오브젝츠(minor objects) 속에 포함되는 소행성(키론, 세레스, 팔레스, 주노, 베스타 등).

서 직접적 공격보다는 측면 공격을 노리게 된다.

각각 행성이 가지고 있는 고유한 특성이 각 궁의 기운에 영향을 받아 행성이 각각 다르게 반응을 하는 것과 같다. 또한 각 행성은 어떤 하우스에 위치하느냐에 따라 그 역할과 기능이 달라진다. 하우스에 관한 설명은 4장에서 다룰 것이다.

과학적으로 행성에 관한 정의는 시대에 따라 변해왔지만, 2006년 국제천문연맹13 총회에서 행성을 "별 주위를 돌고, 구형을 유지할 만한 크기와 중력을 가졌지만, 위성이 아닌 천체"라는 새로운 정의를 초안으로 내세웠다.

행성에 관한 정의에 대해서는 여러 가지 의견이 분분했고, 2006년 명왕성마저 왜행성(矮行星)으로 분류되었으나, 점성학에서는 점성학자가 각자 자신의 스타일에 맞추어 행성을 융통성 있게 활용하면 된다.

월, 화, 수, 목, 금, 토, 일의 요일에 사용하는 상징은 7행성을 상징한다. 월(달), 화(화성), 수(수성), 목(목성), 금(금성), 토(토성), 일(태양)로 사용하며, 동양에서는 음양오행을 사용하여 화(불), 수(물), 목(나무), 금(쇠), 토(흙)라는 특성을 부여했다. 음은 달, 양은 태양 그리고 화, 수, 목, 금, 토는 오행으로 나타낸다. 고대 점성술에서도 태양, 달, 수성, 금성, 화성, 목성, 토성 이렇게 7행성으로 분류했다.

점성학적으로 행성은 크게 두 가지 종류로 나눈다.

---

13 각국의 천문학자 교류 도모 및 각 분야 연구 촉진을 위한 단체.

∨ 빠르게 움직이는 행성(개인적인 행성)
∨ 느리게 움직이는 행성(집단적인 행성)

개인적인 행성은 태양, 달, 수성, 금성, 화성이며, 이들은 황도대를 짧은 시간 동안 여행하기 때문에 '빠른 행성14'이라 부른다. 하나의 궁에서 다음 궁으로 신속하게 이동하면서 각 개인의 에너지를 풀어놓는다.

빠르게 움직이는 행성으로 분류되는 개인적인 행성은 개인의 성향과 기질 그리고 감정과 마음 상태 등 내면의 감정 에너지와 관련이 있다. 반면에 느리게 움직이는 행성은 하나의 궁에 오랜 시간 머무르며 의식의 집단적인 부분에 영향을 끼친다. 비슷한 연령대는 비슷한 카르마적 영향을 받기 때문에 '집단적인 행성'이라 불린다.

느리게 움직이는 행성으로는 목성, 토성, 천왕성, 해왕성, 명왕성이 있다. 이 중에서 목성과 토성을 제외한 천왕성, 해왕성, 명왕성은 집단적인 행성이라 부른다. 궁을 한 바퀴 도는 데 목성은 12년(11년 열한 달), 토성은 29년(29.5년)이 걸린다.

집단 행성(천왕성, 해왕성, 명왕성)은 몇 년 동안 한 궁에 남아 있으면서 그들의 에너지는 여러 세대에 영향을 미치는데, 개인적인 개성에 미치는 영향력은 덜한 편이다. 세대적 카르마와 연결이 되어 있다. 궁을 한 바퀴 도는 데 천왕성은 84년, 해왕성은 165년, 명왕성은 248년이 걸린다.

---

14 지구 공전일(365일) 이하의 행성들.

그밖에 소행성으로 분류되는 행성들은 마이너 행성이라고 부른다. 마이너 행성에는 키론(Chiron), 세레스(Ceres), 팔라스(Pallas), 주노(Juno), 베스타(Vesta) 등이 있다.

태양과 달은 인간의 마음과 기본 신체에 중요한 영향을 미치는 행성이다. 크기가 크고 빛의 밝기가 밝기 때문에 '루미너리(Luminary, 발광체)'라고도 부른다. 태양은 낮의 주인 루미너리, 달은 밤의 주인 루미너리이다.

각각의 행성기호는 아래와 같다.

빠르게 움직이는 행성	☉	☽	☿	♀	♂
	태양	달	수성	금성	화성
느리게 움직이는 행성	♃	♄	♅	♆	♀
	목성	토성	천왕성	해왕성	명왕성

※ 명왕성의 기호는 ♀ 를 쓰지만, 유니코드(unicode) 기호로는 pluto의 p자를 써서 "♇"를 쓰기도 한다.)

02 천동설 vs 지동설

점성학에서 천궁도는 지구를 중심으로 만들어진 구조이다. 즉, 지구 중심설(천동설)을 기본 바탕으로 한 학문이 바로 점성학이다. 우주의 중심에 인간을 두고 설명하는 인간 중심의 학문이기도 하다. 모든 물질에는 물질을 둘러싼 기가 흐르고 자연에 흐르는 기는 인간에게 영향을 미친다. 따라서 해, 달, 별, 자연 등이 인간의 의식에 어떻게 영향을 미치는가를 연구해온 것이 바로 자연철학이다. 우주 삼라만상이 인간에게 미치는 영향력을 연구하는 학문이기 때문에 인간중심일 수밖에 없다.

인류의 의식이 성장하여 신으로부터의 족쇄가 풀렸을 때 비로소 인간은 자연으로 눈을 돌리게 되었다. 이때부터 지동설이 힘을 받기 시작했다. 원래 천동설[15]과 지동설[16]은 함께 연구·발전되어 오고 있었다. 천동설과 지동설이 나뉜 것은 점성학과 천문학을 나누는 중요한 계기가 되었을 것으로 본다. 과학기술의 발전은 점성학과 천문학을 분리시

---

15 지구가 우주의 중심에 있고 모든 천체가 지구를 회전한다는 우주관.
16 태양이 우주 혹은 태양계의 중심에 있고, 나머지 행성들이 그 주위를 공전한다는 우주관.

컸고, 점성학이 인간 중심의 자연철학에 속한다면, 천문학은 자연과학에 속한다.

천동설에서 지동설로 넘어갈 때, 인간 의식의 관념이 무너지기 시작했다. 우주의 중심인 줄로만 알았던 지구가 태양계를 도는 행성이라는 사실을 받아들이기까지 몇 세기가 흘렀다. 점성학과 천문학이 분리되면서 과학과 철학도 분리되어 나갔다. 실증적이고 검증적인 학문은 과학이라는 분야가 담당하게 되었고, 인간 의식과 내면에 관련된 학문은 철학이라는 분야로 분리되게 되었다. 고대에는 과학과 철학이 하나로 뭉쳐 있었다. 즉, 경계가 없었다는 말이다. 그래서 플라톤과 아리스토텔레스가 철학자이자 수학자로 등장하는 것이다. 지금은 모든 학문이 분리되었지만 과거에는 모두 통합되어 있었다.

점성학과 천문학을 체계적으로 완성한 사람은 알렉산드리아의 프톨레마이오스(Ptolemaios, 2세기)다. 물론 프톨레마이오스도 플라톤(Platon, 기원전 5세기)과 아리스토텔레스(Aristoteles, 기원전 4세기)의 우주관과 바빌론의 천문학을 기본 바탕

에 두고 점성학을 연구한 학자이다. 소크라테스-플라톤-아리스토텔레스로 이어지는 학문은 중세 시대 학자들에게 지대한 영향력을 미치고 있었다. 이들은 모두 인간 중심 철학을 이야기하고 있었기 때문에 지구를 중심에 두고 설명하는 천동설로 이 우주를 설명했다. 이들이 중세 사회에 끼친 영향력은 대단했기 때문에 천동설에서 지동설로 뒤엎는다는 것은 대단한 의식혁명(意識革命)이기도 했다.

점성학은 인간 중심의 학문이다. 우주 삼라만상이 인간에게 어떻게 영향을 미치는지를 연구하는 학문이기 때문에 지구 중심적 관점인 천동설로 설명하는 것이다. 과학은 인간도 하나의 미물에 속한다는 명제 아래에서 출발한다. 그래서 점성학은 인간을 탐구하는 철학으로 발전해나갔고, 천문학은 과학을 탐구하는 학문으로 발전해나간 것이다.

03 10행성의 특징

〈행성 배치도〉
태양-수성-금성-지구-화성-목성-토성-천왕성-해왕성-명왕성

〈점성학적 행성 배치도〉
지구-달-수성-금성-태양-화성-목성-토성-천왕성-해왕성-명왕성
(지구와 태양의 자리가 바뀜)

점성학은 인간 중심적 철학이기 때문에 모든 것이 '나'로부터 시작된다. 내가 우주의 중심이고, 나를 둘러싼 환경을 가까운 순서부터 나열한다. 그래서 지구-달-수성-금성-태양-화성-목성-토성-천왕성-해왕성-명왕성 순으로 나에게 빛을 비춘다. 가까운 행성일수록 나에게 미치는 영향력은 더욱 커지고, 먼 행성일수록 나를 둘러싼 외부환경에 영향을 미친다.

다음은 행성들의 점성학적 특징과 성향을 분석할 것이며, 각각 행성들의 운동과 더불어 점성학적으로 상징되는 고유한 성질과 성향도 분석할 것이다. 점성학에서는 행성마다 각각의 상징적인 옷을 입혀 놓았기 때문에 실제의 행성과는 차이가 있음을 밝혀둔다.

"인간은 소우주다.
내가 없으면 우주도 없다."

태양(Sun): 야망이 넘치는 청년

 태양은 태양계의 중심에 위치하며, 태양계에 위치하는 행성과 소행성들은 태양의 주위를 공전한다. 우리말로는 '해'라고 하며, 한자로는 태양(太陽)이라고 하는데 음양의 가장 큰 양(陽)이라는 뜻이다.

지구는 태양을 일정한 궤도로 공전하는데, 그 때문에 태양이 일정하게 움직이는 것처럼 보인다. 지구에서 볼 때 태양이 지나가는 길을 황도라고 한다.

프톨레마이오스가 살던 시기는 천동설 중심의 시절로, 우주의 중심이 지구이기 때문에 지구 관점에서 바라본 태양을 관측한다. 지구는 태양을 공전(公轉)하면서 자전(自轉)한다. 지구 표면에서 관측하는 사람들의 눈에는 태양이 아침에 동쪽에서 떠서 서쪽으로 지는 것처럼 보이는 것이다.

태양은 달과 더불어 지구에서 볼 수 있는 가장 큰 루미너리로, 고대에는 가장 큰 빛인 태양을 숭배하는 사상이 있었다. 고대 문화에서는 태양신을 기념하는 기념비들이 남아 있으며, 동양에서 태양은 임금을 상징하기도 한다. 또한 이집트에서 파라오(Pharaoh)는 태양신 라(Ra)의 아들로 여겼으며, 호루스(Horus), 아톤(Aton) 등이 태양신으로 불리기도 할 만큼 태양은 권력을 상징하는 존재였다.

점성학적으로 태양을 살펴보면, 태양은 불 요소로 인해 덥고 건조한 성질을 가진다. 태양이 상징하는 인물은 아버지, 남편 그리고 리더를 나타내며, 태양의 나이대는 대략 20~40대이다. 기질은 담즙질(choleric)[17]이며, 특성은 감정과 외부로 나타나는 행동 패턴을 나타낸다.

태양은 양의 속성인 남성이며, 모든 남자를 나타낸다. 아버지, 남편 등 자신을 둘러싼 남성 기운에 대한 실마리를 엿볼 수 있다. 태양을 통해 아버지와의 관계성, 남편과의 관계성 등 남성들과의 관계 유형을 살펴볼 수 있다.

태양은 열정적이고 따뜻한 삶과 빛을 주는 별로, 용기, 충성, 고결, 관대함뿐만 아니라 자부심과 자아를 강조한다. 즉, 자신이 어떻게 빛이 나는지, 무엇을 할 때 자신이 생명력을 발하는지를 태양을 통해 알 수 있다. 또한 태양은 내적 자아(自我)와 개인적 에고(ego)를 나타내기도 한다. 남들에게 좋은 모습, 빛나는 모습을 보여주려 하기 때문에 자신을 둘러싼 관념의 에고를 형성하기도 한다.

여성 천궁도에서 태양은 아버지와 남편을 상징하고, 인생의 측면에서는 야망과 희망이 넘치는 청년기와 연결되어 있다. 인생의 밝은 빛을 어

17　사체액설(四體液說) 중 하나로, 담즙질은 불 원소와 관련이 있다. 사체액설은 고대 그리스와 로마 시대 의사들과 철학자들이 주장하던 인체의 구성 원리이다. 히포크라테스가 처음으로 주장했다. 기본적으로 인간의 몸은 네 가지 체액으로 차 있으며, 체액들 사이에 균형이 맞으면 건강한 상태라고 생각했다. 모든 병과 심신의 장애는 체액들 중 어느 것이 하나라도 모자라거나 넘치는 데에서 발생한다고 주장했다.

떻게 비추는지 태양을 통해 우리는 조금이나마 엿볼 수 있다.

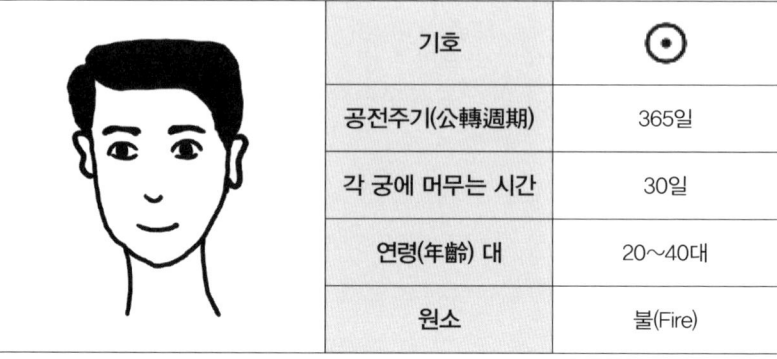

기호	☉
공전주기(公轉週期)	365일
각 궁에 머무는 시간	30일
연령(年齡) 대	20~40대
원소	불(Fire)

- **태양형의 생김새**

태양형은 얼굴이 바르고 공정하게 생겼으며, 눈이 동그랗고 크다. 이목구비가 바르고 균형이 잡혔으며, 쌍꺼풀이 동그랗게 진 경우도 많다. 또한 잘 조화된 얼굴형에 밝은 인상을 주며, 명예를 중시하는 스타일이다. 태양형 인간은 프라이드가 강하고 자존심이 세기 때문에 남에게 신세 지는 것을 싫어하고, 사람들에게 존경받고 싶어 한다. 특히 자존심이 강하고 명예를 중시하며, 자신이 중심이 되어 일하고 싶어 한다.

달(Moon): 변덕이 심한 여인

 달은 지구의 위성으로, 지구와 가장 가까운 위치에서 움직이는 신속하고 빠른 천체이다. 달은 황도대를 대략 28일간 여행하고, 각 궁 안에서는 2.33일을 보낸다.

달의 요소는 물이며, 차갑고 축축한 성질을 가지고 있다. 달은 어머니, 아내 그리고 군중 혹은 서민을 나타내며, 달의 기간은 탄생부터 사춘기 전 어린아이 시기까지를 포함한다.

기질은 점액질(phlegmatic)[18]로, 성격은 감정적이고 수동적이며, 마음의 변동성이 심한 편이다. 점성학에서 달은 감성과 느낌을 다스리며 태양의 기능을 보완한다. 달은 모든 어머니나 아내 유형의 여성을 상징한다. 달은 여성적 지위와 여성성을 표현하기 때문에 여성 차트에서 특별히 중요하다. 남성 차트에서는 어머니나 그의 아내 혹은 그의 이상형을 상징한다.

해는 낮의 별이고, 달은 밤의 별이다. 따라서 달은 꿈과 연결되어 있고 무의식을 주관하며 기분이나 느낌 또는 과거나 향수와 관련이 있다. 또한 달은 마음의 변덕과 관련이 있다. 달은 아이들에게 매우 중요하다. 인간의 신체와 직접적으로 연결되어 있으며 아이들이 본능을 마스터하는 동안은 어머니에게 소속되어 있기 때문에 달의 영향을 크게 받는다.

달의 주기는 여성의 생리주기와도 연결되어 있다. 달이 14일 동안 차

---

18 사체액설 중 하나로, 점액질은 물 원소와 관련이 있다.

고 14일 동안 이지러지듯, 여성은 14일 동안 자궁에 성을 쌓고 14일 동안 성을 부순다.

기호	☽
공전주기	28일
각 궁에 머무는 시간	2.33일
연령 대	탄생부터 사춘기 전까지
원소	물(Water)

• 달의 생김새와 성격

달형 얼굴은 얼굴형이 아이처럼 동그랗고 눈이 처져 있으며, 눈물을 머금은 듯 동정심을 불러일으키는 얼굴이다. 통통한 볼살에 귀여운 인상을 주며 턱도 둥글다. 아이와 같은 얼굴 때문에 보호를 해주어야만 할 것 같은 느낌을 주며 귀염상이다. 정이 많고 눈물도 많으며, 감상적·감정적이며 변덕이 심하기도 하다. 얼굴빛은 희고 창백한 편이다.

수성(Mercury): 눈치 보는 소년

 수성은 태양과 가장 가까운 위치에 있으며, 공전주기는 88일이다. 매우 작은 행성으로 태양과 비슷하게 움직인다. 수성은 지구에서 볼 때, 태양으로부터 28도보다 더 멀리 벗어날 수 없다.

수성의 요소는 흙이며, 성질은 차갑고 건조하다. 신체에 비유하면 팔과 손 그리고 신경계에 비유할 수 있다.

수성은 상인, 변호사 그리고 전령(傳令)을 나타내며, 수성이 인생에서 다스리는 기간은 대략 12세에서 18세 청소년이다. 기질은 신경질(nervous)[19]이다. 또한 약간의 다혈질(sanguine)[20]도 있다.

수성은 지적 능력 그리고 이해력과 학습 능력이 뛰어난데, 일반적으로 지적인 활동을 상징한다. 수성은 커뮤니케이션(communication)과 교류의 행성이며 신화에서는 헤르메스(Hermes)로 통한다.

수성은 지성적이고 추론을 좋아하나 큰 기운에 끌려들어가기 쉽고 주변 행성의 기운에 영향을 받기 쉽다. 겁이 많고 눈치를 보기도 한다. 수성은 여성성과 남성성을 동시에 가지고 있으며, 중성적·중립적이고, 태양의 운행에 영향을 받기 때문에 스스로의 의지력은 약한 편이다. 수성은 인생의 시기로 보았을 때, 절정에 다다른 청소년으로 표현되며, 지적 호기심이 일어날 때 우정과 연결된 관계를 형성하기 시작한다.

---

19 신경이 과민하고 초조하며 겁을 잘 먹고 걱정을 많이 하는 기질.
20 사체액설 중 하나로, 다혈질은 공기 원소와 관련이 있다.

수성을 상징하는 것은 머큐리(Mercury)나 헤르메스(Hermes)로, 우정의 신, 상인의 신, 도둑의 신으로 나타난다. 머리가 상당히 영리하고 똑똑하다.

기호	☿
공전주기	88일
각 궁에 머무는 시간	7.33일
연령 대	12~18세
원소	흙(Earth)

• 수성형의 생김새와 성격

수성형 얼굴은 턱이 작고 갸름한 얼굴형에 매우 영리해 보이는 스타일이다. 생각이 빠르고 기민하며 재치가 있으나, 단점으로는 지나치게 약삭빨라 보일 수 있다는 것이다. 걱정이 많고 눈치를 보기 쉬우며 타인의 기운에 영향을 많이 받는다. 수성은 매우 영리하고 지적이며 여러 학문과 기술을 익히는 데 열심이며, 대체로 학습 능력이 뛰어나다.

기본적으로 지혜로우며 선견지명이 있고, 모든 일을 신속하고 민첩하게 처리하며 학문이나 기술을 쉽게 터득하는 편이다. 처신을 빠르게 잘 하나 교활하고 약삭빠른 면이 있다. 단점으로는 변덕스럽고 시기심이 강하며 쉽게 거짓말을 할 수 있고 기만적이며 음모에 능하기도 하다.

금성(Venus): 매력적인 정부

 금성도 수성과 마찬가지로 태양과 가까이 연결되어 있으며, 태양과 47.8도 이상 떨어지지 않는다. 황도대를 운행하는데 대략 225일가량이 걸린다.

지구에서 볼 때 수성보다 더 크고, 두 번째로 밝은 행성이며, 지구와 비슷하여 지구의 '자매행성'으로 불리기도 한다.

금성은 공기 요소를 가지고 있으며, 성질은 촉촉하다. 신체적으로 비유하자면, 신장, 부갑상선, 방광과 목에 비유된다. 금성은 예술가, 귀부인, 상인, 디자이너 그리고 모든 아름다움과 유혹에 관련된 것들을 나타낸다. 인생의 시기는 아름다움이 꽃피는 18~25세의 젊은 여성의 시간이다. 기질은 다혈질과 점액질이며, 특징은 감정적이고 수동적이다.

금성은 미와 관련된 행성으로, 사랑과 아름다움 그리고 매너 등과 연관이 있다. 인생을 로맨틱하고 웰빙하게 살고자 하며, 사랑 그리고 즐길 수 있는 모든 것들에 대한 행동 방식을 묘사한다. 금성은 자신을 포함하여 자기 주변의 에너지를 부드럽고 아름답게 꾸미며 쾌적한 환경으로 만들려는 속성을 가지고 있다. 그래서 금성은 미와 아름다움을 상징한다.

금성은 외모가 뛰어나고 매력적이며 아름답다. 또한 상대의 기운을 받아들이는 수용성도 좋으며 부드럽다. 세련된 몸짓과 말투를 가졌고 단정하고 깔끔하다. 패션, 그림, 음악, 춤 등에 관심이 많고, 문화 예술과 관련된 일을 좋아한다. 예술적인 재능을 가진 사람들을 지원하고 기부하기도 한다. 또한 아름답고 가치 있는 것에는 기꺼이 투자하려 한다. 이러한 성향은 옷을 구입하거나 예술품 등을 구입하는 데 탁월한 품격을 보이기도 한다. 금성도 달처럼 여성 행성이지만 달보다는 더 감각적이고 더 많은 즐거움을 추구하는 행성이다.

금성의 부정적 속성은 개인적이고 이기적이며 게으르고 물질 중심적이다. 또한 지나치게 관능적이고 위선적인 사람으로 보일 수 있다. 남성 차트에서 금성은 '정부(情婦)'를 상징하거나 육체적으로 끌리는 여성상을 상징하며, 일시적인 연애 타입으로 볼 수 있다. 아내보다는 애인의 성향이 강하다. 금성은 유혹과 성애의 별로서 이성(異性)에 관심을 갖기 시작하고 육체적 변화가 나타나는 시기를 다스린다.

기호	♀
공전주기	225일(224.7일)
각 궁에 머무는 시간	18.75일
연령 대	18세~25세
원소	공기(Air)

• 금성형 생김새와 성격

금성형 얼굴은 볼이 편편하고 갸름한 달걀형 얼굴에 이마는 둥글고 얼굴은 조화롭다. 눈은 크고 쌍꺼풀이 지거나 큰 눈을 가지고 있고, 매력적인 외모를 가지고 있다. 또한 사람을 끄는 매력과 자력을 가지고 있다. 도도한 귀부인 느낌이 난다. 단점으로는 게으르고 방종하기 쉽다는 것이다.

친절하고 인정이 많으며 관대하지만, 세상에 낙(樂)이 많아 즐기는 것들에 빠지기 쉽고 놀기를 좋아한다. 세련되고 깔끔한 것을 좋아하고 스포츠 등 여가를 잘 보내는 데 즐거움을 느낀다. 내숭을 떨기 쉽고 교활한 면은 있지만 고상하고 낭만적이다. 자신을 돋보이고 싶어 하며 세련된 옷차림을 가지고 있다. 전체적으로 명랑하고 유쾌한 기운을 풍긴다.

단점으로는 게으르고 움직이기 싫어하며 힘든 일을 꺼려 한다. 재미가 없으면 활기도 떨어지고, 의외로 소심하고 겁도 많은 편이다. 연애 대상을 유혹하며 즐기는 호색가의 기질이 강하며, 연애에 목을 매기도 한다.

화성(Mars): 전쟁터의 무사

 화성은 금성과 비슷한 크기의 행성으로, 황도대를 운행하는 데 687일이 걸린다. 지구 밖의 행성임을 감안하면 화성은 상당히 빠르게 공전하는 편이다. 각 궁에서는 약 두 달 가량 머물며 시기에 따라 5개월 혹은 6개월 동안 같은 궁에 남아 있기도 한다.

화성은 불의 요소를 가지고 있으며, 성질은 뜨겁고 건조하다. 인체에 비유를 하자면, 근육과 비장에 비유할 수 있다. 화성은 군인, 스포츠맨, 외과의사, 금속이나 검을 만지는 사람을 나타내며, 나이대는 대략 42세에서 58세까지의 중장년으로 나타난다.

기질은 화를 잘 내는 담즙질이며, 특징은 감정적이고 능동적이다. 화성은 자기 안의 투쟁적인 에너지를 어떻게 표출하고, 어떻게 대응하며, 어떻게 명령하느냐를 나타낸다. 힘과 용기, 담대함과 폭력성 그리고 정력 등을 상징한다. 활력 있는 에너지와 진취적인 정신을 장착했지만 화를 잘 내는 인물이나 독재자로 비춰지기도 한다.

화성은 숙련된 스포츠맨이나 전쟁터의 무사처럼 장애물을 극복하고 상황을 지배하고자 하는 능력과 정보를 가지고 있다. 남성적이고 열정이 많으며, 야심과 욕망이 드러난다. 여성 차트에서는 남편이 아닌 남자 애인을 나타내기도 한다. 또한 육체적이고 욕망적인 사랑을 나누고자 하는 인물 타입을 나타내기도 한다.

태양처럼 화성은 남성적인 행성이다. 태양보다는 덜 이상적이지만 더 활동적이며 더 성적으로 움직인다. 태양이 정신적이라면, 화성은 육체적 움직임에 가깝다. 화성의 시기는 성숙한 개인으로, 40대에서 50대의 나이와 연관이 있다. 이 연령(年齡) 대는 자신을 증명하고 자신의 일을 펼쳐 보이는 시기로, 그동안 쌓아올린 노력에 따른 지위가 보장되고 전문적인 활동을 하는 시기이다.

기호	♂
공전주기	687일
각 궁에 머무는 시간	57.25일
연령 대	42~58세
원소	불(Fire)

- 화성의 생김새와 성격

화성형 얼굴은 얼굴이 길고 눈매가 날카롭다. 쌍꺼풀이 없는 무꺼풀에 눈이 약간 올라가 있기도 하다. 몸은 강인하고 튼튼하며 지적인 이미지를 준다. 성격은 매우 급하고 충동적이며 신경질적이기도 하다. 승부욕이 강하고 지배욕이 강하며 뭐든 비교하려는 성향이 있다. 최고가 되려는 욕망이 강하고 경쟁심이 강하기 때문에 상대를 누르려는 측면도 크다. 양면성과 극단성을 가지고 있고, 파괴적 성향이 강한 편이다. 리더적 속성이 강하며 본능적으로 움직이기도 한다.

목성(Jupiter): 허세 많은 중년

목성은 느리게 움직이는 첫 번째 행성이며, 태양계에서 가장 크다. 지구의 열두 배 크기이다. 목성은 황도대를 12년 동안 운행하는데(11년 열한 달), 각 궁에서 약 1년간 머문다.

목성은 공기 요소를 가지고 있으며, 성질은 뜨겁고 축축하다. 신체 부위로 비유하자면 간, 엉덩이 그리고 내분비 시스템과 상응한다. 목성은 그룹을 리드하는 사람으로, 사장, 장관, 교수, 종교가 등을 나타낸다. 목성의 연령대는 대략 55~58세부터 70세까지를 포함한다. 기질은 다혈질과 약간의 담즙질이며 화성의 촉촉한 버전이다. 감정과 행동을 나타내는 특징이 있다. 화성이 세로로 추진하는 수직형이라면, 목성은 가로로 확장하는 형이다. 팽창, 번영, 성장과 연관이 있다.

목성은 행성 크기처럼 통이 큰 자비의 행성이다. 넓은 아량과 풍요로움, 관대함과 축복 그리고 행운을 나타낸다. 크기 자체로 존재감을 뿜어내며 자신감을 상징한다. 잠재된 행운을 나타내고 자신이 가진 에너지를 나눠주는 방식을 표현하며, 전체 속에서 에너지를 통합하는 방식을 나타낸다. 목성은 모든 행성 중에 가장 크기 때문에 부와 영광 그리고 영예를 비롯한 성공을 나타낸다.

단점으로는 과시와 자만, 교만이 있다. 자신이 가진 능력보다 더 큰 약속을 하거나 과시와 허세적인 성향을 보여주기도 한다. 에너지를 크게 확장해서 사용하기 때문에 때로는 미래의 신용이나 힘을 당겨와서 현재에 사용하는 경향도 있다. 이러한 성향은 자칫 사기꾼으로 비춰질 가능성이 있기 때문에 목성은 특히 신용과 믿음에 신경을 써야 한다. 교조적 성격이 강해 사람들에게 미래의 비전이나 희망을 제시하기도 한다.

목성은 자비롭고 관대하며 통이 크고 열정적이다. 인간적인 카리스마를 가지고 사람들을 도와주려 하며 아이들을 사랑한다. 목성은 법률가, 종교인, 공무원 등의 관료나 행정관을 나타낸다. 믿음 또는 신용과 관련된 일들을 나타낸다.

목성은 자신의 일을 완전히 익히고 터득한 뒤, 은퇴하여 그동안 모은 재산으로 부와 즐거움을 누린다. 은퇴한 중년의 시간과 연결되어 있으며, 힘든 노동을 피하는 휴식과 같은 시간이다. 여가와 여유를 즐길 수 있는 시간을 나타낸다.

기호	♃
공전주기	11년 열한 달(11.862년)
각 궁에 머무는 시간	1년(361일)
연령 대	55~70세
원소	공기(Air)

• 목성형의 생김새와 성격

　목성형 얼굴은 각이 진 얼굴에 목이 두툼하고 사각형의 얼굴 느낌이 난다. 입술도 두껍고 살집도 있으며 전반적으로 사장 스타일의 이미지를 가지고 있다. 성격은 관대하고 부드러우며 신뢰감을 주는 얼굴이다.
　목성의 성격은 정직하고 관대하며 공정하다. 아량도 넓고 신실하며 지도자의 위치에서 훌륭하고 고결한 문제를 다루는 인물이 되기 쉽다. 온화하고 진중하며 침착하고 원칙에 충실하며 미덕을 쫓는다.
　단점은 순진하고 자기애가 강하며, 남을 무시하거나 경멸하기 쉽고, 잘난 척하면서도 미신에 빠지기 쉽다. 가식이 심하고 게으르며 허세와 낭비가 심하다.

토성(Saturn): 고독한 노인

토성은 황도대를 29.5년 주기로 운행한다. 그리고 각 궁에서는 2.46년을 보낸다.

토성의 요소는 흙이며, 성질은 차갑고 건조하다. 인체 시스템으로 비유하자면, 뼈 시스템과 피부에 비유할 수 있다. 토성의 나이대는 70대의 할아버지로, 현명한 사람, 나이가 지긋한 연륜 있는 사람, 보수적인 관료, 장인(匠人)이나 한 분야를 깊이 연구하는 사람을 나타낸다. 기질은 신경질과 우울질(melancholic)[21]이며, 감정이 없고 무감각하기도 하며, 스스로를 제한하고 수축하는 성질이 있다.

토성은 확장 및 팽창하는 목성과는 반대로, 감금·속박하는 성향이 있다. 원칙을 중시하고 고집이 세며 억센 편으로, 자신을 비롯한 사람들에게 엄격한 편이다. 스스로를 단련하고 본능을 제어하며 한정시키는 것과 관련이 있다.

토성은 시련을 견디고 배우는 카르마의 수업이자 인생의 장애물을 묘사한다. 토성이 위치하는 곳에서는 수축하고 속력을 늦추며 안으로 노력하고 깊이 파고드는 집중을 요구한다.

토성은 화성과 더불어 흉성(凶星)으로 간주된다. 인정은 메마르나 책임의식은 강하며 인내심이 좋다. 확장하기보다는 수축하게 만들며 내실을 다지는 시간을 갖게 한다. 개인적인 성장을 하게 만들고, 훌륭한

---

21 사체액설 중 하나로, 우울질은 흙 원소를 가지고 있다.

생각을 만들기 위한 정련의 시간을 갖게 한다. 또한 야망을 감추고 내적 성숙을 다지며 지혜를 얻기 위한 고행의 과정을 거친다.

  토성은 외롭고 조용하다. 엄격하고 신중하며 주의가 깊다. 또한 차갑고 무표정하며 속마음을 겉으로 드러내지 않는다. 본능을 제어하고 자아를 담금질한다. 열정과 자부심은 있지만 감정의 나약함은 드러내길 원치 않으며 단점으로는 인색하고 이기적이며 잔인하게 비춰진다는 것이다.

  토성은 나이가 지긋한 현명한 노인이나 수행자와 같이 시련을 극복하는 모든 사람 그리고 의료계 종사자와 연결된다. 토성은 인생에 대해 즐거움을 잃기 시작하는 노인의 시기를 상징하며, 고독과 은퇴의 시기를 나타낸다.

기호	♄
공전주기	29.5년
각 궁에 머무는 시간	2.46년
연령 대	70세
원소	흙(Earth)

• **토성형의 생김새와 성격**

  토성형 얼굴은 얼굴에 살집이 없고 마른 듯 보이며, 뼈대가 부각되고, 전체적으로 건조한 느낌이 든다. 주름이 많고 입가는 처져 있으며 약간 불만이 많고 비관적이다. 의심이 많고 이기적이며 보호막과 방어막이 강한 편이다.

토성의 성격은 신중하고 진지하게 숙고하며, 심오한 주제에 대해 깊이 연구하는 스타일이다. 본능을 억제하기 때문에 금욕적이다. 과묵하고 근면하며, 성실하고 검소하다. 매우 현실적이기 때문에 지키지 못할 약속은 하지 않으며, 감정이 메마르고 이성적이다. 근검절약하는 저축형으로, 자신의 이익에 대해서는 매우 신중하다. 단점은 쉽게 나서지 않고 스스로 비하하기 쉬우며, 불평불만하기 쉽다는 것이다. 고집이 세고 남 탓하기 쉬우며 피해의식이 강하다. 소심하고 의심이 많으며, 혼자 있기 좋아한다. 남을 험담하기 쉽고, 미신에 빠지기도 쉽다.

7행성별 생김새

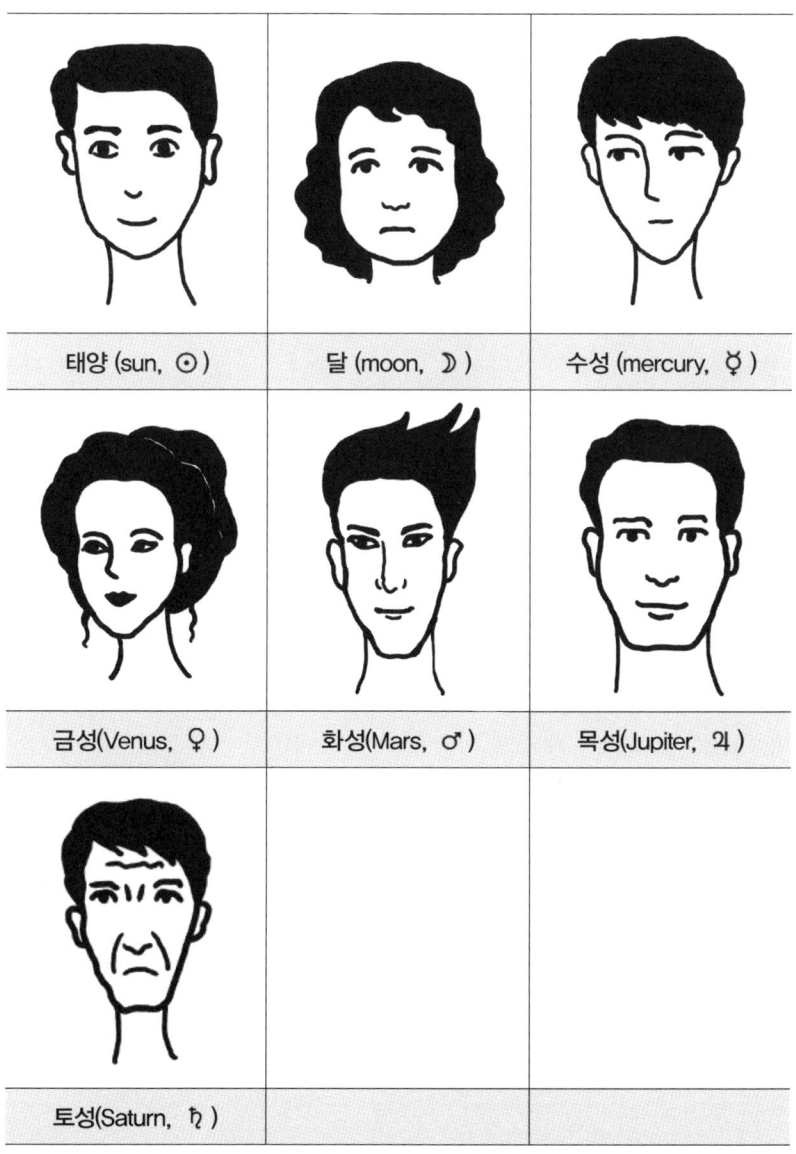

태양 (sun, ☉)	달 (moon, ☽)	수성 (mercury, ☿)
금성(Venus, ♀)	화성(Mars, ♂)	목성(Jupiter, ♃)
토성(Saturn, ♄)		

천왕성(Uranus): 광기의 천재

《무언가를 파괴하는 극단적인 힘》

천왕성은 황도대를 통과하는 데 84년이 걸리며, 각 궁에서 약 7년가량을 보낸다. 천왕성의 요소는 불이며, 성질은 건조하다. 인체 시스템에 비유를 하자면, 두뇌와 신경에 비유할 수 있다. 천왕성은 에너지를 극으로 끌어올려 발생되는 힘이다. 때문에 천왕성은 발명가, 별나거나 혹은 독특한 생각을 가진 사람이나 정신질환자 그리고 혁명가를 나타낸다. 천왕성의 기질은 극도로 신경질적이며, 무언가를 파괴하는 극단적인 힘을 나타낸다는 특징이 있다.

창조 그리고 파괴와 깊은 관련이 있다. 창조적이거나 파괴적인 것은 에너지적으로 극단에 서야 발현되기 때문이다. 이러한 예측 불허의 에너지를 가지고 있기 때문에 난폭하고 극단적으로 보이기도 한다. 또한 천왕성의 인생은 열정적이고 드라마틱하다.

천재 혹은 정신병자와 관련이 깊은 행성이기도 하다. 소수의 천재들이 세상을 바꾸고 시대적 의식을 이끌어가는 것처럼 천왕성은 새로운 상황을 창조하고 질서를 무너뜨리는 혁명과 같은 갑작스럽고 예측할 수 없는 시대적 변화를 이끌어간다. 따라서 천왕성은 변경이 잦고, 남다르며 독창적이다. 또한 사회 시스템에 순응하지 않기 때문에 독립적으로 보이며, 때로는 광기를 띤 것처럼 보인다. 그래서 예술가, 발명가,

천재 등과 관련이 깊은 별이다.

 천왕성은 별스럽고 예측 불허하기 때문에 기존의 질서를 따르지 않고 남들과는 다른 생각을 하는 사람이다. 또한 개인주의가 강하고 이상주의자이며 생각은 엉뚱한 방향으로 튄다. 이러한 독특함이 새로운 발명에 도움이 되는 독특한 생각을 이끌어낸다. 또한 별스럽게 사치스럽고 편협하다. 개별적이고 무감각하기 때문에 이기적이면서도 따뜻함이 결여된 것처럼 보인다. 시스템 밖에 머물거나 사회의 이방인이기 때문에 꽤 자기모순(self-contradiction)적이며, 그의 창조성은 인류 향상을 위해 기여하고, 인류에게 봉사할 필요가 있다.

 천왕성은 모든 현대적인 기술 발전과 새로운 수단인 전화, 인터넷, 미디어 등 통신과 관련이 있으며, 집단 행성으로 천왕성의 에너지는 다른 느린 행성과 달리 더 특이한 에너지를 가지고 있다.

해왕성(Naptune): 허무한 몽상가

《실재하는 것을 실재하지 않은 것처럼 만드는 힘》

 해왕성은 황도대를 통과하는데 대략 165년가량 걸리고, 각 궁에서 약 14년가량을 보낸다. 해왕성의 요소는 물이며, 성질은 습하다. 인체 시스템으로는 시상과 척추관에 상응하고 성장·발육과 연관이 있다.

해왕성은 몽상가, 신비가, 치유가, 심령연구가, 마법사 등을 나타내며 환각 물질과 관련이 깊다. 최면 상태, 마약 혹은 알코올에 취한 상태를 나타내기도 하며, 영적인 트랜스(trance) 상태와 관련이 깊다. 기질은 임파성(lymphatic)[22]이며, 특징은 실재하는 것을 실재하지 않는 것처럼 만드는 힘을 가지고 있다.

해왕성은 감상적이고 형태가 없으며 모든 것을 해체시켜 버린다. 모든 것이 느리고 몽롱하며 불투명하고 신비의 장막 같다. 일종의 트랜스 상태로 환각을 볼 수 있으며, 현실계와 비현실계의 경계를 무너뜨린다. 물질과 비물질, 현실과 비현실계의 경계를 모호하게 하며, 영감의 원천을 얻기도 한다. 해왕성은 상상력과 영감, 믿음, 종교, 신비주의뿐만 아니라, 비현실적이고 이해 불가능한 것을 나타낸다.

---

22 임파(淋巴)는 림프의 음역어로 인체의 면역력과 관련이 있다. 림프액이 혼탁해지면 기질이 둔하게 나타난다.

해왕성의 사람은 부드럽고 꿈꾸는 듯하며, 신비하고 무아(無我) 속에서 자신을 헌신하는 사람이다. 주변의 미묘한 분위기를 파악할 정도로 민감하며, 신체적 감각이 매우 발달했고, 음악적 감각이 발달되어 있다. 때때로 나약하고 감수성이 강하며 잘 속고 너무 착한 경향이 있으며, 현실 개념이 다소 떨어진다.

해왕성은 알코올과 마약중독으로 인한 환상의 낙원을 꿈꾸며 자살을 꿈꾸는 경향이 있을 수 있다. 우울증, 신경 쇠약과 심리적 불안을 초래하기도 한다. 해왕성은 이 세계와 저 세계의 경계를 오가며 에너지를 운반한다. 평범한 차원에서 보자면 해왕성의 사람은 움직임이 느리고 현실과 동떨어진 것처럼 느껴진다. 또한 종교적이고 영적인 것들과 연결이 된다.

명왕성(Pluto): 어둠의 보스

《기존의 것을 휩쓸어 버리는 거대한 힘》

명왕성은 황도대를 통과하는데 대략 248년이 걸린다. 움직임이 예측불허하기 때문에 한 궁에서는 12년에서 30년까지도 머물 수 있다. 명왕성은 10행성 중 가장 외진 행성으로, 10행성 중 가장 최근에 발견되었다. 에너지 해석은 모호하게 남아 있으나, 끌어당기는 자력의 힘이 강한 것으로 분석된다.

명왕성은 태양계 최외각에 위치한 별로, 이심률(離心率, eccentricity)[23]이 큰 타원형으로 회전하기 때문에 때로는 해왕성 안쪽으로 들어오기도 한다. 그만큼 움직임이 예측 불허하게 움직인다. 태양의 자력권에서 가장 멀기 때문에 기존의 질서를 따르기보다는 자기만의 질서를 확립하려는 경향이 크다.

명왕성을 놓고 태양계 행성에 포함시킬 것이냐 안 시킬 것이냐를 두고 의견이 팽팽했을 정도로 명왕성은 기존의 질서를 따르지 않는, 논란이 있는 행성인 것만은 분명하다.(2006년 명왕성이 태양계 행성에서 퇴출되면서 현재는 왜행성[矮行星]으로 분류되어 '134340 Pluto'라는 식별 번호가 붙어 있다.)

---

23 원뿔 곡선의 특징을 나타내는 값. 원뿔 곡선이 원에서 벗어나는 정도.

명왕성의 요소는 정의되지 않았으며, 용암과 유사한 불타는 성질을 가지고 있다. 인체 시스템에 비유하자면 성과 배설의 기능에 비유할 수 있다. 또는 재생능력과 연관이 있다.

명왕성은 독재자, 사디스트, 폭력자, 본능적이고 강한 인간, 숨겨진 신비한 힘을 나타낸다. 기질은 담즙질(choleric)[24]에 가깝다. 특징은 기존의 것을 휩쓸어 버리는 거대한 힘과 주변의 기운을 끌어당기는 강한 자력 에너지를 가지고 있다는 것이다.

명왕성은 오컬트(occult)적이고 모든 숨겨진 과학을 상징하며, 미스터리하고 죽음과 관련이 있다. 인생에 대한 성찰과 자아의 숨겨진 힘, 그리고 내면의 핵과 같은 힘을 나타낸다.

명왕성은 통제 불가능한 급진적인 대격변을 가져온다. 명왕성이 통과한 후에는 긍정적이든 부정적이든 전체적인 변화를 느낄 수 있으며, 우리의 깊은 직감과 집착 그리고 불안과 성(性) 관련 에너지를 다룬다.

명왕성은 에너지를 발산하지 않고 안으로 응축하면서 힘을 키워가는 상태이기 때문에 끊임없이 자아에 대해 의문을 던지고, 자신을 정련하며 다듬는 시간을 갖는다. 한번 폭발하면 에너지의 폭발력이 강하기 때문에 건드리면 매우 폭력적이고 가학적이며 괴팍할 수 있다. 즉, 명왕성은 파괴적인 변화를 이끌고, 중요한 위기의 순간을 몰고 온다. 또한 금융 위기를 포함하여 부의 재편성과도 관련이 있다.

---

24 담즙(膽汁)이 지배적인 체액.

명왕성은 수수께끼 같고, 깊은 자력을 가지고 있으며, 걱정될 만큼 놀라운 에너지를 방출한다. 에너지를 응축하여 폭발되기 전에는 어떤 파급력을 가져올지 감히 예측할 수 없는 상태를 나타내며, 잠재된 에너지 응축력이 강하다. 스스로 정련하는 시간을 가지려 하고, 매 순간 스스로를 분석하려 한다. 또한 자신만의 새로운 질서를 만들려는 성향이 강하고, 보스적인 기질도 다분하다.

Chapter 3

행성별 분석

01 12궁에 위치한 행성들

 행성들은 천궁도를 돌면서 열두 개의 궁을 거친다. 어떤 행성은 1년을 머무르고, 어떤 행성은 몇 달 동안 머문다. 각각 행성의 운동에 따라 머무는 시간은 모두 달라진다. 빠르게 움직이는 행성은 짧은 시간 동안 머물다가 이동하고, 느리게 움직이는 행성은 몇 년 동안 한 궁에 머물기도 한다.

 행성은 각 궁에 머무르면서 다양한 색깔의 옷을 입기도 하는데, 어느 궁에서는 힘을 발휘하기도 하고, 어느 궁에서는 전혀 힘을 못 쓰기도 한다. 거주지와 행성 간의 궁합에 따라서 천차만별 다양한 패턴이 나오기 때문이다. 따라서 각 행성들이 12궁에 머물 때, 어떤 성향이 나타나는지 집중적으로 살펴볼 예정이다.
 예를 들어 태양이 양자리에 위치할 때와 태양이 사자자리에 위치할 때 각각의 성격은 달라지게 마련이다. 출생 차트에서 해당 행성이 위치한 궁을 찾아 출생 차트 주인의 성격과 성향 그리고 행동 패턴 등을 분석할 수 있다.

태양은 그 사람이 일하는 방식과 행동 패턴을, 달은 그 사람의 감정과 느낌을, 수성은 그 사람의 머리 회전 방식을, 금성은 사랑하는 방식을, 화성은 투쟁하는 방식 등을 나타내준다.

다음은 각 행성이 열두 개의 궁에 머물 때 나타나는 패턴들이다.

02 태양: 빛의 속성

일반적으로 우리가 알고 있는 별자리 운세는 태양이 어느 궁에 위치하느냐에 따라 자신의 별자리를 살피는 것이다. 이는 '태양 별자리 운세'이다. 자신에 대해 좀 더 깊이 알고 싶은 사람들은 차트를 통해 각각의 행성들이 어느 자리에 위치하는지 알아내어 종합적으로 살펴보는 것이 더 정확하다.

개인의 품성이나 성격 또는 생김새 등을 알아보고 싶은 경우, 태양이 위치한 궁보다는 상승궁(上昇宮)으로 알아보는 것이 더 정확하다. 또한 상승궁에 위치한 행성과 더불어 상승궁이 어떤 행성과 어떤 각을 맺고 있는지도 중요한 요소 중 하나이다.

태양 별자리로 찾는 방식은 탄생 월(月)에 따라 구분을 하는데, 쉽게 자신의 별자리를 찾을 수 있기 때문에 많이 이용되고 있다. 기타 달을 비롯한 여러 별자리들은 개인의 출생 차트를 넣어봐야 하는 번거로움이 있다.

개인의 출생 차트를 보면 자신이 태어날 당시의 태양, 달, 수성, 금성, 화성, 목성, 토성 등 행성들이 어느 자리에 어떻게 배치되어 있는지를 알 수 있다. 여러 행성들의 포지션에 따라 각각의 개인은 독특한 성격과 성향에 영향을 받는다. 즉, 태어날 때 별들의 포지션은 개인의 운명에 영향을 미친다는 뜻이다.

기호	별자리	황경	태양이 머무는 기간	절기
♈	양자리(백양궁)	0도	3월 21일~4월 19일	춘분
♉	황소자리(금우궁)	30도	4월 20일~5월 20일	
♊	쌍둥이자리(쌍자궁)	60도	5월 21일~6월 20일	
♋	게자리(거해궁)	90도	6월 21일~7월 22일	하지
♌	사자자리(사자궁)	120도	7월 23일~8월 22일	
♍	처녀자리(처녀궁)	150도	8월 23일~9월 22일	
♎	천칭자리(천칭궁)	180도	9월 23일~10월 22일	추분
♏	전갈자리(천갈궁)	210도	10월 23일~11월 23일	
♐	사수자리(인마궁)	240도	11월 24일~12월 24일	
♑	염소자리(마갈궁)	270도	12월 25일~1월 19일	동지
♒	물병자리(보병궁)	300도	1월 20일~2월 18일	
♓	물고기자리(쌍어궁)	330도	2월 19일~3월 20일	

※ 태양이 머무는 기간은 매년 천문력에 따라 조금씩 달라진다.

태양과 달은 행성 중 가장 중요하게 취급되는 루미너리(luminary)로 태양이 어느 궁에 위치하느냐에 따라 그 사람의 타고난 에너지와 기운 그리고 일을 할 때의 성향을 엿볼 수 있다. 다음은 태양이 각 궁에 머물 때의 성향과 특징에 대해 알아보자.

양자리 태양

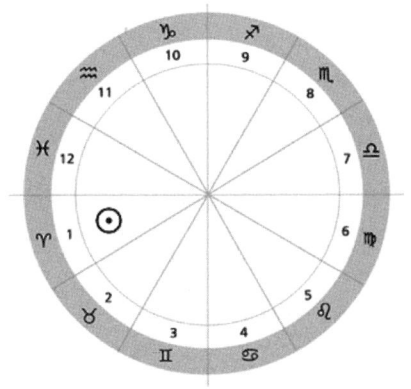

양자리는 추진하고 나아가는 힘이 강한 에너지가 충만한 궁이다. 따라서 이런 성향의 궁에 태양이 위치하면 리더십이 있다. 적극적이고 용기가 있으며, 열정적이고 독창적인 성향이 나타난다. 추진력이 강한 리더스타일로, 활기가 넘치고, 에너지가 충만하며, 자신만의 독특한 개성을 가지고 시스템을 구축해 나가는 스타일이다. 단점으로는 에너지가 너무 충만하기 때문에 성격이 매우 급하고 상대의 이야기를 끝까지 듣지 않으며, 충동적인 면이 강하다. 때로는 무모해 보이기까지 한다. 자기 멋대로 일하려는 성향이 강하고, 처음 일을 시작함에 있어서 고집이 대단하다. 그래도 양자리 화성의 성격은 매우 단순하고 성격이 그리 복잡하지 않다. 열정이 넘치는데서 오는 단점들이다.

일하는 스타일을 살펴보면, 뭐든지 새로 시작하는 단계에서 열정이 발휘된다. 그래서 시작 단계 프로젝트에 적합하다. 일을 할 때는 매우 열정적이고 적극적이다. 일의 시작 단계에서는 무엇이든지 자신이 알고 있어야 하며, 초기 정보를 모두 장악하려 한다. 직설적으로 이야기하고 감정적이며 독립심이 강하다. 양자리 태양은 처음 시작 단계에는 강하나 끝마무리가 잘 안 되는 단점을 안고 있다. 또한 상당히 감정적이기 때문에 매력적인 것들과 아름다운 것들에 끌려들어가기 쉽다.

　일할 때의 부서는 처음 시작 단계에서 기획하는 일이 잘 어울린다. 처음 일을 시작할 때 강한 힘을 몰아서 쓰기 때문에 일의 전체 방향을 자신이 원하는 방향으로 움직이려고 한다. 리더십이 강하기 때문에 초반에 기운을 장악하려는 속성이 발휘되고, 새로운 일을 시작할 때 직접 조직을 세우고자 한다. 이러한 성향 때문에 어디서든 리더십을 발휘하며 활력이 넘치고 적극적인 사람으로 비춰진다. 열정을 전염시키고 사람들의 기운을 고무하고 고취시킨다. 아이디어와 창조적 에너지가 끊임없이 샘솟는 것처럼 보이고 에너지가 충만하며 용기가 있다. 양자리 태양은 자기중심적 성향이 강한 편이지만, 열정과 활력이 있기 때문에 그러한 성향이 귀엽게 느껴진다. 다른 사람들에게 양자리 태양은 아이디어가 풍부하고 지도자나 일의 책임자로 기억될 수 있다.

　양자리 태양은 독립심이 강하기 때문에 홀로 일어서려 하고, 끝마무리하는 일보다는 처음 시작하는 일을 효과적으로 처리하며, 프로젝트가 완성되기 전에 떠나려는 성향이 있다.
　프로젝트 시작 단계에서 시스템을 구축해놓으려 하기 때문에 일하는 과정에 장애물이 생기거나 일들이 복잡하게 뒤엉키고 꼬이면 갑자기 흥미를 잃어버린다. 이러한 성향은 변덕이 심한 것처럼 비춰지기도 한다.
　일을 할 때는 본능적으로 일을 처리하며, 솔직하고 대담한 편이다. 이야기를 할 때 돌려서 말하지 않고 직설적이며 솔직하게 이야기한다. 솔직함은 양자리 태양의 장점이기도 하다. 에너지가 잘 조절되지 않으면 공격적으로 비춰지기도 한다. 과도하게 신경을 집중하기 때문에 긴장성 두통이 발생하기 쉽다. 인내심이 다소 부족하고, 끝마무리가 잘 안 되며, 성질 제어가 힘들기 때문에 스스로 에너지를 조절하는 것을 배울 필요가 있다.

양자리는 새로운 길을 만들면서 가야 하는 자리이기 때문에 외로울 수밖에 없다. 그래서 리더는 외롭다. 양자리는 처음 시작 단계의 시스템을 구축하고 홀연히 떠나는 사람과 같다.

황소자리 태양

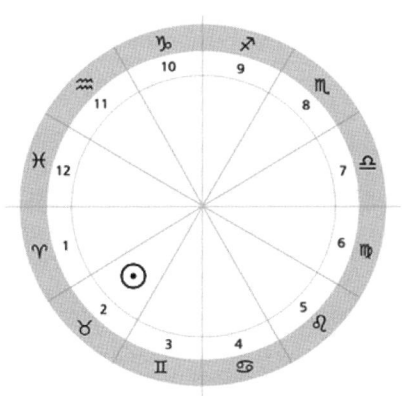

황소자리는 조용하고 느린 궁이다. 그래서 태양이 황소자리에 위치하면, 침착하고 조용하며 신중한 성격으로 나타난다. 황소자리 태양의 성격은 내성적이고 생각이 깊으며, 고집이 센 만큼 인내심도 강하다. 인정도 많고 정직하지만, 반대로 융통성이 부족한 편이다. 그래서 엄격하고 단호하게 비춰진다. 노력의 대가가 바로 나타나고, 눈에 보이는 결과물을 직접 확인하는 것을 좋아한다. 천천히 일하지만 끝까지 마무리를 잘한다. 양자리가 구축해놓은 시스템을 끝까지 잘 운행해 나가는 스타일이다.

에너지가 가볍지 않고 무엇이든 진지하고 신중하게 바라본다. 이러한 면은 사람들에게 신뢰감과 믿음을 심어준다. 혼자 일하는 것을 좋아하고 인내심과 책임감을 가지고 일을 끝까지 마무리한다. 일하는 중간에 겪는 어려움이나 문제는 천천히 해결책을 찾아서 풀어가는 편이다.

황소자리는 손실에 대한 두려움을 가지고 있기 때문에 재물에 집착하지만, 정신적이고 영적인 일들을 좋아하는 편이다. 사람들은 황소자리 곁에 있으면 안전하다고 느낀다.

보수적이고 가정적이며 무뚝뚝한 편이나, 마음이 너그럽고 안정적이다. 화를 잘 안 내고 참는 편이지만, 한번 화를 내면 진정시키는 데 충분한 시간이 필요하다.

일을 할 때 급하게 재촉하거나 서두르는 것을 아주 싫어한다. 또한 한번 결정한 것을 변경하거나 번복하는 것도 매우 어려워한다. 느리지만 꾸준하고, 더디지만 끝까지 마무리하는 스타일이다. 부정적인 측면은 질투가 많고, 게으르기 쉬우며, 고집이 세고, 사치가 있다는 점이다.

쌍둥이자리 태양

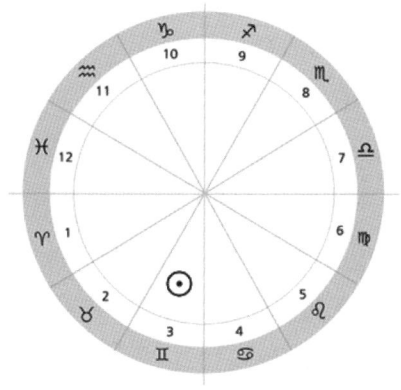

쌍둥이자리는 의사소통과 관련된 자리이며, 지적인 부분을 담당한다. 그래서 쌍둥이자리 태양은 지적이고 영리하며 말하기를 좋아한다.

호기심이 강하고 통찰력이 좋으며, 직관적이면서도 논리적이다. 지루한 것을 싫어하며 한 가지 일보다는 한꺼번에 여러 가지 일들을 처리하려 하며, 다양성을 추구한다. 한 가지를 깊이 파고들기보다는 광범위한 정보를 흡수하려 한다. 또한 매우 재치가 있고 친절하다. 다양한 정보를 흡수하기 때문에 화제가 풍부하고 유머 감각도 있다. 박학다식하고 어떤 문제도 양면을 볼 줄 아는 독특한 능력이 있다. 상대가 부담을 느끼지 않을 만큼 적절히 공감하고, 적당히 반론하며, 융통성도 좋고, 매우 현실적이다.

생각이 빠르고 움직임이 기민하며 호기심이 강하다. 호기심 때문에 여러 가지 지식들을 흡수하고 받아들인다. 단점으로는 너무 조급하고 불안해 보이기도 하며, 두 얼굴에 이중적인 면이 있다는 것이다. 쌍둥이자리는 지식을 흡수하여 통합한 뒤 전파하는 능력을 타고났으며, 지적 만족을 추구하는 것을 무엇보다 중요시한다.

생각이 빠르고 어떤 상황에서든 임기응변에 강하다. 빠르게 생각하기 때문에 상대가 이야기를 채 끝내기도 전에 자신의 생각을 표현하는 편이다. 이성과 감정이 분리되어 있으며, 논리와 이성을 적절하게 사용하는 편이다. 일을 통해 자신의 길을 찾으려 한다.

단점으로는 변덕이 심하고 무언가를 결정할 때 양쪽의 손익을 따지기 때문에 쉽게 결정하지 못하는 우유부단함을 가지고 있다. 한 가지를 꾸준히 하기보다는 이것저것 일을 벌여 놓고 깊이 들어가지 못한다. 에너지가 공기처럼 가볍고, 사람에 대한 호기심이 강하기 때문에 바람기가 있다. 신경 에너지를 과도하게 많이 쓰는 편이다.

게자리 태양

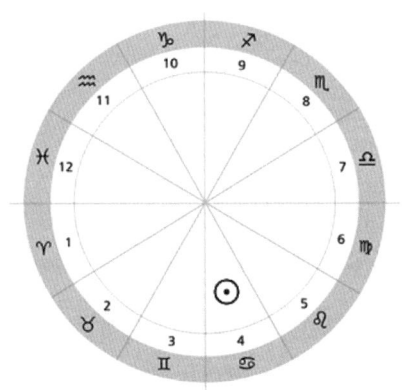

게자리는 보호막이 강하고 감정적인 궁이다. 따라서 게자리 태양은 몹시 감정적이고, 기분의 변화가 심하며, 특유의 청개구리처럼 반항하는 고집이 있다.

게가 똑바르게 걷지 않고 옆으로 걷듯, 고집에 있어서 반대로 하는 성향이 있다. 자신의 에너지 권을 지키려는 보호막이 상당히 강한 편이다.

게자리는 정도 많고 눈물도 많고 동정심도 많다. 생각하는 방법에 있어서는 매우 직관적이고 심령적이다. 타인의 미세한 감정에도 쉽게 반응하고, 상대의 감정적 진동에 영향을 많이 받는다. 상대의 감정을 그대로 흡수하여 함께 느끼고 함께 울기도 한다. 평상시에는 근면하고 검소하며 사교적이기도 하다.

감정적·감성적이며, 보호막이 강하기 때문에 스스로를 보호하려는 차원에서 논쟁적인 사람이 되기 쉽다. 상대의 감정에 상당히 민감하기 때문에 일을 할 때 전체 분위기에 의해 감정 상태가 좌우되기도 한다. 쉽게 감정에 치우치기 쉬우므로 긍정적인 환경을 만들 필요가 있다.

감정적으로 살기 때문에 무의식적으로 상대로부터 공감과 배려를 구하고 애정을 갈구하는 편이다. 무엇보다도 감정적인 안정을 느끼는 것이 제일 중요하며, 가정이나 가족은 게자리에게 안전한 느낌을 준다. 방어막이 강해 쉽게 허용하지는 않지만, 자신의 에너지 권에 들어온 사람은 어떻게든 지키려 한다. 한번 마음을 내준 사랑하는 사람을 위해서는 희생적이고 헌신적이다.

마음과 기분이 쉽게 잘 변하는 편이며 쉽게 감정적이 되기 쉽다. 게자리는 기억력이 매우 좋은데, 과거의 이미지를 새겨 넣는 식으로 기억한다. 때문에 과거의 추억을 되새길 수 있는 것들을 잘 모아놓으며 과거의 추억에 잠기기 쉽다. 감상적 가치가 있다고 여기는 것들은 어떻게든 구하고 모아놓는다. 운동을 별로 좋아하지 않기 때문에 나이가 들면 살찌기 쉬운 체질이 되기 쉽다. 가정의 평온함과 가족의 복지를 위해서라면 힘든 일도 마다하지 않는다. 가정을 최대의 안식처로 생각한다.

게자리는 걱정이 많고 감정을 과도하게 쓰기 때문에 위궤양에 걸리기 쉽다. 보호막이 강해 공격 성향은 있지만 반대로 쉽게 상처를 받는 편이며, 항상 예민하다.

사자자리 태양

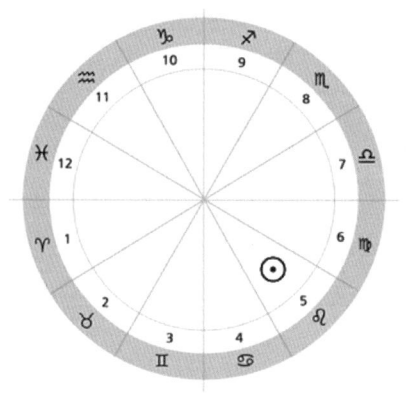

사자자리에 태양이 위치할 경우, 생명력이 강하기 때문에 생동감이 넘치고 밝고 명랑하며 야망이 큰 것처럼 비춰진다. 또한 자존심이 세고 프라이드가 강하며 위엄이 느껴진다. 그러나 이렇게 외적으로는 강해 보이나, 내적으로는 민감하고 감정을 쉽게 다치기도 한다. 약한 모습을 보이기 싫어하고 속을 잘 드러내는 편은 아니다.

사자자리 태양은 생명력이 강하고 긍정적이며 강한 회복 능력을 가지고 있다. 관심의 중심이 되고 싶어 하며, 마음의 문제가 신체로 나타나는 편이다. 성격은 대체로 좋은 편이며 칭찬받는 것을 좋아하고 점잖으며 무게감 있고 명예를 중시한다.

　타인의 시선을 중시하기 때문에 곧 죽어도 품위를 놓치지 않으려 한다. 또한 고결하고 용기가 있으며 애정도 많은 편이다. 겉으로 보기에는 기가 세 보이고 힘이 있어 보인다. 사람을 대할 때는 관대하고 낙관적이다. 느긋하게 놀기를 좋아하며 야망은 큰 편이다.
　부정적인 면으로는 자기애(自己愛)가 강하고 자기중심적으로 생각하기 때문에 이기적으로 보이기 쉽다. 또한 마음을 쉽게 열지 않는다. 자신이 직접 일을 하기보다는 상대에게 요구하는 것이 많다. 화를 잘 참지 못하며, 조금은 나태하고 게으른 편이다.

　일할 때 사자자리는 창의성을 가지고 일을 하며, 작고 섬세한 일보다는 넓은 범위의 일이 주어지는 것을 선택하는 편이다. 즉, 조직 관리에 적합하다. 전체를 아울러 보고 리더십이 강하며 조직적이다. 크게 두루두루 살피는 일을 좋아하는 편이다.
　자존심이 세기 때문에 서운함을 참지 못하고, 상처를 받거나 자존심이 상했을 때는 애정의 대상을 쉽게 바꾸어 버리기도 한다. 또한 어떤 결정을 할 때도 드라마틱한 과정을 만들어간다. 인생에 있어서는 대체로 편안하고 즐거운 시간을 보내려 한다.

　조직의 안정을 위해서 필요한 경우에는 무력이나 힘을 사용하기도 한다. 화가 날 때는 사자가 포효하는 것 같지만 뒤끝은 없다. 일이 끝나고 나면 용서하고 원한을 갖지 않는다. 자신의 결정과 행동은 다른 사람들의 이익을 위한 행동이라고 믿는 경향이 있으며, 분노할 때는 왕과 같은 위엄으로 도전자나 반대하는 자를 위압하려 한다. 그러나 매우 관대하기 때문에 자신에게 도전하지 않는 한 관대함을 베풀며 쾌활한 에너지를 발산한다.

물질을 대함에 있어서도 관대함이 나타나기 때문에 통 크게 쓰는 편이며, 타인을 의식하는 마음 때문에 허세를 부리면서 돈이 빠져나간다.

전반적으로 생명력이 강하고 회복력이 좋기 때문에 활력 있고 건강한 편이다. 그러나 아플 때는 고열에 시달리기 쉽고, 좀처럼 우울해지지는 않지만 비탄에 빠지기는 쉽다. 회복력이 우수하기 때문에 마음이 무너지지 않았다면 금방 밝음과 행복을 되찾을 수 있다.

처녀자리 태양

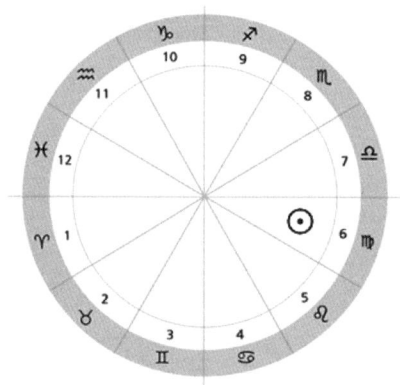

처녀자리는 매우 민감하고 예민한 궁이다. 때문에 처녀자리에 위치한 태양도 감각이 예민하고 민감하다. 타인으로부터 간섭받기를 싫어하며, 자신만의 공간을 확보하길 원한다. 한마디로 남들과 공유하는 것을 별로 좋아하지 않는다.

정리·정돈을 잘하고 깔끔하며 때로는 까칠하기도 하다. 어수선한 것을 매우 싫어하며 절제력이 강하다. 자신만의 규칙이 있고 분별력이 뛰어나며 매사에 신중하고 조심스럽다.

스스로를 단련하고 개발하는 데는 돈을 아끼지 않으며, 혼자서도 잘 놀고, 잘사는 스타일이다. 모든 일에 완벽성을 추구하고, 순수성을 지키려 한다. 분석적이고 정확하며 체계적이고 신용이 있다.

일을 할 때는 큰 작업보다는 세부 작업에 대한 감각이 발달되어 있고, 실용적이고 체계적이며 꼼꼼하고 완벽하게 일을 하는 편이다.

부정적인 측면으로는 너무 완벽해서 쉽게 만족하는 스타일이 아니다. 또한 매우 까다롭고 까칠하며 의심이 많고 빈정대기 쉽다. 비판적·비관적 성향이 강하고, 매사에 불만이 많으며 자기중심적으로 판단한다.

처녀자리 태양은 계획적이고 분석적이며, 세부 사항이 많거나 세심한 일을 할 때 일하는 맛을 느낀다. 리더십을 갖기보다는 타인에 대한 서비스 정신이 좋은 편이며, 보스보다는 직원이 되기 쉽다. 맡겨진 일에 충실하고 완벽하게 일을 수행해낸다. 분석력과 우수한 기억력을 가지고 있으며, 호기심과 탐구정신을 가지고 사람들의 문제를 분석하는 것을 즐기는 편이다.

예민하기 때문에 항상 긴장할 수 있으며, 늘 일을 하거나 공부를 하거나 바쁘게 지내려 하고, 부지런히 움직이는 편이다. 스케줄을 짜고 조직을 관리하며, 질서 속에서 조화를 이루려 한다. 무의식적으로도 완벽성을 추구하기 때문에 다른 사람에게 일을 맡기기가 어렵고 다른 사람의 부족한 점을 발견하면 더 흠을 잡기 쉽다. 걱정도 많고 항상 뭔가 할 거리를 찾으며 일을 끝낸 뒤에도 더 좋은 방법을 찾으려 뭔가 더 하려고 한다.

건강 면에서 살펴보면, 긴장을 많이 하고 예민하기 때문에 특히 장 질환이 생기기 쉽다. 걱정도 많은 편이라서 병이 있다고 느끼는 심기증(心氣症)이 발생하기 쉽다. 처녀자리는 봉사할 대상이 있을 때, 혹은 도움을 줄 누군가가 있을 때 행복감을 느낀다.

천칭자리 태양

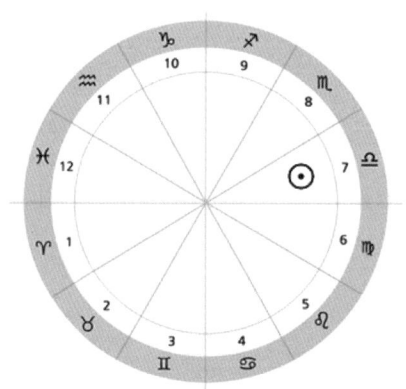

천칭자리는 균형과 조화의 궁이다. 따라서 천칭자리에 위치하는 태양은 공정하고 타고난 균형 감각을 가지고 있다. 상황에 대한 장단점을 측정하기를 좋아하고, 그룹 간에 조화와 균형점을 찾으려 한다. 전체 에너지에 잘 맞추려는 속성을 가지고 있다. 또한 자신이 원하는 것을 끌어들이는 미묘한 기술을 가지고 있기 때문에 상대로부터 원하는 것을 얻어내기가 쉽다. 정신적 민첩성과 사교성을 가지고 있으며 상대의 기운에 잘 맞추는 편이다.

중립적인 위치에 서서 논쟁하는 양쪽을 볼 수 있기 때문에 한편으로는 협력적이고, 또 다른 한편으로는 타협적이다. 사교성이 좋아서 주변을 잘 활용하고, 사람과 사람 간의 관계성을 즐기는 편이다.

단점으로는 육체적으로 힘든 일은 피하고 게으르며, 스스로 일을 찾아서 하는 스타일은 아니다. 논쟁거리가 되는 일의 장단점을 파악하여 힘을 실어주는 일을 좋아한다. 또한 의존성이 강한 편이고, 동기가 부여되지 않으면 움직이려 하지 않는다. 주변을 의식하기 때문에 매너가 좋고 친절하며, 상대에게 잘 맞춰주는 스타일이다. 한편으로는 내숭도 잘 떤다.

천칭자리 태양은 인생을 즐기고 싶어 하며, 낭만적이고 로맨틱하다. 자신을 포함한 주변 환경의 쾌적함과 아름다움을 추구하기 때문에 주변을 꾸미고 싶어 한다. 또한 인간과 인간 사이의 상호 관계성을 즐기기 때문에 혼자 있으면 외로움을 많이 느낀다. 타인의 시선을 잘 의식하는 편이고, 누군가와 함께 생활을 공유하고 싶어 하며, 의존하려는 성향이 매우 강하다.

때로는 외로움을 달래기 위해서나 의존성 때문에 서둘러 결혼하기 쉽고, 이로 인해서 어려운 상황에 처하기 쉽다. 주변에 불화가 있을 경우, 감정적으로 안정을 유지하는 것이 힘들기 때문에 다른 의존상대를 찾아서 도피하려는 성향이 있다. 또한 모든 사람들에게 잘 보이고 싶어 하는 연예인의 기질을 가지고 있다. 우유부단하기 때문에 무언가를 결정할 때 오래 걸리는 편이고, 쉽게 거절을 잘하지 못한다.

전갈자리 태양

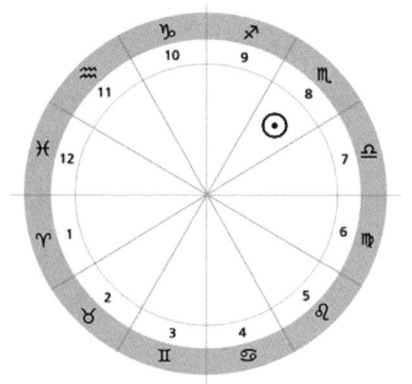

전갈자리는 감정이 깊고 비밀스러운 궁이다. 전갈자리에 태양이 위치하면 감정이 깊고 질투가 많으며, 골을 잘 내고 소유욕과 복수심이 강하다. 전갈자리 태양은 깊게 파고드는 힘이 강하기 때문에 유능하고 담대하며 야심이 크고 기략이 풍부하다. 감정도 강렬하고 명확함과 확고함을 좋아하지만, 생각을 밖으로 잘 드러내지 않으며 비밀주의적 성향을 띤다.

강한 집중력을 요구하는 일들을 좋아하며, 폭넓게 알기보다는 깊이 알려고 한다. 그래서 하찮은 일은 따분하게 여기는 편이다. 자신에게 맡겨진 일들을 성취하려는 결심과 의지가 강하며, 파고드는 힘이 강한 '탐정 스타일 인간'이다. 상대를 살피고 탐색하고 본질을 꿰뚫으며 마음속 깊이 숨어 있는 비밀까지 파헤치려 한다. 이렇게 상대의 비밀을 파헤치려 하면서도 정작 자신은 비밀스럽다.

강한 직감과 이성의 힘을 가지고 상대의 에너지를 끌어당기는 자력이 강하다. 자력이 강하기 때문에 쉽게 친구를 만들 수 있고, 주변 사람들에게 확고한 이미지를 심어줄 수 있다. 또한 사랑하는 사람을 위해서는 자기희생적일 수 있다. 상대가 위험에 처하면 마치 본인이 위험에 처한 것처럼 느끼기 쉽고 이 때문에 말이든 행동이든 본능적인 공격 성향이 나올 수 있다.

　전갈자리는 때로는 침묵하고, 때로는 빈정대면서 극단적인 상황을 효과적으로 연출하는 편이다. 원한이나 복수심을 갖기도 쉽고, 원한을 품으면 오랜 시간 때를 기다릴 줄 아는 철저함을 가지고 있다.
　전갈자리는 첫인상이 매우 강렬하여 말은 별로 없지만 의외로 존재감이 상당히 뛰어나다. 강한 집중력을 가지고 있기 때문에 한 가지 일에 몰두하여 완전하게 집중하는 편이다. 또한 극단적인 성향을 가지고 있기 때문에 어중간한 마음은 없고 전부이거나 아니면 전무한 양극단성의 마음을 가지고 있다. 한번 행동한 과정은 굳어지기 쉽고, 변화하는 것이 다소 어려운 편이다.

　흥미를 느끼는 일이라면 그 메커니즘을 알기 위해서 바닥부터 해보려 하고, 내면에는 강렬한 감정과 욕망이 내재되어 있다. 한번 먹잇감을 물면 절대 놓지 않는 근성을 가지고 있으며, 싸움이 붙게 되면 상대를 무참히 짓밟으려 하고, 스스로를 '집행자'라고 생각하기도 한다.
　에너지는 무겁고 과묵한 편이나 주변 사람들로부터 칭찬받는 것은 좋아한다. 감정으로 연결되고 성적으로 결합된 사랑하는 파트너와 있을 때 가장 행복하다고 느낀다. 상대에 대한 소유욕과 지배욕이 상당히 강하다.

사수자리 태양

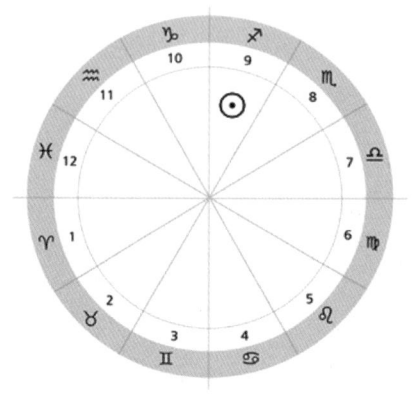

사수자리는 이상과 꿈이 큰 궁으로, 사수자리에 태양이 위치하면 이상주의적이고 낙관적이며 철학적이다. 마음이 크고 넓게 열려 있으며 친근하고 영리하다. 다재다능한 만능이기도 하다. 꿈과 이상이 매우 크기 때문에 크게 생각하고 꿈을 높게 품는다.

단점으로는 허풍이 있고 독선적이며 무책임하기도 하다는 것이다. 움직임은 더디고 눈치가 없으며 오만하고 다투기도 쉽다. 열성적인 광신도가 되기 쉽고 독단적으로 결정하고 독재적이기 쉽다. 크게 생각하고 크게 펼치려 하기 때문에 현실적이고 세부적인 작업은 피하려 한다. 그러나 통찰력을 요구하는 일이나 모험을 감수하는 일은 기꺼이 하려 한다.

사수자리는 평소에는 솔직한 편이나 가끔씩 무뚝뚝할 때가 있다. 매 순간 깨달음과 진리를 추구하기 때문에 순간적으로 자신이 깨달은 바를 툭툭 내뱉기도 한다. 본능적으로 무언가를 느끼지만 말하는 요령은 약한 편이다.

자연을 사랑하고 야외에서 스포츠를 즐기면서 활동하는 것을 좋아한다. 약간은 무모하고 도박적이며, 새로운 모험에 뛰어들고 싶어 한다. 자연 속에서 자유로움을 만끽하고 싶어 하며, 걷고 여행하면서 혼자만의 사색의 시간을 갖기도 한다. 혼자 사색할 수 있는 자유의 시간을 필요로 하고, 삶을 깊이 이해하길 원하며 매우 철학적이다.

사수자리는 확장하고 성장하려는 욕구가 강하기 때문에 사수자리 태양은 일을 크게 벌이고 활발히 움직이며 에너지를 많이 쓴다. 때문에 급속도로 에너지가 방전되기도 쉽다. 따라서 프로젝트 중간에 잠시 휴식을 가져주는 것이 좋다. 프로젝트로 일할 때, 열정은 풍부하나 세부적인 부분에서 막히면 일을 대충 처리해 버리고 다른 일을 하려는 경향이 있다.

사수자리 태양은 일반적으로 건강한 편이나 음식과 술을 자제하지 못하는 편이다. 대체로 친절하고 사람들에게 도움을 주고 싶어 하며 이야기하기를 좋아한다. 사람들과 즐기는 것을 좋아하기 때문에 토론을 좋아하는 것처럼 보이기도 한다. 또한 친구 만들기도 좋아한다. 활발하고 열정적이기 때문에 세계 어디를 돌아다니든 쉽게 사람을 사귀는 편이다. 인류를 사랑하는 인도주의적 본능이 있어서 사람을 도우려는 경향이 강하고, 타고난 성격이 정직하고 솔직하며 충성스럽다.

한곳에 머무르지 않고 어디든 떠나려는 속성 때문에 기운이 들떠 있거나 혹은 불안함을 느끼기도 한다. 확장하려는 속성 때문에 밀실에 들어가면 폐소공포증을 느끼기도 쉽다.

자유롭고 싶어 하는 마음 때문에 어딘가에 묶이는 것을 답답하게 생각하고, 이로 인해 결혼을 기피하는 성향이 있다. 그러나 연애에 있어서는 매우 낭만적이고 로맨틱한 편이다. 함께 꿈과 이상을 나눌 수 있는, 의사소통이 잘되는 지적인 파트너를 필요로 한다. 어디든 매이지 않으려 하기 때문에 진지한 만남보다는 가벼운 만남을 선호하고 장난 삼아 연애하기 쉽다. 스스로 매이지 않으려 하기 때문에 질투나 소유욕은 약한 편이다. 상대를 내 것으로 만들기보다는 그냥 함께 있기를 원한다.

빡빡한 스케줄대로 움직이기보다는 이것저것 다양한 직업을 경험해보고 싶어 한다. 멀리 넓게 보고 크게 생각하기 때문에 한곳에 머물러 일하기보다는 지방 또는 멀리 나가서 일을 하거나, 여행을 하면서 하는 일을 하면 좋다. 사람을 사귀어도 깊게 사귀기보다는 다양하게 사귀길 좋아하기 때문에 영업적 성향도 강하다. 사소한 문제에는 약한 편이나 전반적인 계획이나 큰 구상을 하는 감각은 우수한 편이다. 좋은 기억력을 가지고 흥미를 느끼는 것에 도전하고 미지의 세계를 탐험하고 싶어 한다.

염소자리 태양

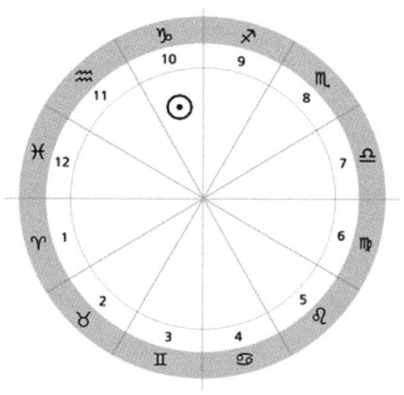

염소자리 태양은 책임감과 인내심이 강하다. 자기 자리에서 지키려는 힘이 강하기 때문에 권위적으로 비춰지고, 겉으로 드러나지는 않지만 야망이 꽤 큰 편이다. 성격은 매사에 신중하고 진지하나 걱정이 많고 비관적이다. 또한 의심도 많고 고집도 세다. 대체로 강직하고 성실하지만 융통성이 다소 부족하다. 관료적이며 묵묵히 순응하고 위계질서(位階秩序)에 민감한 성실한 타입이다.

염소자리 태양은 보수적인 성격에 조용하고 내성적이다. 소심하고 방어적이며 상처받는 것에 대한 두려움을 가지고 있다. 자신의 분야에서는 최고가 되고자 하는 열망과 야망을 가지고 조금씩 성공에 접근해간다. 질서 정연하고 의무에 순응하는 편이며 책임감이 매우 강하다. 실력도 있고 실제적 권위도 있으며 자신을 다스리고 단련시키려 한다. 단점으로는 비관적이고 의심이 많으며 완고하다는 것이다. 그리고 뒤끝이 있고 때로는 복수심을 품기도 한다.

실패에 대한 공포를 가지고 있기 때문에 크게 확장하지 않고 내실을 다지려 한다. 외부 공격에 대해 스스로 보호막을 치고 대비하려 하고 이러한 성향은 안전을 위해 애쓰는 것처럼 보이기도 한다. 겉모습은 고독해 보이고, 스스로를 고립시키기도 하며, 피해의식과 열등감(inferiority feeling)을 가지기 쉽다. 열등감 때문에 자존감은 떨어지는 편이고, 자신의 능력보다 자신을 낮게 평가하는 경향이 있다. 남의 이목을 의식하는 편이며 사람들에게 좋게 보이길 원한다. 자기 문제의 장단점을 파악하고 모든 움직임을 계획하길 좋아한다. 위험에 대비하기 때문에 위기의 순간에 강하다. 상대가 조언을 구하면 매우 현실적이고 실질적인 조언을 해준다. 질서와 규칙을 준수하며 공격적 측면보다는 방어적 차원에서 반항과 고집이 나온다.

염소자리 태양은 가까운 사람들에게는 매우 충실한 편이다. 존중해주고 존중받길 원하며 인정을 중시한다. 칭찬과 격려를 받으면 더 열심히 일하려 하고 성실하다. 물질적 안정을 원하기 때문에 규칙적인 수입을 갖고자 하며, 투기나 도박보다는 안정된 직장에서 보장된 급여를 받길 원한다. 꾸준히 노력하여 자신이 원하는 지위에 도달하며 자제심이 강하고 자기 훈련이 잘되어 있다. 목적을 이루고자 하는 열망이 강하기 때문에 현재의 즐거움을 포기하고 미래를 대비하며 검소하게 생활한다. 이것저것 수집하고 모으는 것을 좋아한다.

신중하고 진지한 성향 때문에 나대지 않고 꼭 필요한 말만 하며, 자신감은 많이 떨어지는 편이다. 자기 능력을 과소평가하기 쉽고 스스로 비관하기 쉽다. 자기 의심이 강해서 완전하다고 느낄 때까지 배우려 한다. 무언가 바라는 것이 있다면 꾸준히 성실하게 목표를 이루어 나간다. 계획이 지연되거나 좌절과 방해를 많이 겪어 봤기 때문에 기다리는 인내심이 좋고 노력과 충실성을 강조하는 편이다. 또한 노예근성(奴隸根性)이 있기 때문에 언제나 일을 하고자 하며, 부지런하고 성실하다.

일이 있을 때와 바쁠 때 행복감을 느끼고, 스스로 자급자족(自給自足)이 가능한 사람이다. 모아두고 쌓아두었다가 위기의 순간에 사용하려는 비축심리가 있다. 개인적 자력은 약한 편이나 드러나지 않는 동정심이 있으며, 사려 깊고 따뜻한 가슴을 지니고 있다.

마음속으로는 로맨틱한 것을 원하지만 감정 표현을 억누르는 성향이 있다. 염소자리는 가정에 매우 충실한 궁이기 때문에 결혼을 하더라도 좀처럼 이혼하지 않으려 하며, 고되더라도 인내하려는 속성이 강하다.

물병자리 태양

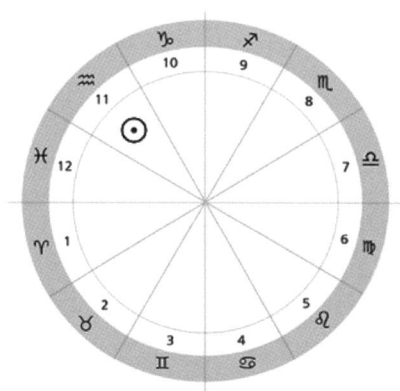

물병자리는 급진적이고 혁명적인 궁이다. 물병자리에 위치한 태양은 혁신적이고 창조적이며, 발명적이고 과학적이다. 느낌은 본능과 직관을 따르고 체제에 얽매이지 않으며 독립적인 자유를 갈망하는 편이다. 기존 질서를 따르기보다는 새로운 길을 만들고자 하기 때문에 매우 독창적이고 독특하다.

생각이 매우 엉뚱하고 특이하기 때문에 예측하기 어렵고 어디로 튈지 모르는 반항심이 있다. 대체로 무뚝뚝한 편이며, 관념이나 인습에 사로잡히지 않는다. 개인적이기 때문에 차갑고 비인간적으로 비춰지기도 한다. 물병자리는 인간 개개인을 돕기보다는 인류를 위한 발전을 위해 노력하는 스타일이다.

자신만의 생각이 강하기 때문에 고집이 세고, 의견을 굽히고 들어가지 않으며 생각이 급진적이고 과격하다. 기존 질서에 매이지 않고 틀을 벗어나 있기 때문에 보헤미안적이고 별난 성격을 가지고 있는 것처럼 비춰진다. 감정을 머리로 지배하는 편으로, 잘난 척하는 것처럼 보이기 쉽다.

창의성이 뛰어나고 특별한 규칙이나 공식을 있는 그대로 사용하기보다는 따로 떼어내어 적용하고, 모두 함께 더 나은 삶을 바라기 때문에 지식을 공유하려 한다. 다른 사람을 돕는 것은 스스로를 드러내기 위함이다.

물병자리 태양은 냉담해 보이고 무관심해 보이지만 실제로는 그렇지 않다. 물병자리는 특정 개인보다는 인류 전체에게 관심을 두는 편이다. 허세나 자존심을 부리지 않으며 칭찬을 듣기 위해 노력하지 않는다. 또한 새로운 생각과 방법을 시대에 적용하고자 하며, 새로운 세상으로 인도하는 철학적 비전을 가지려 한다. 분석력과 과학적 사고를 가지고 정확한 결론에 도달하길 원하며, 집중력이 좋아 많은 정보를 흡수하고 소화해내지만, 멍하니 있을 때도 많다.

물병자리는 다른 사람들과 두루두루 잘 지내는 편이며, 개인적이고 독립적이기 때문에 남의 험담을 하지 않는다. 논쟁을 좋아하지는 않지만 의도적으로 질문을 던지기도 한다. 규율이나 질서를 잘 따르지는 않지만 필요하다면 쉽게 적응하는 편이다. 스스로 자유롭고 싶어 하는 마음 때문에 상대를 소유하려 하지도 않을뿐더러, 소유욕이 강한 사람도 싫어한다. 상대에게 자유를 주는 대신, 자신도 그만큼의 자유를 줄 것을 기대한다. 다른 사람의 눈을 의식하지 않으며, 자신을 어떻게 생각하는지도 별로 관심이 없다.

사랑에 있어서는 의사소통이 잘 통하는 지적인 파트너를 원하며, 단체로 행동하거나 전체가 모이는 행사는 꺼려하는 편이다. 독립적으로 움직이길 바라고, 둘만 바라보고 살기를 원한다. 결혼을 하면 파트너에게 충실하고 안정을 주지만, 애정을 표시하는 스타일은 아니다.

물고기자리 태양

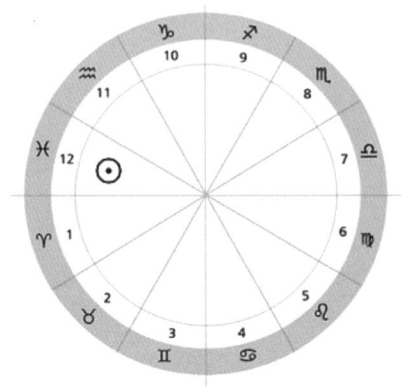

물고기자리는 동정심과 연민(compassion)이 강한 궁이다. 물고기자리 태양은 동정심이 많고 자비로우며 겸손하다. 직관이 발달되어 있고, 낭만이 있으며 이상을 꿈꾸고, 융통성이 좋은 편이다. 상상력이 풍부하고 감정에 민감하며 창조적이다. 겉으로 드러내지 않기 때문에 비밀스러워 보이기 쉽고, 남을 위한 희생적 성향이 강하다.

감수성이 매우 풍부하며 상대의 감정을 스폰지처럼 흡수한다. 상대의 마음이 그대로 전이되기 때문에 정에 끌려들어가기 쉽다. 상대의 감정에 끌려 다니기 때문에 결단력도 부족하고 의지력도 약하다. 우유부단한 성격으로, 쉽게 자르지 못하고 사람에게 매몰차지 못하다. 결정을 상대에게 넘기며 희생의 대상자가 되기 쉽다. 타인을 돕는 데서 만족감을 느끼고 동정심이 매우 강하다.

물고기자리는 사랑에 있어서는 낭만적이고 다정하며 로맨틱하다. 그러나 상대에게 너무 많이 의존하고 기대려는 성향이 강해 감정을 쉽게 다칠 수 있다. 버림받는 피해자가 되기도 한다.

정신적이고 영적인 것을 추구하며, 왠지 모를 불안감이 내재해 있으며, 이러한 불안감을 떨치기 위해 음식이나 알코올 혹은 약물에 의존하기 쉽다. 물고기자리 태양은 무언가에 의존하지 말고 스스로를 단련하고 인내하는 것이 무엇보다 필요하다.

물고기자리는 주변의 정보와 환경을 흡수하는 경향이 있기 때문에 자신을 둘러싼 환경이 매우 중요하다. 환경이나 사람에게 쉽게 영향을 받고 쉽게 흔들린다. 매우 민감하기 때문에 다른 사람이 인지하지 못하는 것을 느끼고 감지한다. 또한 의지력이 약하기 때문에 주변 상황에 끌려들어가기 쉽고, 거절을 잘 못하며, 타인의 결정에 따라가기 쉽다. 속으로는 의혹을 품고 있으면서도 어쩔 수 없이 따라갔다가 종국에는 희생의 당사자가 되기도 한다. 자신이 무언가를 결정한다 해도 다른 사람으로부터 확신을 받아야 안심을 할 수 있다. 스스로 자신의 감정 기복을 이해할 필요가 있고, 자기 스스로를 믿을 필요가 있다.

다른 사람을 도울 때는 매우 헌신적이고 희생적이며 자신의 능력을 가지고 자신보다 약한 다른 사람들을 돕는 것을 좋아한다. 얼굴을 대면한 상태에서 타인에게 상처를 주지 못하고, 다투거나 감정적으로 어려운 상황에 처했을 때 몹시 힘들어한다.

물고기자리는 순교자적 성향이 있어서 자신의 희생을 통해 타인을 구원하려는 마음을 품을 수 있다. 머리보다는 마음을 더 사용하며, 다른 사람에게 이용당하기 쉽고, 자칫 피해자인 척하기도 쉽다. 비극적 이야기에 빠져들기 쉬우며, 손해를 많이 보는 편이다. 조금은 현실적인 사고를 갖출 필요가 있다. 활기는 부족한 편이고, 꾸물거리고 게으른 편이다.

자신의 감정 상태가 주변 환경에 따라 오르락내리락하기 때문에 혼자만의 시간을 충분히 가질 필요가 있다. 예술과 춤, 음악을 통해 자신을 드러내며, 직관적으로 자신의 능력과 한계를 안다. 자신의 한계를 알 때 열등감을 만들어낼 수 있고, 드라마를 즐기며 내가 아닌 다른 사람이 된다는 상상으로 열등감을 그나마 잊을 수 있다. 과민하기 때문에 작은 일에도 우울해지기 쉽고, 자기 합리화를 잘하는 편이며, 사건이 발생하면 결과보다는 과정을 설명하려 한다.

03 달: 감정과 본능

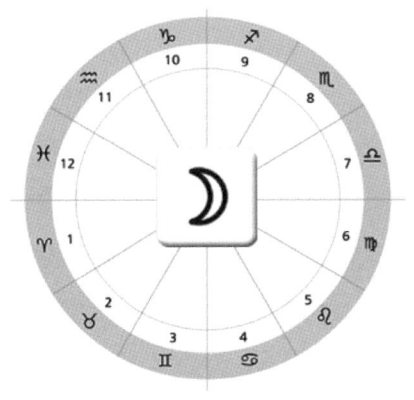

우리나라의 경우, 태어난 날의 달 상태를 중요시했다. 서양의 경우 태양력을 사용했고, 동양의 경우 태음력을 사용했다. 태양력은 태양 중심이고, 태음력은 달 중심이다.

태음력의 예를 살펴보면, "음력 3월 초하룻날 태어났다"라고 표현하면, 음력으로 3월 초승달이 시작되는 1일을 뜻한다. 즉, 태어난 시기의 달 모양을 대략 알 수 있다. 음력 생일은 달 모양을 알 수 있는 단서이다.

점성학에서 달은 우리의 신체와 무의식을 다스린다. 우뇌 영역을 다스리기 때문에 몸 전체의 본능과 연결되어 있다. 달은 인간의 감정과 마음 상태를 다스리고, 인간의 무의식에서 다스리는 본능적 행동과 연관이 있다. 달은 밤을 주관하는 루미너리로, 인간의 꿈과 무의식에 관여하며, 느낌을 비롯한 감정의 변화를 살펴볼 수 있다.

달이 각 궁에 머무르면서 달의 성질은 변화되는데, 각 궁에 머무는 달의 성격을 알아보도록 하자.

양자리 달

양자리(♈)에 달(☽)이 위치하는 경우, 양자리의 성급함과 감정적인 면이 감정적인 달과 만나면서 감정의 격변이 생기기 쉽고, 신경질적으로 변하기 쉽다. 빠르게 감정이 변화하기 때문에 변덕이 생기며, 순식간에 마음이 이랬다저랬다 바뀌기 쉬운 만큼, 좋게 말하면 적응력이 빠르고, 나쁘게 말하면 변덕이 심한 것이다.

양자리 달은 충동적이고, 통제당하기 싫어하며, 매정하고 타인의 사정을 봐주지 않는 우두머리의 속성을 지니고 있다. 반면에 자신의 아이디어와 능력을 인정받고 싶어 하고, 각광받고 싶어 하며, 일을 주도적으로 관리하고 싶어 한다.

개성과 창조성이 뛰어나고 모험심과 용기가 있으며, 생각하고 행동하는 데 있어서 매우 직설적이고 빠르다. 감정이나 기분이 바로 드러나는 편이다. 자발적이고 적응력이 좋으며, 불같은 기질이 나타날 수 있다.

우두머리의 속성 때문에 다른 사람들에게는 약한 모습을 보이기 싫어하고, 도움이나 지원을 받지 않으려 한다. 새로운 프로젝트를 시작할 때 양자리 달의 열정은 전염성이 있고, 마무리하는 사람이기보다는 시작하는 사람이다. 언제나 새로운 도전자를 만날 준비가 되어 있고 불평하는 사람을 별로 좋아하지 않는다. 본능적으로 움직이고 급하게 행동하기도 한다.

황소자리 달

황소자리(♉)에 달(☽)이 들어가면 안정을 찾는다. 황소자리 달은 부드러운 마음씨와 감정적으로 편안하고 안정이 되어 있다. 평화를 사랑하고 쉽게 감정에 휘둘리지 않으며, 감정을 쉽게 표현하지도 않는다. 침착하고 조용하며 인내심이 강하다. 안정적인데 너무 안전을 추구하고 지키려다 보니, 물질과 재산에 집착하기 쉽다. 물질은 안전을 보장하는 최고의 수단이라 생각한다.

사랑에 충실하고 믿음직하며 걱정하는 사람을 편안하게 안심시키지만, 너무 관능적인 것과 편안함에만 치우치기 쉽다. 물질적 풍요로움과 맛있고 달콤한 음식은 안정적인 느낌을 들게 하고 감정의 대리만족을 준다. 그러나 이것이 감정 에너지 결핍에 대한 대체 에너지로 사용되기도 한다. 가만히 앉아서 손으로 작업하는 것을 좋아하고, 질병이나 고통은 두려워하는 편이다. 달이 황소자리에 들어가면 안정을 찾으면서 행동은 다소 느려지고 수용성은 좋아진다. 즉, 이해심이 많아지고 부드러워진다.

쌍둥이자리 달

 쌍둥이자리(Ⅱ)에 달(☽)이 들어오면 움직임이 바람과 같아진다. 가볍고 빠르고 회전이 잘된다. 에너지가 바람처럼 스며들기 때문에 정보를 잘 흡수하고 전달한다. 그래서 쌍둥이자리 달은 다재다능하고 지식을 나누려 한다. 정보 수용력이 좋기 때문에 따뜻하고 매력적으로 비춰지며 위트가 있다. 느낌이나 감정을 합리적으로 표현하려 한다. 단점으로는 말을 통해서 변덕이 나온다는 것이다. 사람들의 깊은 느낌과 감정의 필요를 잘 눈치채지 못한다. 감정적으로 무거움을 피하려 하기 때문에 가벼울 수 있으나 잔걱정과 갈등이 많은 편이다.

 쌍둥이자리는 지적이고 가벼운 궁이다. 때문에 정신적 관심사를 공유할 수 있는 사람을 가깝다고 느끼며, 지식을 잘 흡수하고 받아들인다. 너무 많은 정보를 흡수하기 때문에 긴장과 불안이 있고 스트레스가 많은 편이다. 또한 너무 많은 말을 할 수 있다. 변덕이 심하기 때문에 이랬다저랬다 말을 뱉으면서 쉽게 결정을 바꾸다 보니 우유부단해 보이기도 한다.

게자리 달

 게자리(♋)에 위치한 달(☽)은 감정적 환경에 바로 반응한다. 느낌을 잘 빨아들이며, 쉽게 감정적이 되기 쉽다. 화내기 쉽고, 생각이나 느낌이 잘 변하며 느낌 위주로 사람을 판단한다. 자신의 에너지 권에 들어오는 사람들을 보호하고 양육하고자 하는 속성이 있다. 동정심이 강하고, 상대의 마음과 쉽게 동화되는 이심전심의 마음을 가지고 있다. 감정적이고 직관적이며 고집이 세다. 소유욕이 강한 편으로, 가족과 사랑하는 사람을 지키려는 속성이 강하다.

게자리의 고집은 청개구리 속성과 같은 반항으로 나타난다. 모든 것을 추억으로 간직하려 하기 때문에 과거에 매이기 쉽고, 과거 좋았던 기억 속에서 안전을 찾으려 한다. 이 때문에 스스로 과거에 구속되는 경향이 있다. 애정의 대상에게 집착하기 쉽고, 자신의 보호하에 두려 하기 때문에 소유욕이 매우 강한 것처럼 비춰진다. 상처를 가슴에 잘 품기 때문에 지난 상처를 치유하고 용서하는 것을 배울 필요가 있으며, 과거에 매이지 말고 앞으로 나아가는 것이 필요하다.

사자자리 달

사자자리(♌)에 달(☾)이 들어가면, 사자자리의 영향으로 마음이 진정되고 따뜻하며 관대해진다. 여유가 생기니 자비로움이 나오고 남을 생각할 수 있는 동정심까지 발현된다. 또한 사랑하는 사람에게는 매우 충실하고 헌신적이다. 자신이 자비를 베푸는 만큼 주변 사람들도 자신을 존중해주고 떠받들어주길 원한다. 칭찬받는 것을 좋아하고 사랑을 받는 것에 익숙하다. 프라이드가 강하고 자존심이 세며, 때로는 오만하기까지 하다.

서로 존중해줄 수 있는 파트너를 원하며, 상대로부터 가치를 인정받는다고 느끼는 것이 중요하다. 감정을 무시할 때 상처를 받으며, 감정을 가지고 장난치는 것과 정직하지 못한 것을 싫어한다. 사자자리 특성의 위엄이 있기 때문에 상대의 감정이 날뛰지 않게 진정시키는 힘을 가지고 있다. 그러나 정작 자신이 감정적이 되면 감정의 사건을 극대화하기 쉽다. 사자자리 달은 자기중심적이며 자만심이 강하다. 야심이 강하고 참을성과 끈기가 있으며, 사람들의 감정을 잘 다스린다. 감정을 움직이는 리더십과 창조적 능력도 지니고 있다.

처녀자리 달

처녀자리(♍)에 달(☽)이 들어오면 달은 상당히 민감하고 예민하며 조심스러워진다. 자신의 감정을 나타내는 데 있어서 수줍음을 느끼고 자유롭게 감정을 표현하지 않으며, 감정보다는 더 정신적이다. 다른 사람에게 현실적인 도움을 주려 하며, 서비스를 제공하고 싶어 한다. 식별력과 분별력이 뛰어나고 완벽하려는 속성 때문에 자신을 힘들게 괴롭히는 경향이 있다.

근면하고 성실하며 직관적이고 실용적인 면이 강하다. 상황을 분석하기를 좋아하며 일을 할 때 가장 빠르고 효율적인 방법을 찾으려 한다. 큰 그림보다는 세부적인 사항에 집중하는 편이다. 가정부, 간호사, 비서 등 자신의 도움이 필요한 사람을 보호하고 관리하려는 속성이 있다. 그러나 정작 자신의 에너지 권에 타인이 침범하는 것을 싫어한다. 몸의 감각이 매우 예민하고 날카로운 편이다. 타인의 기운에 민감하고 기감도 발달해 있다. 남의 도움 없이도 혼자서 잘사는 타입이다.

천칭자리 달

천칭자리(♎)에 달(☾)이 위치하면 달은 조화와 균형점을 찾으려 한다. 공정한 것을 좋아하고 친절하며 매너가 있다. 또한 사근사근하고 낙천주의적 성향이 있다. 타인에게 배려와 사려도 깊으며, 사람들의 동의를 잘 이끌어낸다. 타인에 대한 배려나 매너는 타인을 위하는 마음이라기보다는 잘 보이려는 마음에서 나오는 행동이며, 타인을 너무 의식하는 측면이 있다.

천칭자리 달은 에너지가 느려지면서 부드러워지지만 긴장이 풀리면서 게을러지기 쉽다. 움직이는 것을 싫어하기 때문에 육체노동을 싫어하고, 스스로 일하기보다는 남을 부리려 한다. 공정하지 못한 처우나 대우를 받을 때에는 반발하는 편이다. 사람들과의 조화를 맞추는데 너무 열심이다 보니 자신의 욕망이 묻혀버리기 쉽고, 때로는 타협적으로 비춰진다. 양쪽 논쟁의 중심에 서기 쉽고, 추론하는 힘과 공정한 분별 능력을 가지고 있다.

전갈자리 달

전갈자리(♏)에 달(☽)이 위치하면 달은 마음을 숨겨버린다. 다른 사람이 잘못된 행동을 하면 마음속에 담아두고 곱씹어본다. 상대를 믿지 못하기 때문에 자신의 마음을 숨기는 것이다. 그래서 상대에 대한 의심이 많고, 마음을 쉽게 열지 않아 의중을 파헤치기가 힘들다. 마음이 단순한 것도 아니고 진실한 편도 아니다.

전갈자리는 자신을 내어주지 않은 상태에서 상대를 지배하려 한다. 모든 일에 있어서 강렬하고 감정적으로 행동한다. 상대를 소유하고 지배하려는 속성이 강하기 때문에 질투심과 소유욕이 매우 강하다. 전갈처럼 한번 물면 절대 놓지 않으려 하기 때문이다.

과거의 잘못된 일들을 절대 잊지 않고 기억하면서 그 느낌을 되새김질하고 스스로를 다스린다. 감정의 깊이가 깊기 때문에 상처받기도 쉽고, 뒤끝도 강하다.

목표를 정하면 적극적으로 뛰어들며 독립적으로 사고한다. 결단력과 결정력도 좋은 편이다. 감정을 억누르고 느낌을 가슴 깊이 담아두기 때문에 원한을 품기 쉽다. 차라리 감정을 표출하는 편이 낫다.

사수자리 달

사수자리(♐)에 달(☽)이 들어오면 솔직하고 개방적이며 관대해진다. 독립성도 강하고 매사에 열광적이며 미래에 대해서도 낙관적이다.

또한 모험심도 강해진다. 솔직하고 개방적인 성향은 많은 친구를 만들고, 지인을 얻을 수 있다.

자신의 생각을 잘 말하기도 하고 이야기를 잘 듣기도 한다. 여행을 좋아하고 자유로움을 즐기며, 더 나은 미래를 계획한다. 모험을 좋아하고 낙천적이며 매우 태평스럽다. 또한 장난기도 많다. 감정을 솔직하게 잘 표현하기 때문에 서운한 마음을 가슴속 깊이 담아두지도 않는다. 부정적인 면으로는 독단적이고 오만하다.

염소자리 달

염소자리(♑)에 달(☽)이 들어오면 꽤 진지하고 신중해지며 조심스러워진다. 또한 인내심과 책임감이 강해진다. 감정을 겉으로 잘 드러내지 않을뿐더러 감정을 드러내는 것을 불편해한다. 그래서 사람들의 도움을 밀어내는 편이다. 즉, 감정적으로 약하다는 것을 들키고 싶어 하지 않는다.

사람들을 일정 부분 밀어내기 때문에 때로는 차갑고 도도하게 보이기도 한다. 지위나 권위를 가질 때 안전함을 느끼고 미리 대비하고 준비하려는 성향이 강해진다. 에너지를 축적하려는 본능이 나오는 것이다. 자신의 마음을 잘 드러내지 않기 때문에 사람과의 관계성에서 오는 어려움이 있는데, 상처 주는 말들에 과민하게 반응하기 쉽고 열등감이나 피해의식을 느끼기 쉽다.

대체적으로 비즈니스 같은 태도를 취하고 깐깐하며 보수적이고 전통적이다. 야망은 큰 편이며 매우 현실적이다. 현실적으로 이야기하고, 업무적으로 대하기 때문에 신뢰성은 좋은 편이다. 또한 주변 사람들에게 인정받기를 원한다. 전반적으로 차갑고 냉정하게 보이기도 한다. 그래서 단점으로는 차갑고 냉정하며, 냉혹한 이기심을 갖기 쉽다는 것이다.

물병자리 달

물병자리(♒)에 달(☽)이 들이 들어오면, 달은 개성이 강해진다. 변화의 에너지가 샘솟으면서 자꾸 개선하고 바꾸려고 한다. 개성이 강하고 혁신적인 물병자리에서 감성적인 달은 이성적인 사고를 하기 시작한다. 이성과 감성을 분리하여 생각할 줄 알게 되면서 생각이 독창적이고 진보적으로 바뀐다. 사람들과의 관계성에서는 조금 떨어져서 관찰하고 사유하며, 상대가 너무 가까이 다가오면 물러서서 적절한 거리를 유지하려 한다. 사람들의 감정에 깊이 빠지지 않기 때문에 다른 사람의 감정적 필요를 이해하는 것이 어렵다. 조언을 하더라도 한 발자국 떨어져서 조언하고자 한다.

물병자리 달은 어디에도 얽매이지 않고 독립적이며 자유를 갈망한다. 스스로도 자유가 보장되는 것을 원하기 때문에 상대를 소유하거나 집착하지 않는다. 그래서 질투와 소유욕이 강한 배우자를 싫어한다. 상당히 쿨한 성격이다.

지식을 폭넓게 연구하고 싶어 하며, 실험적으로 연구하고 발명하며 틀에 박히지 않는 매우 진보적인 생각을 가지고 있다. 혈육보다는 친구를 더 가깝고 편하게 여기며, 사람과 관계를 맺을 때 감정적으로 깊이 연결되는 것을 부담스러워 한다. 즉, 한 발자국 떨어진 관계를 원한다. 물병자리에서 달은 독립과 자유가 필요하다. 부정적인 면으로는 비인간적이고, 반항적이며, 엉뚱하고 감정의 폭이 좁아 이기적으로 보인다는 것이다.

물고기자리 달

물고기자리(♓)에 달(☽)이 위치하면, 달은 감정의 흡수력이 좋아진다. 달의 감정은 동정심과 연민으로 표현되며, 기운이 민감하고 느낌을 중시한다. 직관과 통찰력이 좋아지며 상대의 감정적 진동에 금방 흡수된다. 정이 많고 친절하며 상냥하다. 또한 상상력이 풍부하고 수줍음이 많다. 대체로 연약한 마음을 가지고 있다.

장소에 민감하게 반응하고, 다른 사람의 감정을 이해하는 직감을 타고났다. 다른 사람이 아프면 자신이 아픈 것처럼 느낀다. 사람을 쉽게 판단하지 않고 있는 그대로 받아들이는 수용성이 좋다. 어려운 사람을 돕거나 가르치는 데 최선을 다하고, 괴로운 사람을 위로하며 어떻게든 방법을 찾아주려 노력한다. 어렵고 힘든 불행한 사람을 보면 자신의 일인 듯 도와주려 한다. 타고난 예술적 영감과 감성이 발달해 있고, 예술, 미술, 음악 등으로 자신의 마음을 표현한다.

환상 속에 머물고 싶어 하고, 상상력이 매우 풍부하기 때문에 낭만적인 사랑에 빠지길 바란다. 이 때문에 감정과 환상을 잘 구분하지 못하고, 지나치게 감정적으로 되기 쉽다. 또한 다른 사람에게 에너지를 쉽게 빼앗길 수 있다. 무대 뒤에서 작업하는 것을 좋아하고, 기본적으로 예술적 재능을 지니고 있다.

04 수성: 지적 능력

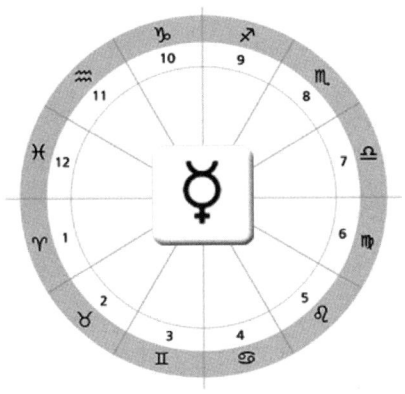

수성은 중성적인 별로, 주변에 있는 큰 행성에 영향을 많이 받으며, 주변 행성의 특징을 빌려 쓰기도 한다. 수성은 전령의 성격이 강하기 때문에 매우 민첩하고 빠르다.

달이 우뇌를 주관하며 직관적이라면, 수성은 좌뇌를 주관하며 이론적이고 논리적이다. 수성은 머리 쓰는 방법을 보여준다.

대체로 풍상궁(특히 쌍둥이자리, 물병자리)에 위치한 수성은 머리 회전이 빠르다. 화상궁(특히 양자리, 사수자리)에 위치한 수성도 생각이 빠른 편이나, 지상궁(특히 황소자리, 염소자리)에 위치한 수성은 머리를 느리게 만든다. 그러나 처녀자리 수성은 머리가 상당히 좋다. 수성은 머리 회전이 빠른지, 어떤 식으로 머리를 쓰는지를 알려준다.

양자리 수성

양자리(♈)에 위치한 수성(☿)은 말과 행동이 빨라지며 생각이 떠오르는 대로 즉각 말하고 행동하는 편이다. 움직임도 빠르고 손도 빠르다. 말하고 행동하는 데 있어서 솔직하고 직선적이며 열정과 에너지가 풍부하다. 토론이나 논쟁 등에서 의견 내기를 좋아하며, 자신과 생각을 공유할 사람을 좋아한다. 충동적이고 화를 잘 내지만 뒤끝은 없다. 신경 에너지를 많이 쓰기 때문에 마음이 불안한 편이다. 순간 재치와 위트가 있으며, 재미있기 때문에 주변 사람들에게 인기가 많다.

황소자리 수성

황소자리(♉)에 위치한 수성(☿)은 말하고 행동하는 것이 느리고 신중해진다. 오래 생각하고 진지하게 숙고한다. 한번 결심하면 한 방향으로 밀고 나가며, 실천력이 좋다. 질서 정연하며 보수적이다. 생각은 느리나 마지막까지 마무리는 잘한다. 느린 속도로 지식을 흡수하고 습득하나 한번 배운 개념은 잘 잃어버리지 않는다. 무언가를 결정하고 행동함에 있어서 서두르거나 강요하는 것을 싫어한다. 한번 마음먹으면 끝까지 가려하고 인내심이 강하다. 생각이나 사상을 지키고 유지하는 것을 좋아하며, 생각이 쉽게 바뀌지 않는다. 설계하고 유지·보수하는 것을 좋아하며 일을 끝까지 완수하려 하기 때문에 프로젝트를 잘 따르는 편이다.

황소자리 수성이 달과 흉각(凶角)을 맺으면, 머리 회전이 느려지고 임기응변도 약하며 지능이 떨어지기 쉽다. 또한 황소자리 수성이 해왕성과 흉각을 맺으면 개념 정리에 능하지 못하다. 황소자리 수성인 상태에서 달과 흉각, 해왕성과 흉각인 경우, 지적 장애가 있을 수 있다.(행성의 각(aspect)에 관해서는 『태라의 점성학 2』에서 다룰 예정이다.)

쌍둥이자리 수성

쌍둥이자리(Ⅱ)에 위치한 수성(☿)은 바람처럼 가벼워지고 활동성이 많아진다. 활발하게 정보를 교환할 수 있기 때문에 에너지가 넘치고 다재다능하다. 호기심이 강하고 지적 욕구가 왕성하다. 책을 읽고 대화를 하면서 지식을 습득한다. 너무 많은 신경 에너지를 쓰는 편이다.

영리하고 위트 있으며 상황에 대처하는 재치를 가지고 있다. 한번에 여러 가지 일들을 벌이고, 새로운 것에 강한 호기심을 느끼며, 새로운 콘셉트를 잡으려 한다. 호기심이 충족되면 맡고 있던 프로젝트에 대한 흥미도 재빨리 사라진다.

이것저것 맛보는 것을 좋아하고, 손을 잘 다루며, 기계적인 측면이 있다. 수박 겉핥기식으로 학문을 대하고, 잡학 다식하다. 한 가지를 진득이 파기는 어려운 만물박사이다. 논쟁하고 토론하면서 자신을 어필하려 하거나 지식이나 정보를 통해 자신을 드러낸다. 또한 말하고, 가르치고, 장사하고 광고하는 것을 통해서 자신을 어필한다.

정신적 불안정 때문에 직장이나 장소를 바꾸려 한다. 때문에 움직임이 많은 일 혹은 출장 등 변화가 많은 일을 하는 것이 좋다. 생각과 움직임이 빠르기 때문에 이해가 더디고 느린 사람을 들볶기 쉽다.

게자리 수성

  게자리(♋) 수성(☿)은 기억력이 매우 좋다. 정보를 느낌으로 받아들이고 이미지로 기억한다. 과거 좋았던 기억들에서 안정감을 찾기 때문에 과거의 감정이나 기억에 접속하려 한다. 인간 내면에 관심이 많고 주관적으로 생각하는 경향이 있다. 대중과 이야기를 나눌 때는 조심스럽고 수줍지만 1 대 1로 이야기를 할 때에는 자신의 속마음을 잘 털어놓는다. 날마다 일어나는 많은 일들을 기록하고, 추억이 서린 물건들을 모아두려 한다. 느낌과 직관에 의존하고, 영혼 없는 대화는 의미가 없다고 생각한다. 민감하게 느끼고 예민하게 들으며 상징이나 이미지로 이해되는 그림이나 신화, 그리고 시와 음악 등을 좋아한다.
  감정에 예민하기 때문에 사람들과 감정적으로 연루되기 쉽다. 직관적이고 영적이며 마음은 감정에 영향을 잘 받는다. 마음이 자주 바뀌기 때문에 무언가를 결정하는 것도 어렵다.

사자자리 수성

  사자자리(♌)에 수성(☿)이 위치하면 생각이 확고해지고, 자신의 생각을 효과적이고 드라마틱하게 나타낸다. 자신에 대한 믿음과 확신이 있기 때문에 설득력이 강하다. 말을 즐겁고 재미있게 하는 이야기꾼이다. 독특한 스타일로 자신의 생각을 표현하고, 창의적인 아이디어를 가지고 있다. 남들보다 눈에 띄고 탁월하길 바라며, 어떤 상황에서든 결정권을 갖고 싶어 한다. 리더, 지도자, 코치 등이 어울리며, 남의 명령 받는 것을 힘들어한다. 사람들의 주목을 받고 싶어 하며 열정이 강하다.

부정적인 측면으로는 자만심과 교만이 있다는 것이다. 지나치게 자기 능력에 감동하는 경향이 있으며, 때로는 다른 사람들의 생각을 무시하기도 한다.

처녀자리 수성

처녀자리(♍) 수성(☿)은 논리적이고 분석적이며 정확하고 세심하다. 전체보다는 세부 사항을 보려 하며 세심하게 주의를 기울이는 스타일이다. 꼼꼼히 체크하고 정보를 놓치지 않으며 정확하게 분석하는 것을 좋아한다. 조직에서는 일을 매우 잘하고 유능하다.

처녀자리 수성은 숫자에 밝고 머리가 가장 좋다. 실제적인 분야에서 전문적인 기술이나 직업을 갖기 쉽고, 개발·분석·측정·해부하기를 좋아한다. 명확하고 논리 정연하며 완벽성을 가지고 있다.

상대가 하는 말의 뉘앙스를 잘 파악하고, 생각이나 기분의 미묘한 차이를 구별할 줄 안다. 또한 전문 기술 능력을 쉽게 숙달할 수 있는 능력을 가지고 있다.

  부정적인 측면으로는 세부 사항에 너무 몰입하다 보면 전체 그림을 놓치기 쉽다는 것이다. 또한 비관적이고 비꼬기 쉬우며 사람을 차별하기 쉽다. 직업적으로는 경리, 세무사, 회계사 등 꼼꼼함과 세밀함이 요구되는 일들이 잘 어울린다.

천칭자리 수성

  천칭자리(♎)에 수성(☿)이 들어오면, 수성은 중간자적 입장을 취한다. 따라서 어느 한쪽으로 치우치지 않은 채 본능적으로 조화와 균형점을 찾으려 한다. 문제의 모든 면을 균형적인 시각에서 공정하게 보려고 노력하고, 합리적으로 생각한다.

  천칭자리 수성은 타협과 협상 그리고 화해를 이끌어내는 능력을 가지고 있다. 사회적 기교가 있으며, 모든 사람과 두루두루 잘 어울린다. 감정적인 편견을 갖지 않고 객관적으로 사물을 평가하기 때문에 우수한 협상가이자 중재자이다. 어떤 사건에 있어서도 공정한지 공정하지 않은지를 판단하며, 모든 상황을 평화롭게 해결하고 싶어 한다. 뛰어난 미적 감각을 가지고 있으며 문화와 예술을 사랑한다. 스스로 가치가 있다고 생각하는 곳에 무게를 두고, 무엇이든 비교·유추하면서 생각한다. 전반적으로 균형 잡힌 마음을 가지고 있다. 부정적인 측면은 거절을 잘 못하고, 싫증을 잘 느낀다는 것이다.

전갈자리 수성

전갈자리(♏)에 수성(☿)이 들어오면, 강하게 몰두하면서 어떤 문제든 깊이 파고들기 때문에 집중력이 상당히 강하다. 일이나 작업에 완전히 몰두하여 탐정처럼 파고든다. 직관적으로 판단하고 비언어적으로 이해한다. 지식을 흡수할 때는 책을 통한 간접 경험보다는 직접 경험을 해보고자 한다. 성이나 죽음과 같은 강렬한 느낌의 생각을 하기 쉽고, 마음은 삶의 감각적인 면을 쫓아간다. 기계적인 능력을 가지고 있고, 손으로 하는 일을 잘한다. 날카로운 시각과 재치가 있으며, 촌철살인의 말을 잘하며, 풍자와 유머를 좋아한다. 문제가 생기면 문제 이면으로 깊이 침투하여 근원적 문제점을 알아내고자 한다. 상대방의 모든 정보를 알고 싶어 하나 자신의 정보는 숨기는 편이다. 부정적인 측면으로는 회의적이고 냉소적이며 고집이 세다는 것이다.

사수자리 수성

사수자리(♐)에 수성(☿)이 위치하면, 갑자기 생각이 확장된다. 더 큰 이상과 계획을 가지고 미래를 계획하며 높은 목표를 세우려 한다. 이상과 비전을 가지려 하며, 통찰력을 바탕으로 세상을 바라보려 한다. 자신의 한계가 어디인지 찾고 싶어 하며, 구체적인 것보다 추상적이고 철학적인 것을 더 좋아한다. 종교적이고 정신적인 영역에 관심을 두고, 생각을 충분히 오래 끌고 가면서 집중하는 편이다.

정신적 자유를 갈망하나 질서를 엎기보다는 기존 질서를 따르는 편이다. 게임과 모험을 즐기고 투기 본능이 있다. 말투는 솔직하고 무뚝뚝하며 자신의 마음을 잘 이야기하는 편이다. 머리에 떠오르는 생각을 그때그때 말하기 때문에 때로는 경솔해 보이기도 한다. 한 가지 일보다는 여러 가지 비슷한 주제를 함께 배우고 경험을 쌓고 싶어 한다. 경험을 쌓고 지혜와 깨달음을 얻기 위해 여행을 즐긴다.

염소자리 수성

염소자리(♑)에 수성(☿)이 위치하면 매우 현실적이고 실제적이 된다. 객관적으로 생각하려 하며 현실적인 메커니즘을 알고 싶어 한다. 때로는 매우 심각해 보이기도 하며 진지하고 조심스럽다. 생각의 틀을 벗어나는 것을 두려워하고 관념에 갇히기 쉽다. 스스로를 잘 훈련시키려 하며 마음은 명확한 편이다. 숨겨진 진실에 대해 알고 싶어 하며, 냉소주의적인 면이 강하다. 어떤 문제든 오랜 시간 집중하고 관심을 보이며 세부 사항에 매우 세심한 편이다.

유머 감각이 부족하고 농담에 약하며, 융통성이 부족하고 양심적이다. 조직 관리나 행정 관리에 적성을 가지고 있다. 생각하기 위해 혼자 조용한 시간을 가지며 철저히 계획하고 기다리며 인내하는 스타일이다. 이해하는 데 오랜 시간이 걸리기 때문에 머리가 그다지 좋다고 할 수 없으며, 생각의 폭이 좁고, 관념이 센 편이다.

물병자리 수성

물병자리(♒)에 수성(☿)이 위치하면, 갇혔던 에너지가 풀어지면서 급진적이고 창의적인 생각이 발현된다. 생각이 매우 독특하고 비범하며 과학적이다. 또한 생각이 기발하고 신속하며 민첩하다.

풍상궁인 물병자리에서는 생각의 사고가 자유롭고, 묶였던 에너지가 풀어지면서 많은 양의 에너지를 방출하기 때문에 진취적이고 개방적이다. 또한 새로운 기술이나 획기적인 발견을 금방 받아들인다. 과학적 원리와 발명의 정신으로 난관을 해결할 수 있다고 믿는다. 미래적이고 혁신적인 사업에 참여하고 싶어 하며, 새로운 것을 시도하려 한다. 변화에 능동적이고 실용적이며 독창적이다.

부정적인 측면으로는 너무 급진적이고 혁명적이며 때로는 과격하고 편향적이라는 것이다. 또한 어느 한곳에 매이지 않으려 한다. 물병자리 수성은 머리가 상당히 비상하고 좋은 편이다. 직업적으로는 과학자, 발명가, 혁명가 등이 어울린다.

물고기자리 수성

물고기자리(♓)에 수성(☿)이 위치하면, 스펀지처럼 주변에 널려 있는 정보를 모두 흡수한다. 직관적으로 정보를 받아들이며 상상력이 풍부하다. 어떤 정보든 구애받지 않고 이해하며 받아들인다. 정신적이고 비현실적으로 소통하려는 경향이 있다. 스스로 밀고 나가는 힘은 부족하나, 자신이 흥미나 호기심을 느끼는 분야는 빠르게 지식을 습득한다. 직관력과 통찰력이 발달되어 있으며, 비언어적인 상징이나 이미지로 소통하려 한다.

부정적인 측면으로는 현실에 다소 어둡고 게으르며 꾸물거리고, 현실 생활에 무관심할 수 있다. 환경이나 공간에 매우 민감하기 때문에 주변 환경을 조심스럽게 살펴볼 필요가 있다.

정보를 흡수하고 나면 정보를 스스로 재편성하며 퍼즐을 맞추듯 전체 그림을 맞춰 나간다. 시각화를 통해 정보를 흡수하고, 느낌과 생각을 표현하는 능력이 뛰어나다. 즉, 보이지 않는 감각을 여러 가지 다른 방식으로 표현한다. 정신의 추상적인 요인들을 구체화시키는 능력이 있다.

강요받는 것도 강요하는 것도 싫어하며, 직관을 따르고 상대가 이야기하기도 전에 상대의 생각이나 느낌을 바로 알아채기도 한다. 반응이나 재치는 다소 떨어지는 것처럼 보일 수 있으며, 상상력을 많이 활용하는 편이다.

스토리텔러적인 재능도 있고, 상상력을 기반으로 하는 드라마나 영화 등 창작물에 흥미를 느낀다. 실체가 없는 힘들이 실재하는 것처럼 느끼기도 한다. 구체적인 지식이 많이 없어도 느낌이나 생각을 형상화할 수 있다. 느낌도 종종 정확하게 잘 들어맞고, 꿈도 다양하게 꾸는 편이다.

05 금성: 사랑의 방식

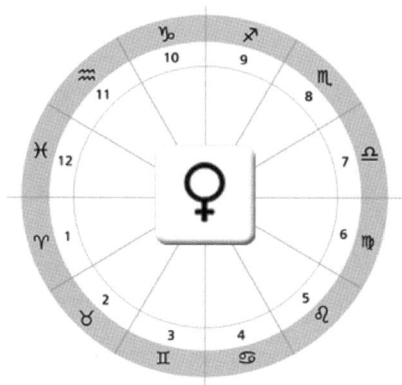

금성은 미와 사랑의 별이다. 사랑을 관장하는 별인 만큼 금성은 애정과 사랑의 감정을 나타낸다.

미의 여신 비너스로 상징되며, 금성은 달 다음으로 가장 밝게 빛나는 별이다.

수성과 마찬가지로 금성 또한 내행성(內行星)[25]이다. 태양과 함께 움직이는 별이며, 태양과 47.8도 이상 떨어지지 않는다. 여성 행성인 금성과 달을 비교해보면, 달은 음의 음의 성질이고, 금성은 음의 양의 성질이다. 달이 더 수용적으로 받아들이는 스타일이라면, 금성은 내어주면서 발산하는 스타일이다.

출생 차트에서 금성은 차트 주인의 애정 방법을 비롯하여 이성을 대

---

25 태양계에서 태양과 지구 사이에 있는 행성으로 수성, 금성이 있다.

하는 마음 등을 살펴볼 수 있다. 어떤 방식으로 사랑을 표현하는지, 사랑이라는 감정의 에너지를 어떻게 주고받는지, 상대 이성을 어떻게 생각하는지 등등 마음의 에너지를 주고받는 방식을 살펴볼 수 있다. 금성이 어느 궁에 위치하느냐에 따라 애정의 성향이 다르게 나타난다.

양자리 금성

양자리(♈)에 금성(♀)이 위치하면, 양자리 자체가 열정적인 궁이기 때문에 사랑을 하는 데에도 열심이다. 사랑 에너지를 쏟는 만큼 관심받기를 원하며 사교를 즐기는 편이다. 사람들과 관계성을 맺고 싶어 하며 상대를 리드하길 원한다. 단점은 다른 사람을 위해 너무 노력한다는 점이다.

사랑의 접근 방법은 충동적이고, 유혹에 약하며, 적극적이다. 열정과 사랑은 쉽게 불타오르고, 쉽게 반하며, 쉽게 끌려들어가지만, 마지막엔 또 쉽게 식는다. 또한 상대방의 마음을 솔직하게 묻는 편이며, 애정에 있어서 경쟁하는 것을 즐기기도 한다. 경쟁을 즐기려는 마음은 자신이 원하는 것을 어떻게든 얻으려 하고, 사랑을 쟁취하고자 한다. 사랑에 경쟁이 붙으면 물불 안 가리는 이기심이 나온다. 또한 감정적 사건과 관련된 사회문제를 앞장서서 해결하고자 한다. 사랑을 얻든, 마음을 얻든, 온전히 자신의 것이 되었다는 생각이 들면 금방 싫증을 내기도 한다. 쟁취하는 것에 목적을 두기 쉽고 애정의 첫 단계에 매우 열심이다.

양자리 금성의 연애는 쟁취에 목적을 두기 때문에 금방 시들해지고, 다시 새로운 사랑을 정복하려 한다. 그래서 애인이 되고 난 다음의 연애 과정은 다소 단조롭고 지루해질 수 있다. 자신이 지배할 수 있는 사람과 자신에게 가치가 있는 사람을 파트너로 얻으려 한다. 부정적 측면으로는 무모하게 행동할 수 있고, 경쟁적이기 때문에 상대로부터 자극을 받으면 공격할 태세를 취한다는 것이다. 자신의 욕망을 채우려다 보니 남을 배려하지 않는 것처럼 비춰지기도 하며, 성급하고 이기적으로 보이기도 한다.

황소자리 금성

황소자리(♉)에 금성(♀)이 위치하면, 사랑에 있어서 매우 충실하고 안정적이다. 부드럽고 조심스럽게 다가가며 편안함을 느끼게 한다. 아름다운 것, 관능적인 것, 매력적인 것 등에 끌려들어가기 쉽고 외모를 중시하는 편이다. 물질적인 것과 편리함에 가치를 두고, 움직임이 느리기 때문에 상대로 하여금 움직이게 만든다. 상대에게 기대기 쉽고 게으른 편이다. 이러한 성향 때문에 연애를 할 때도 물질적 풍요로움이 있는 사람, 외모가 좋은 사람, 차가 있는 사람 등을 선택하려 한다. 대체로 눈이 높은 편이다.

애정 표현도 먼저 하지 않고 상대방이 하도록 유도한다. 사랑의 접근 방법은 수동적이고 느리다. 황소자리 금성의 애정은 따뜻함이 있고 매력이 있으며, 상대가 공감해주는 것을 좋아한다. 겉으로 드러나지는 않지만 질투하는 마음이 강하고, 관계에 있어서 경쟁이 붙으면 쟁취하기보다는 그냥 포기하는 쪽을 택한다.

쌍둥이자리 금성

쌍둥이자리(Ⅱ)에 금성(♀)이 위치하면, 사랑을 나누는 데 있어서 매우 지적이다. 쌍둥이자리가 의사소통과 관계된 궁이기 때문에 대화가 잘되고, 재치가 있으며 유머 감각이 좋아진다. 상대의 마음을 가볍게 해주는 재주가 있다.

상대의 외모보다는 소통의 기술을 중시하며, 정신을 자극해줄 수 있는 파트너를 원한다. 언제 어디서든 이야기하고, 아이디어를 나누며, 새로운 것을 함께 배우고 싶어 한다. 대화의 기술이 매력적이고 친근하며, 새로운 사람과 만나는 것을 즐긴다.

호기심이 강하기 때문에 재미로 연애를 시작할 수 있고, 이 사람 저 사람 알고 싶어 하는 마음 때문에 사랑에 있어서 변덕이 심한 것처럼 느껴진다. 한 사람보다는 여러 사람의 관심을 받고 싶어 하기 때문에 양다리를 걸치기 쉽다. 사랑에 있어서는 바람 같은 사람이기 때문에 소유욕이 강한 파트너와의 관계는 힘들어한다. 즐기고 싶어 하기는 하나 책임지려 하지는 않는다. 그래서 바람둥이들이 많다. 때로는 사랑과 느낌에 대해 합리성을 찾으려 한다.

게자리 금성

게자리는 감정적이고 민감한 궁으로, 게자리(♋)에 금성(♀)이 위치하면, 애정이 깊고 집착이 세다. 가족과 오래된 친구, 익숙한 장소 등 과거에 좋았던 기억에 대해 집착하는 경향이 있으며, 자신에게 의미 있고 중요하다고 생각하는 날들을 기념하려 한다. 가정의 평화를 원하고, 아끼는 사람들에게 집착하기 쉬우며, 관계에도 집착하는 편이다. 즉, 상대를 내 에너지 권에서 보호하려는 속성이 강하다.

게자리 금성은 매력이 많고 자력이 뛰어나다. 애정도 깊고 정도 많지만, 내어주면서 지배하는 스타일이다. 사랑의 표현은 조용하게 표현하고 섬세하게 배려한다. 상대의 감정을 잘 느끼고, 상대의 필요를 그때그때 충족해주지만 가두려는 속성이 너무 강하다. 사랑받지 못할 때나 불안한 감정을 채우기 위해서 너무 많이 먹을 수 있으며, 달콤한 음식을 좋아한다.

사자자리 금성

사자자리(♌)에 금성(♀)이 위치하면 마음이 따뜻해진다. 애정도 깊어지고 열정적이며, 사랑하는 사람을 보호하고 지키려 한다. 애정에 충실하고 느낌과 본능에 따른다. 파트너에 대한 눈은 높은 편으로, 자신보다 급이 떨어지거나 하찮고 인색한 것을 싫어하며, 존경할 만한 대상을 찾으려 한다. 애정과 관심을 받고 싶어 하며, 자신만 바라봐주길 바란다.

　인생이라는 드라마를 즐기려 하고, 감정을 극화시키며, 상대를 감동시키는 이벤트나 과장된 표현을 좋아한다. 사자자리 금성은 감정에 솔직하고 친절하며 매력적이다. 자신의 매력을 드러내고 표현하며, 상대가 떠받들어주는 것을 좋아한다. 쉽게 사랑에 빠지고 기대는 성향이 강하다. 겉으로는 강해 보일지라도 쉽게 상처를 받는 스타일이다. 겉모습에 사로잡히기 때문에 물질적 허영과 과시가 심하다.

처녀자리 금성

　처녀자리(♍) 금성(♀)은 조용하고 헌신적으로 사랑한다. 애정이 겉으로 드러나지는 않지만 사랑하는 사람에게 충실하고 조용히 사랑한다. 언제나 사랑하는 사람을 위해서 무언가를 해주려 노력한다. 느낌이나 감정을 표현함에 있어서 수줍음이 많고 두려움이 많은 편이다. 스스로 자신의 매력을 잘 모르며 사랑에 대한 자신감이 결여되어 있는 편이다.

　처녀자리 금성은 완벽성을 추구하기 때문에 파트너 또한 완벽하기를 기대한다. 보는 눈이 까다롭기 때문에 완벽한 결혼 상대를 찾을 때까지 결혼을 미루는 경향이 있다. 그러나 한번 믿으면 끝까지 헌신한다.

천칭자리 금성

천칭자리(♎) 금성(♀)은 세련되고 매력적이다. 또한 재치 있고 사교적이며 매너가 좋다. 상대를 잘 이해하고 조화와 균형을 맞추려 한다. 그러나 상대에게 너무 맞추다 보니 거절하는 것을 매우 어려워한다. 즐거움과 편안함을 누리려는 욕망이 강하고, 상대의 기분을 좋게 하려 한다. 눈치가 빠르고 상대가 원하는 것을 미리 알아차리기도 한다. 인생에 꼭 필요하다고 느끼는 사람이나 일은 어떻게든 자신 쪽으로 끌어당기는 매력을 가지고 있다. 평화와 조화에 많은 가치를 두기 때문에 적정선에서 타협하려 하며, 감정적 논쟁이나 부딪힘을 피하려 한다.

천칭자리 금성은 신비감을 갖는 사람에게 끌려들어가고, 사람을 대하는 기교와 우아함 그리고 예절을 가지고 있다. 상대를 볼 때는 친절한 매너와 세련됨을 살피고, 천박한 타입을 싫어한다. 타고난 매력과 자력이 있기 때문에 사람들을 끌어들이고 연결시키는 것을 잘하며, 음악이나 예술에 좋은 안목과 감각을 가지고 있다.

부정적인 측면으로는 상대의 마음을 잘 알아채기 때문에 상대의 마음을 교묘히 이용하기 쉽고, 상대를 조종하려는 성향이 있다. 게으르고, 쉬운 방법으로 일하려 하며, 감정적인 문제에 부딪히면 회피하려 한다. 눈이 높고 사람을 부리거나 이용하려 한다. 거절을 잘 못 하고 감정적 부딪힘을 힘들어하기 때문에 이별하지 못한 채 양다리를 걸칠 확률이 높다.

전갈자리 금성

전갈자리(♏) 금성(♀)은 극단적 성향 때문에 애증이라는 표현이 잘 어울린다. 열정적으로 사랑했다가 이별하면 증오의 대상이 되기도 한다. 욕망이 깊고 감정적으로 깊이 연결되길 바란다. 상대가 온전히 자신의 것이 되길 바라고 소유욕과 질투심이 강하다. 너무 큰 질투는 관계성을 파괴시키기도 하며, 한번 마음에 꽂힌 사람과 결혼하고 싶어 한다. 상대가 배신하면 사랑이 강한 만큼 미움도 강하다.

전갈자리 금성은 관능적 매력과 자력을 가지고 있으며, 신비한 분위기의 사람에게 끌려들어간다. 감정 표현이 서툴기도 하며, 애정은 집착으로 표현되기도 한다. 전갈자리는 전부이거나 전무의 속성이 있기 때문에 상대가 잘못을 했을 때 두 번의 기회를 주지 않는다. 또한 감정의 과도함을 배출하기 위해 종교에 헌신하기도 한다. 욕망과 열정 같은 창조적 에너지를 남용하거나 엉뚱한 곳에 쓰기 쉽다. 성적 욕망도 강렬하고, 깊이 사랑하고, 깊이 미워한다.

사수자리 금성

사수자리(♐) 금성(♀)은 동반자적 사랑을 원한다. 자신의 의식을 성장 및 확장시켜줄 사람을 찾으려 한다. 함께 여행하고 탐험하며 즐기고 싶어 한다. 또한 재미있고 낙관적이며 경쾌한 사람을 좋아한다. 데이트할 때는 외국의 환경과 문화를 직접 경험해보고 싶어 하고, 자신의 꿈과 이상을 공유하고 싶어 한다. 감정적·육체적 관계보다는 정신적이고 지적인 파트너를 원한다. 마음이 가볍기 때문에 상대가 느끼기에 진지하지도 않고 로맨틱하지도 않아 보인다. 애정은 친절함과 관대함으로 나타나며, 자신을 성장시키지 않는 파트너와는 오래가지 않는다. 사랑은 연민과 자비를 통해 표현하고, 인류에 대한 사랑과 종교적 헌신을 통해서 자신의 사랑을 나타낸다.

염소자리 금성

염소자리(♑) 금성(♀)의 사랑은 진지하고 심각하다. 사랑과 애정을 표현할 때 매우 조심스럽고 신중하며 진지한 방법으로 표현한다. 대체적으로 사랑하는 사람에게 애정을 표현하는 데 서툰 편이다. 상대가 자신을 어떻게 생각하는지를 매우 걱정하고, 한번 연애를 시작하면 결혼까지 갈 생각을 한다.

파트너와 진심으로 깊은 사랑을 나누길 원하며, 가볍고 표면적인 관계에는 관심이 없다. 사랑에 대해 매우 신중하고 심각하며 진실하고 지속적인 사랑을 원한다. 사랑 방식은 아날로그적이고 전통적인 방식으로 표현하며, 좋을 때나 안 좋을 때나 사랑에 있어서는 충실하다. 자신보다 나이가 많거나 감정적으로 성숙하고 신뢰할 수 있는 사람을 원하며 안전함을 줄 수 있는 사람에게 끌려들어간다.

염소자리 금성은 성실하고 신뢰가 있으며, 인내심이 있고 확고하다. 기본적인 안정에 무게를 두기 때문에 돈이나 지위를 보고 결혼할 가능성이 높다. 사랑 문제가 발생하면 어쨌든 지키려는 속성이 나타난다.

부정적인 측면으로는 애정을 표현하는 데 두려움이 많고, 확신이 약하며, 로맨틱함이 떨어지고 매우 현실적이다. 시샘과 질투가 많고 때로는 매우 냉정하다.

물병자리 금성

물병자리(♒) 금성(♀)은 쿨한 사랑을 한다. 애정을 나타낼 때는 관념이나 인습에 매이지 않고, 자신의 마음을 솔직하게 드러낸다. 많은 사람들과 어울리고 교제하는 것을 좋아하며 우정을 중시한다. 때문에 애인보다는 친구를 더 편하게 여긴다. 자유를 원하고 어디에도 구속되고 싶어 하지 않으며, 감정적으로 깊이 연결되는 것을 부담스러워 한다. 소유하는 관계를 싫어하고 일정 부분 감정적으로 떨어져 있으려 한다. 감정적이고 정서적인 결합보다는 정신적이고 지적인 결합을 원한다.

소유욕이 약하기 때문에 파트너도 충분히 자유를 주는 파트너를 원한다. 사랑의 방법은 엉뚱하고 독창적이다. 또한 사랑에 있어서는 쿨하다. 이성과 감성을 철저히 분리하고, 감정을 이성으로 제어한 뒤 표현하려 한다. 때로는 냉정하고 이기적으로 보이기도 한다.

물고기자리 금성

물고기자리(♓) 금성(♀)의 사랑은 낭만적이고 로맨틱하다. 사랑을 표현할 때는 부드럽고 로맨틱한 방법으로 표현한다. 동정심과 연민이 강하며 도움이 필요한 사람에게는 자신을 내어주려 한다. 이 때문에 물고기자리 금성은 이기적이기보다는 이타적으로 느껴진다. 단점으로는 타인에게 의지하려는 속성이 강하고, 사람들에게 지나치게 시간을 많이 할애하며, 사랑 문제에 있어서도 스스로를 피해자라 생각하는 경향이 있다.

  물고기자리 금성은 열정보다는 동정심이 더 많고, 사랑을 원하고 사랑을 필요로 한다. 상호 간에 즐거움을 누리기보다는 차라리 상대방을 도와주길 원한다. 감각적이고 예술적이며, 상상력이 매우 풍부하기 때문에 예술하는 사람에게 매료되며, 영적인 관계성을 깊이 맺을 수 있는 사람을 찾는다. 로맨틱하고 낭만적인 사랑을 꿈꾸고, 감정적으로 고양되기도 쉬우며 상대의 감정에 매우 민감하다. 이상적인 사랑을 꿈꾸고, 무엇이든 사랑할 수 있으며, 영적인 부분이 상당히 발달되어 있다. 모두에게 친절하고 상냥하다.

06 화성: 공격 성향

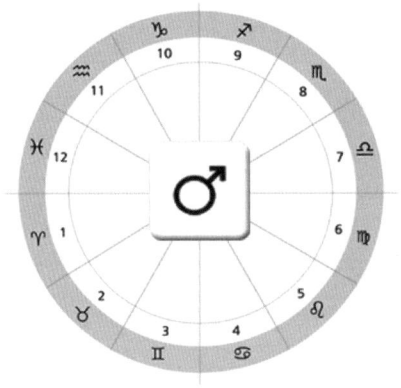

화성은 전쟁의 별이다. 전쟁의 별인 만큼 화성은 창조성과 파괴성을 동시에 품고 있다.

행성별 에너지를 어디에 어떻게 쓰느냐의 문제에 있어서 목성은 확장하는 힘, 토성은 수축하는 힘, 금성은 끌어당기는 힘이라면, 화성은 뚫고 나가는 힘이며 발산하는 힘이다.

화성은 자신 안에 내재되어 있는 공격 성향과 경쟁 방식을 파악할 수 있다. 어떤 사람은 방어 차원에서 먼저 공격을 하는 사람이 있는가 하면, 또 어떤 사람은 정면 공격보다는 측면 공격을 노리는 사람도 있다. 이렇게 각각 사람마다 공격하는 방식이 다른데, 화성은 인간의 본능 속에 내재되어 있는 공격적 성향을 파악할 수 있다. 또한 화성은 일을 하면서 나오는 경쟁 방식과 상황에 따른 대응 방식도 알아볼 수 있다.

양자리 화성

양자리(♈)에 위치한 화성(♂)은 개척정신과 모험정신이 강하다. 열정이 강하고 모험적이기 때문에 새로운 프로젝트에 유리한 측면이 있다. 언제 어디서든 리드하고 싶어 하는 우두머리 속성이 강하고, 자신의 의견을 고집하면서 남의 의견을 잘 따르지 않는다. 경쟁적이고 남과 비교하면서 상대에게 지는 것을 극도로 싫어한다. 그래서 스스로 자신의 능력을 시험해보고 증명하고자 한다. 협력보다는 자신의 열의와 의지를 강하게 드러내려 하기 때문에 이기적으로 보인다. "남보다 나 먼저"라는 속성이 강하고 자아를 강하게 드러내는 편이다. 단점으로는 고집이 세고, 참을성이 부족하며 성급하다는 것이다.

양자리 화성은 자신감이 누구보다도 강해서 다른 사람에게 의존하지 않는다. 자신의 방법대로 일하려 하기 때문에 자신을 지지하고 따라줄 사람을 필요로 한다. 좋은 방법이 아닐지라도 최고의 재능을 가지고 신속하게 일을 처리한다.

프로젝트 진행 과정에서 초기에 성공의 기미가 보이지 않으면, 해당 프로젝트를 몹시 피곤해하면서 다음 단계로 넘어가려고 한다. 무언가 꾸준히 유지하는 것은 양자리 화성의 강점이 아니다. 그래서 긴 노력이 필요한 일보다는 짧고 신속한 일을 다루는 편이 낫다. 신속하게 일을 처리하고, 다른 프로젝트를 구상하는 스타일이다.

프로젝트가 완료될 때까지 프로젝트에 집중하는 법을 배워야 할 필요가 있다. 열정과 에너지가 강하고 급하기 때문에 사건 사고가 나기 쉽고, 따라서 성급한 기질과 충동을 조절할 필요가 있다.

황소자리 화성

황소자리(♉)에 화성(♂)이 위치하면, 인내심이 좋아지고 신중해진다. 한번 목표를 정하면 포기하지 않고 끝까지 밀고 나가는 힘이 생긴다. 자신에게 주어진 일들에 대해 매우 헌신적이고 확고하다. 한번 마음을 결정하기도 어렵고 또 힘들게 결정한 마음을 중간에 바꾸기도 어렵다. 상대가 신뢰를 배신하지 않는 한, 믿고 충성하며 참을성 있게 기다린다. 느긋하게 기다릴 줄 아는 인내심이 있고, 화를 잘 내지 않고 참는 편이다.

일을 할 때는 신뢰를 바탕으로 일관성 있게 일을 하며, 명확하게 정의된 책임을 바란다. 노력의 결실을 얻는 과정을 즐기고, 이론보다는 실제적인 결과를 보고 싶어 한다. 약간은 게으르고, 편한 것과 안정적인 것을 추구한다.

한번 추진력이 붙으면 강하게 꾸준히 밀어붙이고, 체력과 끈기가 좋은 편이다. 물질적인 건강과 안정을 추구하기 때문에 무언가를 결정할 때 편안함을 추구하는 편이며, 이로 인해 경쟁하기보다는 안정적인 것을 택한다. 새로운 기회를 놓치기 쉬우며, 틀에 박힌 생활을 하기 쉽다.

안전하게 일하려 하기 때문에 스스로의 한계를 제한하기 쉽고, 변화를 두려워한다. 질병과 고통을 두려워하고 특유의 고집을 가지고 있다. 돈과 재산은 안전한 느낌을 주기 때문에 매우 중요하게 여긴다.

쌍둥이자리 화성

쌍둥이자리(Ⅱ) 화성(♂)은 몸과 마음이 매우 바쁘다. 정신적·육체적 에너지를 많이 쓰는 편인데, 한번에 여러 가지 다양한 활동을 하려 한다. 바쁜 움직임을 지속적으로 하려 하며, 바쁠 때 행복감을 느끼기도 한다. 즉, 지루함을 싫어한다.

생각이 기민하고 활동적이며, 끊임없이 정보를 습득하고 배우려 한다. 지식과 정보를 스펀지처럼 빨아들여 통합하고, 정신을 단련하기 위해 토론하고 이야기하면서 정리해나간다. 신경긴장이나 불안이 생기기 쉬우므로, 정기적으로 운동할 필요가 있다.

손을 잘 활용하고, 기계를 잘 다루는 능력이 있으며, 양손잡이가 많다. 조급함이 있기 때문에 실수하기 쉬우므로 행동하기 전에 침착하게 생각할 필요가 있고, 또 문제가 발생했을 때는 인내심을 갖고 해결해야 한다. 항상 무언가를 하려고 하는 것이 꼭 좋은 생각만은 아니다. 정신적으로 조금은 쉬어줄 필요가 있다. 기간이 짧고 다양한 일들은 성취하기 쉬우나, 장기적인 노력과 체력이 지속적으로 필요한 일들은 다소 어렵게 느낀다. 쌍둥이자리 화성은 에너지를 한 방향으로 몰아서 쓰기보다는 여러 방향과 여러 활동 등으로 분산해서 사용하려 한다. 그렇기 때문에 하던 일을 미처 끝내지 못하거나 혹은 다 못 한 일들을 다른 사람에게 넘길 수 있다. 마음이 날카롭고, 정신적 도전을 즐기거나 경쟁하려 한다. 물질적인 것보다는 정신적인 것에 목표를 두고, 사회적 매력과 지성 그리고 의사소통의 기술을 발휘한다.

게자리 화성

게자리(♋) 화성(♂)은 지키고 방어하는 힘이 강하다. 공격보다는 방어에 치중하는 편인데, 먼저 공격하기보다는 공격을 받을 때 강하게 방어하면서 싸우고 지키고 보호하려 한다. 가족을 포함한 사랑하는 사람이 공격을 받는다면, 강인함이 발동되고 보호자적 측면이 강하게 나타난다.

정면에서 직접적으로 대립하기보다는 오히려 측면(側面) 공격이나 간접 공격을 선호하는 편이다. 또한 경쟁적인 행동은 본인을 불편하게 만들기 때문에 자신의 방식대로 성공하기를 바란다. 일로 성공하기보다는 가정의 안정과 행복을 바라며, 야심은 적고 충동과 본능이 우세하다. 단점은 자신의 가족만을 생각하기 때문에 이기적으로 비춰진다는 것이다.

스트레스에 매우 민감하고 경쟁적 상황에 놓이거나 높은 압박감을 잘 조절하지 못한다. 과민하고 변덕스럽고 화를 잘 낸다. 일을 할 때는 긴장하거나 많은 요구가 주어지는 상황을 어려워한다. 감정적 불안과 예민함은 가족 간의 불협화음을 발생시키기 쉽다. 가족을 사랑하면서도 강한 집착으로 인해서 가족과 문제가 발생하기 쉽다. 밖에서 받는 스트레스를 가족에게 풀어내는 형국이다.

게자리 화성은 감정적이고 방어적이며 고집이 세다. 또한 직관과 본능이 뛰어나다. 감정적으로 화가 날 때는 먹는 것을 조심하는 것이 좋고, 감정을 조절하는 법을 배울 필요가 있다.

사자자리 화성

사자자리(♌) 화성(♂)은 자존심이 세고, 프라이드가 강하며, 타인으로부터 인정받고 싶어 하고 눈에 띄길 바란다. 사자의 특징처럼 무리 중에 으뜸이 되고 싶어 하며, 무슨 일이든 최고가 되고 싶어 한다. 조연보다는 주연이 되길 바라며, 남들 뒤에 서고 싶어 하지 않는다. 명령받는 것을 힘들어하고, 주목받고 주의를 끌고 싶어 하는 연예인적 속성이 있다. 드라마틱하게 일하고, 연극 같은 매너를 가지고 일을 하려 한다.

사자자리 화성은 사람들에게 자신의 주장이 언제나 옳다고 설득하며, 모든 일에 열정을 가지고 일을 한다. 예술성과 독창성을 지니고 있으며, 결단력이 좋고, 열심히 경쟁해서 이기려 한다. 또한 쉽게 포기하지 않는다. 드라마틱한 인생을 살고자 하며, 찬양과 칭찬을 받고 싶어 한다. 명예와 고결함을 중시하고, 자부심이 강하기 때문에 지나치면 거만해 보이기도 한다. 공격할 때는 직접적인 공격보다는 위협하는 방법을 쓰는 편이다. 사랑을 할 때도 위험한 도박 같은 사랑을 하기 쉽고 심장에 문제가 있을 수 있다.

처녀자리 화성

처녀자리(♍) 화성(♂)은 완벽주의자이다. 치밀하고 정확하며 효율성을 따진다. 세부 사항에 신경을 많이 쓰는 편이며, 스스로 자신을 힘들고 피곤하게 만든다. 한마디로 일복이 많다. 다른 사람이 본인처럼 철저하다고 생각하지 않아 본인이 직접 작업을 수행하고자 하기 때문에 일복이 많은 것이다. 그래서 일이 완벽하게 끝나지 않았을 때 심하게 짜증을 내기 쉽다. 그만큼 자신의 작품에 높은 기준을 두는 편이다.

꼼꼼하고 정확하며 매우 현실적이다. 지키고 유지하는 데 에너지를 쏟으며 섬세하고 세부적인 일을 챙기는 스타일로 잔걱정이 많다.

공격 성향을 살펴보면, 먼저 공격하지는 않으나 한번 공격을 받으면 집요하게 물고 늘어지는 스타일이다. 예민하고 민감하기 때문에 쉽게 상처를 받는 편이다. 스스로를 매우 피곤하게 만들고 힘들게 일하는 스타일이다.

천칭자리 화성

천칭자리(♎) 화성(♂)은 싸우기보다는 타협하고 협상하는 스타일이다. 자신의 욕망을 주장하기보다는 그룹의 조화와 균형을 맞출 수 있는 최선의 선택을 하려고 한다. 단점으로는 타인의 기분을 맞추는 데 열심이고, 너무 타협적이라는 것이다. 매너와 배려심이 좋고, 항상 다른 사람의 요구를 적당한 선에서 들어주려 한다. 이러한 성향은 팀플레이어(team player)로 일을 할 때는 긍정적으로 작용한다.

천칭자리 화성은 협상과 중재를 잘하고, 균등한 분배와 공평의 개념에 관심이 많다. 극단적인 선택을 피하고 중간자적인 삶을 살려고 하나, 너무 태평스러울 수 있다. 주변 사람들에게 인기가 많은 편이고, 반대되는 성격(극단적 성격)에 강한 매력을 느끼기도 한다. 남의 기분을 잘 맞춰주는 듯 보이지만, 한편으로는 뻔뻔하기도 하다. 싸우고 경쟁하기보다는 균형과 타협점을 찾으려 한다.

전갈자리 화성

전갈자리(♏)에 화성(♂)이 위치하면, 의지와 집념 그리고 성공하고자 하는 욕망이 매우 강해진다. 한번 마음먹으면 잘 흔들리지 않고 전력을 다해 매진한다. 무언가를 원할 때 한쪽으로 치우칠 수 있고, 강박관념에 사로잡히기 쉽다. 열정은 집념의 에너지로 변환되어 스스로를 훈련시킨다.

전갈자리 화성은 비밀스런 경향이 강한데, 다른 사람의 계획은 알길 원하면서도 자신의 계획은 알려지길 원치 않는다. 본능적이고 지각력이 있으며, 결정을 잘하고 의지와 집념이 강하다. 또한 고집도 세고 자성도 강하다.

전갈자리 화성의 공격적 성향은 상대가 자신의 계획을 눈치채지 못하게 철저히 준비한 후, 한 방의 독침을 날리는 것에서 드러난다. 싸울 때는 뒤끝이 제일 강하고 드러나지 않게 복수하는 스타일이다. 상대를 설득할 때는 조심스럽고 미묘한 방법으로 상대를 설득하기 때문에 진의를 알아채기가 어렵다. 건강 측면에서는 치질이 생기기 쉽다.

사수자리 화성

사수자리(♐)에 화성(♂)이 들어오면, 비전과 이상이 커지고 시야가 확장된다. 수직 상승하려는 화성과 수평 확장하려는 사수자리가 만나 꿈과 이상이 더 커지게 된다. 진취적이고 이상적이며 높은 목표를 가지고 큰 야망을 품는다. 높은 이상과 목표로 인해 쉽게 만족하지 못하고 위험을 감수하더라도 자신이 원하는 길로 가고자 한다. 새로운 벤처기업에 투자를 계획하고, 시야를 확장하여 가능성을 조사하며, 더 멀리 더 크게 나아가려 한다.

낙관적이고 긍정적인 사고로 성공을 기대하며, 실패를 철학적으로 접근한다. 실패하더라도 다시 새로운 희망과 아이디어를 가지고 다시 일어서고 다시 시도할 것이다. 좌절하지 않고 나아가는 것이 사수자리 화성의 장점이다.

생각이 유연하고 언제든 빨리 되돌릴 수 있으며 새로운 희망으로 채운다. 프로젝트에 필요한 원조와 지원을 이끌어낼 수 있고, 타인에게 친절하고 긍정적이며 추진력이 있다.

열정과 자신감은 주변에 좋은 영향력을 미치지만 때때로 과도한 낙관론은 실제 능력보다 과도한 목표를 세우게 되어 결국 지키지 못하게 되는 경우가 종종 발생할 수 있다. 좀 더 현실에 가까운 목표를 잡을 필요가 있다.

사수자리 화성의 단점으로는 산만하고 한번에 너무 많은 것을 벌여 놓는 경향이 있다는 것이다. 꿈과 목표가 망상에 치우치지 않게 구체적인 현실로 만들기 위해서 노력할 필요가 있다. 또한 흥미가 떨어지면 하던 일을 그만두고 싶어 하기 때문에 지속성을 보여줄 필요가 있다. 경쟁을 즐기지만 심각하지 않으며, 매사 친절하고 낙관적이며 자유롭다. 여행가 또는 운동가도 잘 맞으며, 종교와 철학적 신념이 매우 강하기 때문에 심하면 광신도나 십자군으로 행동할 가능성도 있다.

부정적인 측면으로는 과장하는 특성과 과도한 낙관적 태도 및 태평스러움이 있고 독선적이고 편협하다. 자신이 한 말을 지키지 못해 신뢰를 잃을 수 있으며 대체로 말이 많다.

염소자리 화성

염소자리(♑) 화성(♂)은 힘과 지위를 얻고자 하는 야망이 크다. 또한 권력을 지키고자 하는 힘이 세다. 규율을 잘 지키고 질서의식이 강하며 구체적인 결과를 달성하려 노력한다. 매우 현실적이기 때문에 실질적인 재료를 가지고 장기적인 목표를 위해 노력한다. 일이 자신이 생각했던 대로 돌아가지 않으면 무자비한 모습이 나타날 수 있다. 눈앞의 편안함보다는 미래의 목표를 위해 노력하는 스타일이다. 끈기도 있고 인내심도 강하며 현실적이고 실제적이다.

일에 있어서도 매우 철저하고 책임감이 강하며, 자신이 한 말은 어떻게든 책임지려 한다. 그리고 매우 양심적이다. 계획을 실행할 때도 도박적이고 모험적이기보다는 보수적이고 믿을 만한 정보인지 확인한 다음 실행으로 옮기는 스타일이다. 철저히 계획하고 움직이며, 비즈니스와 조직 관리에 타고난 감각이 있다. 야심은 있으나 겉으로 드러내지 않는다. 의지와 책임감은 강하지만 매우 완고하고 고집이 세다. 배우는 속도는 느린 편이나, 지식을 총동원하여 신중하게 판단하고, 철저하게 계획을 세워 성공하고자 한다.

부정적인 측면으로는 지배하려는 속성이 강하고, 다른 사람에게 분노하거나 화내기 쉬우며, 과민하고 상처 입기 쉬운 특징이 있다. 또한 자신의 뜻대로 되지 않으면 좌절하기 쉽고, 비판적이고 비관적이다.

물병자리 화성

물병자리(♒) 화성(♂)은 에너지를 표현할 때, 독특하고 본능적으로 표현을 한다. 일을 진행할 때는 천재성을 보여주기도 하는데, 기발하고 비범한 생각으로 아이디어를 만들어낸다. 발명가 또는 과학자적 기질이 있으나, 약간은 편협하고 반항적이다. 일을 하면서도 자신의 독특한 생각으로 자신을 어필하며, 비슷한 이상과 신념을 가진 사람들과 단결하기를 좋아한다.

사상은 진보적이고 민주적이다. 다른 사람의 권한이나 힘에 관심을 두지 않고, 자신만의 방식으로 목적을 달성하려 한다. 경쟁하거나 공격하는 것에는 그다지 관심이 없다. 자신이 정한 목표에 다다르거나 새로운 연구 성과를 거두었을 때 기뻐한다. 기존 시스템 질서를 따르기보다는 새로운 방식이나 기술을 적용하여 새로운 시스템을 만들고자 한다.

물병자리 화성은 에너지 레벨은 높은 편이나 욕망을 추구함에 있어서 조급하고 변덕스러울 수 있다. 매우 지적이고 신중하며 독립적이고 진취적이다. 위기 상황이나 비상사태에 잘 대비하고 방어하며, 첨단 기술이나 기계 및 과학적인 주제에 관심이 많다. 부정적인 측면으로는 기존 질서를 따르려 하지 않는 반항성과 편협함, 그리고 공격성과 과격성이 있다는 것이다.

물고기자리 화성

물고기자리(♓) 화성(♂)은 비폭력 평화주의자이다. 평화를 사랑해서 싸우기보다는 일어난 사건에 대해 영적인 목적을 찾으려 한다. 비투쟁적·비경쟁적이며, 직접적으로 태클을 걸거나 싸우는 것을 싫어한다. 차라리 싸우는 것을 포기하는 편이다. 무대 뒤에서 은밀하게 작업하는 편이며, 단점으로는 늑장을 부리고 책임을 회피할 수 있으며, 피해자가 되려 한다는 점이다.

일을 할 때는 앞에 나서기보다는 비밀스럽게 뒤에서 일을 하고자 하며, 개인적인 성취나 영광 그리고 물질적 이익을 즐기지 않기 때문에 다른 사람 입장에서는 나약하고 의지가 약한 것처럼 보일 수 있다. 다른 사람의 이득을 위해서 일하거나 지원하는 역할을 하면서도 충분히 기쁨을 느낄 수 있다.

물고기자리는 에너지가 풀어지는 공간이다. 따라서 물고기자리에 화성이 위치하면 화성 특유의 공격성이 사라지고 방향을 잃어버린다. 그래서 스스로 분명하고 명확한 목표를 계획하는 것이 어렵다. 영적인 목적을 찾는 것과 같이 직관적인 일을 제외하고는 인생에서 원하는 것이 무엇인지 분명치가 않다. 신비주의에 빠지거나 종교에 귀의하고픈 충동을 느끼며, 창조적 영감은 예술이나 음악에 적용할 수 있다.

물고기자리 화성은 직관적이고 잔잔한 유머가 있으며, 겉으로는 조용한 듯 보여도 안은 불안한 경우가 많다. 부정적인 측면으로는 우유부단하고 결단력이 없으며 꾸물거린다는 것이다. 관능적인 미(美)를 찾고 상상 속에 머물고 싶어 한다. 일상에서 받는 압력과 책임을 회피하는 방법으로 약물이나 알코올에 의존할 수 있다. 하룻밤 꿈을 꾸기 쉽고, 몽상에 빠지기 쉽다.

07 목성: 확장하는 방법

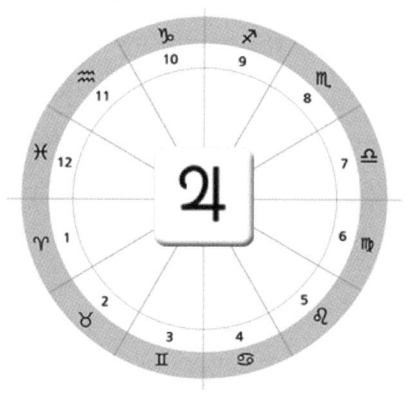

목성의 주기는 12년이다. 정확하게 11년 열한 달로, 목성부터 시작하여 토성, 천왕성, 해왕성, 명왕성은 느린 행성에 속한다.

느린 행성의 경우, 인류의 집단의식(集團意識)에 영향을 미친다. 목성의 경우 12년 주기로 한 궁에 약 1년간 머물기 때문에 동년배는 같은 궁에 머물고 있는 목성의 성격이 나타난다. 마치 우리나라의 띠(쥐띠, 소띠 등등)처럼 목성의 위치에 따라 약 1년간 목성은 한 궁에 머문다.

예를 들어 2013년 7월부터 2014년 7월까지 목성은 게자리에 머문다. 따라서 이 시기에 태어난 아이들은 일을 확장하고 추진할 때 게자리 목성의 성격을 갖는다. 각각의 세대는 집단적 역할을 가지고 태어난다.

목성은 태양 다음으로 큰 행성이다. 부피가 큰 만큼 에너지를 확장하는 힘이 좋다. 목성은 일을 할 때 성장시키고 확장하는 힘을 관장한다. 크게 생각하고 멀리 확장하며, 이상과 목표를 잡는 방식 혹은 일을 이끄는 방식을 잘 나타내준다.

양자리 목성

양자리(♈)에 목성(♃)이 위치하면, 에너지가 꽉 찬 상태가 된다. 많은 생각들로 가득 차고 아이디어와 에너지가 넘친다. 이러한 에너지를 어디에 어떻게 쓰고 확장할 것인가에 대한 방법을 생각하며, 자신의 의견을 강하게 주장하게 된다. 큰 그림을 그리길 좋아하고 리더로서의 자질을 발휘한다. 자기주장(自己主張)이 강하기 때문에 다른 사람이 자신의 계획과 아이디어에 동참하게끔 설득할 수 있다. 아이디어를 팔거나 상품을 개발하는 능력이 좋고, 에너지가 넘치기 때문에 자신이 할 수 있는 것보다 많은 약속을 하려는 경향이 있다.

부정적인 측면으로는 자기중심(自己中心)적이고 지나친 낙관과 자만을 들 수 있다. 행동으로 옮기기 전에 한 번쯤은 다시 생각해볼 필요가 있다. 또한 인내심을 배우고 다른 사람의 생각이나 관점도 이해하고 포용할 필요가 있다.

황소자리 목성

황소자리(♉)에 목성(♃)이 위치하면, 물질적 확장을 꾀하려 한다. 확장하려는 속성의 목성이 물질적이고 실제적인 황소자리에 위치하면서 좀 더 명확하고 물질적인 것들로 확장하려는 마음을 갖는다. 노력에 대한 보상은 물질로 이루어지길 바라며, 물질에 대한 투자 감각도 생긴다. 물질적 풍요를 누리고 싶어 하고, 삶의 여유를 느끼고 싶어 한다. 소유물에 관대하고 무엇이든 자유롭게 공유할 수 있지만, 단점으로는 사치스럽고 제멋대로라는 점이다.

철학적·종교적 신념을 가질 때에도 어떤 증거를 필요로 하며, 눈에 보이는 것만 믿기 쉽다. 돈과 물질적 재화가 잘 들어오고, 물질적 자원들을 실용적이고 현명하게 잘 사용하는 편이다. 질병과 고통에 대한 걱정이 많고, 과체중이 될 수 있다.

쌍둥이자리 목성

쌍둥이자리(Ⅱ)에 목성(♃)이 위치하면, 의사소통과 관련된 의식을 확장하게 된다. 이해하는 능력이 매우 좋아지기 때문에 외국어를 배우고 말할 수 있는 자연스러운 재능과 적정 수준의 문학적 재능을 갖게 된다. 새로운 사람들과 만나 경험을 얻고 깨달음을 얻고자 여행을 하고 싶어 한다. 끊임없이 인생 속에서 무언가를 찾으려 하고, 삶의 철학이나 정신세계를 확장하고 싶어 한다. 추상적인 개념을 이해하고자 애쓰며, 정보를 확장하고 이해하는 데 많은 에너지를 쓴다.

단점으로는 과도하게 신경 에너지를 쓰면서 과도하게 정보를 흡수하려 하고, 말을 많이 하게 된다는 문제가 있다.

게자리 목성

　게자리(♋) 목성(♃)은 마음이 온화하고 친절하다. 방어적인 게자리에 마음이 넓은 목성이 들어오면서 성격을 좀 더 유하게 바꾸어 놓는다. 그래서 게자리 목성은 사랑스럽고 친절하며 사교적이다. 동정심과 자비심이 생기고 자기 가정에만 국한되었던 애정의 폭이 국가로까지 커지면서 나라를 사랑하는 마음이 생긴다. 안정된 환경을 만들고자 하는 마음을 확장하여 유토피아를 꿈꾸게 된다. 신비한 일들에 관심이 많아지고, 상상력은 선명해진다.

　안정을 추구하는 게자리와 풍요로운 목성이 만나서 여유로움을 만들어낸다. 따라서 돈과 재산을 축적할 수 있는 능력과 함께 부동산에도 좋은 감각을 가지게 된다. 또한 부모로부터 많은 도움을 받을 수 있다. 자아를 지키려는 보호 에너지가 풀어지면서 여유가 생기고, 마음이 넓어지면서 덩달아 체중이 늘어날 수 있다. 단점으로는 물질을 축적하고 저장하려는 성향이 나오기 때문에 욕심 많고 인색해 보일 수 있다는 점이다.

사자자리 목성

　사자자리(♌) 목성(♃)은 관대하고 인정이 많으며 자비롭고 이타적이다. 따뜻하고 위엄 있는 사자자리에 확장하는 목성이 들어오니 마음이 관대해지고 자비로워지며 에너지가 충만해진다. 활기의 에너지가 넘치며 신체적으로도 강한 체질을 갖게 된다.

사자자리 목성은 조직이나 행정을 관리하는 능력이 탁월하다. 단순히 일을 하는 것에 만족하지 않고, 신뢰를 받고 책임을 질 수 있는 좀 더 높은 위치에 있기를 원한다. 급수를 올려주는 사교 모임을 좋아하고, 많은 사람들을 두루두루 관리하고 싶어 한다.

부정적인 측면으로는 허세나 허영심이 있고, 감정적으로 오버하기 쉬우며, 투기나 도박을 통해 손실을 보기 쉽다는 것이다.

처녀자리 목성

처녀자리(♍) 목성(♃)은 매우 현실적이고 분석적이며 지적이다. 현실적이고 완벽한 성향을 가진 처녀자리에 확장형의 목성이 위치하면서 추상적인 것을 실재하는 것으로 바꾸는 능력이 생긴다. 탁월한 판단력과 비즈니스 감각이 생기며, 이러한 감각은 일에서의 성공을 가져다 준다. 매사에 신중하게 생각하고 도를 넘지 않으며 현실화시키는 능력이 매우 좋다. 자신의 분야에서 지식을 확장하고 기술적 재능을 개발하려 한다.

부정적인 측면으로는 세부 사항의 조각들을 맞추면서 큰 그림을 보기 때문에 만일 세부적인 사항을 놓치면 전체적인 큰 그림을 잃어버릴 수 있다는 것이다. 또한 냉소적이고 불신이 강하며, 몸 쓰는 것과 운동하는 것을 극도로 싫어한다.

천칭자리 목성

천칭자리(♎)에 목성(♃)이 위치하면, 매우 친절하고 사교적이며 외향적인 능력을 사용하여 성장하고 시야를 확장하고자 한다. 균형과 조화의 천칭자리에서 목성은 인맥을 넓히고 폭넓은 관계성을 맺는다. 사람들을 격려하는 힘이 있으며 아름다운 것을 좋아한다. 예술과 법률에 관심이 많고 공정한 분배를 하려 노력한다.

부정적인 측면으로는 사회적 체면을 중시하기 때문에 허영과 사치가 생기기 쉽고, 자기 방종과 나태함이 있다는 것이다. 결혼을 통해 사회적 지위를 상승시키고자 하는 경향이 강하고, 결혼의 내적 행복감보다는 결혼의 외향적 모습에 치중하려 한다.

전갈자리 목성

전갈자리(♏) 목성(♃)은 수완이 비상하고 전략적이다. 치밀한 전갈자리와 확장성의 목성이 만나 힘든 일도 효율적으로 수행하며 비즈니스에 탁월한 감각이 있다. 특히 분석과 예측이 필요한 일들, 예를 들어 금융 분야 같은 곳에서 재능을 발휘할 수 있다. 겉으로 발산하지는 않지만 용기와 힘이 있으며 사람들을 끌어들이는 자력이 있다. 무엇이든 열심이고 적극적이며 열정을 가지고 일을 한다. 자신에게 맡겨진 일을 직접 수행하고자 하는 의지를 가지고 있으며, 스스로 일하려는 자립심이 강하다.

부정적인 측면으로는 목성의 관대함 때문에 급이 낮은 사람을 봐주

다가 곤란함을 겪거나 손실을 입을 수 있다. 비싸고 값진 음식이나 물건을 좋아하고, 전부이거나 전무 성향이 강한 전갈자리가 목성을 만나서 투기성과 도박성이 강해지기 때문에 결정적인 순간에 올인을 할 수 있다. 치유 능력도 있을 수 있다.

사수자리 목성

사수자리(♐) 목성(♃)은 큰마음과 자비 그리고 관대함을 가지고 있다. 이상과 꿈이 큰 사수자리에 통이 크고 확장하려는 속성의 목성이 위치하면 그 마음이 더욱 넓고 커진다. 이상주의자이자 철학자이며 아량이 높고 관대한 사람이 된다. 구체적인 것보다는 추상적인 것들에 흥미를 느끼며 종교나 법 또는 교육에 관심을 둔다. 예언자적 성향도 갖추고 있다. 영감이 발달되어 있어서 다른 사람들의 영감을 고취시키며 사람들의 신뢰를 얻는다. 다른 사람들을 도와주려는 욕구가 강하며 성실하고 종교적이다. 힘과 명성을 가지고 전문직에서 일할 가능성이 높고, 사람 좋아 보인다는 소리를 들을 수 있다.

부정적인 측면으로는 스포츠나 게임을 좋아하고, 사치와 허영이 있을 수 있다. 체면을 중시하고, 스스로 공정하다고 생각하지만 독단적이고 편협할 수 있다.

염소자리 목성

염소자리(♑) 목성(♃)은 성실하고 정직하며 믿음직스럽다. 지키려는 속성의 염소자리에 에너지가 큰 목성이 위치하면, 물질적 성공에 대한 집념이 강해진다. 사회적 지위를 얻거나 출세하기 위해 훈련하고 준비하며, 실제적인 조직을 만들어 확장 및 성장하고자 노력한다. 매우 신중하고 진지한 편이며, 독창적이고 지략이 풍부하다.

미래의 행복과 만족을 얻기 위해 현재의 고생을 선택한다. 자립심이 강하고 낭비를 싫어하며 자기 컨트롤을 잘한다. 마음속에 욕망을 품고 미래를 계획하며 정직하고 성실하기 때문에 나쁜 짓만 안 한다면 존경도 받으면서 크게 성장할 수 있다. 자기의 역량을 작게 보기 때문에 남들보다 더 많은 노력을 한다.

부정적인 측면으로는 감정을 억누르기 때문에 인색하고 냉정해 보이기 쉬우며, 미래의 행복을 위해 현재를 포기하는 경향이 있다는 것이다.

물병자리 목성

물병자리(♒) 목성(♃)은 인도주의적이고 보편적인 인간애를 지니고 있다. 사회를 변화·변혁하려는 성향이 있는 물병자리에 확장성이 큰 목성이 들어오면 새로운 패러다임의 에너지를 인류 보편적 의식으로 확장시키려 한다. 인류의 행복과 발전을 기원하며, 인류의 의식 상승과 복지에 관심이 많다. 목성의 확장성은 인류를 향해 열리고, 인류의 의식 향상에 기여한다. 인류에게 도움이 되는 대형 프로젝트에 끌리는 편이며, 창의적인 마음과 날카로운 견해를 가지고 있다. 지성과 우정 때문에 사람들과 어울려 일을 잘한다.

생각은 직관적이고 마음은 관대하며 사교적이다. 다양한 사람들과 어울릴 수 있는 사교성과 더불어 그룹을 핸들링할 수 있는 기교가 있기 때문에 인사관리, 외교관 등이 잘 어울리고, 또한 인류의 복지를 위해서 일을 할 수 있는 복지 전문가 등도 잘 어울린다. 부정적인 측면으로는 가정을 소홀히 할 수 있다는 것이다.

물고기자리 목성

물고기자리(♓) 목성(♃)은 매우 정신적인 박애주의자이다. 인간의 정신적 수준을 끌어올리기 위해 도움을 줄 수 있는 일들을 할 때 최고의 만족감을 느낀다. 함께 협력하고 함께 노력하려 하며 한 사람이 안 좋으면 전체가 안 좋은 것이라고 느끼며, 그룹의 에너지에 민감하다.

물고기자리 목성은 동정심이 많고 자비로우며 온화하고 조용하다. 인류를 향한 박애정신(博愛精神)이 있으며, 어떤 일에서든 도를 넘거나 주제넘지 않는다. 상상력이 풍부하고 직관력과 통찰력이 뛰어나다. 정신적이고 형이상학적인 생각이나 주제에 관심을 갖고, 영적인 현상을 직접 체험하고 싶어 한다. 물질 시스템의 질서와 규율에 압박감과 부담감을 느끼기 때문에 정기적으로 사회에서 물러나 쉬는 것도 정신건강에 도움이 된다.

다른 사람들을 돕고자 하는 마음은 낮은 곳의 불행한 사람들에게 에너지를 나눠주고자 하는 의지에서 나오므로, 병원, 감옥, 기타 감금된 곳에서 자원봉사를 하려 한다. 자신의 도움이 필요하기 때문에 도와주려는 것이기도 하다. 큰 동물과 자연을 좋아하고, 치유하는 데에서 즐거움을 느낀다.

부정적인 측면으로는 지나치게 에너지에 과민하고 정서적이며, 너무 감상적이기 때문에 감정을 과장하는 경향이 있고, 자기 방종(自己放縱)이 있을 수 있다.

08 토성: 지키는 방법

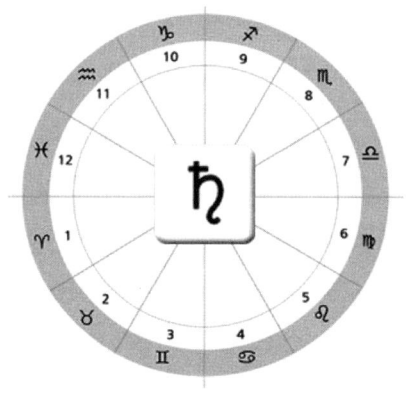

토성도 목성과 마찬가지로 집단적 행성이다. 천궁도를 한 바퀴 도는 데 걸리는 시간은 29.5년이다. 하나의 궁에는 약 2년 반 동안 머물다가 떠난다.

따라서 연년생들의 경우 2년 반 동안 토성이 한 궁에 머물기 때문에 비슷한 특성의 에너지에 영향을 받게 된다. 예를 들어, 대략 2012년 11월부터 2014년 12월까지 토성은 전갈자리에 머물기 때문에 이 시기에 태어난 아이들은 통찰력과 지각력이 발달된다.

토성의 둘레에는 큰 고리와 같은 띠로 묶여 있다. 이것은 곧 각 개인의 카르마 묶임을 나타내주기도 한다. 억눌림과 묶임은 두려움과 피해의식으로 나타나기도 한다. 목성이 확장하는 힘이라면 토성은 제한하고 묶어두는 힘이다. 토성은 시스템을 유지하고 지키려는 속성이 강하고, 또한 질서적이고 조직적인 힘이다.

양자리 토성

양자리(♈)에 토성(♄)이 위치하면, 유능한 리더의 모습이 나타난다. 양자리의 우수성은 리더십이고, 토성의 우수성은 조직화인데, 이 두 가지가 겹쳐져서 조직을 이끄는 데 큰 시너지를 발휘한다. 무슨 일을 함에 있어서 무슨 일이든, 얼마나 걸리든 간에 상관없이, 자신에게 맡겨진 일을 충실히 이끌고 나아간다. 양자리 토성은 자립심이 매우 높고, 전투력과 경쟁력이 큰 일에서 좋은 성과를 불러온다. 또한 주변 사람들보다 일을 더 잘할 것이라고 느끼기 때문에 모든 일에 관여하고 싶어 한다.

부정적인 측면으로는 앞뒤 안 가리고 성공하려는 야심이 있다는 점이다. 그래서 다른 사람의 일을 가로채거나 간섭할 수 있으며, 자신의 뜻을 이루기 위해 다른 사람을 억압할 수 있다. 타인을 노예처럼 부릴 수 있는데, 정작 자신은 어떠한 종류의 구속도 싫어한다. 토성의 최악의 성질은 이기심이고, 양자리의 최악의 성질은 야망을 위해 남의 사다리를 걷어차는 것인데, 이러한 성향이 합쳐져 어떤 목적을 이루기 위해서 수단과 방법을 가리지 않고 일을 하게 만든다. 또한 안정성과 보안을 중요시하고 너무 많은 일을 성취하려 하기 때문에 스트레스가 많고 두통이 발생하기 쉽다. 양자리 토성은 자기희생보다는 타인의 희생을 강요하는 스타일이다.

황소자리 토성

황소자리(♉) 토성(♄)은 고집이 매우 세고 완고해서 변화가 힘들다. 황소자리는 버티려는 힘이고, 토성도 지키려는 힘이다. 이러한 두 성향이 만나면 어떻게든 지키려는 속성이 더욱 강해지고 외부의 자극에 쉽게 흔들리지 않는다. 인내와 끈기를 가진 노력가로, 진지하고 신중하며 어려운 일도 묵묵히 잘해낸다. 전통을 잘 지키고 조직을 유지하고 이끌기에는 최적이다. 지난 상처를 잊어버리는 것은 어렵지만 감정은 잘 조절하는 편이다.

부정적인 측면으로는 물질에서 안정을 찾으려는 황소자리와 인색한 토성이 만나면 물질에 욕심 많은 인색가로 비춰질 수 있다. 또한 고집이 세서 쉽게 새로운 변화를 받아들이기가 힘들다.

쌍둥이자리 토성

쌍둥이자리(♊)에 토성(♄)이 위치하면, 집중력과 안정성이 좋아진다. 변화무쌍한 쌍둥이자리의 바람 같은 성질을 묵직한 토성이 잡아주는 형국이다. 생각은 신중하고 진지해지며 조직 능력과 집중력이 상당히 좋아진다. 마음이 안정되어 심오하고 깊고 어려운 문제에 집중할 수 있다. 문제의 본질을 살피고 실질적인 해결책을 찾으려 한다. 쌍둥이자리의 변덕을 토성이 잡아주면서 마음이 확고해진다.

부정적인 측면으로는 비꼬고 냉소적이며 마음이 우울해지기 쉬워진다는 것이다. 토성이 에너지 흐름을 둔하게 만들기 때문에 폐로 공기를 가져오거나 혈액에 산소를 공급하는 것이 제한될 수 있다. 환기에 신경쓰고, 신경의 긴장을 풀어주는 것이 필요하다.

게자리 토성

　게자리(♋)에 토성(♄)이 위치하면, 방어적이고 걱정이 많으나 인내심이 강하고 사랑하는 사람을 보호하고 지키려는 성향으로 나타난다. 방어적인 게자리에 지키려는 성향의 토성이 나타나 강한 보호막을 형성한다. 걱정이 많아지고 변덕스러워지며 불안해진다. 감정적으로 우울증이 생기기 쉽고, 상처에 대한 두려움을 가지고 상대가 가까이 다가오면 움츠려든다. 또한 자신감이 떨어지기 쉽다. 엄격한 부모 밑에서 사랑받지 못했다는 느낌을 받고 자랐음에도 불구하고 본인도 자식에게 매우 까다롭고 엄격할 수 있다.

　부정적인 측면으로는 조용하고 친절하나 공감은 부족한 편이다. 다른 사람들의 상처를 이해하기보다는 본인 스스로를 보호하기에 바쁘다.

　게자리는 위를 담당하는데 건조한 토성이 들어오면서 소화액이 부족하여 소화를 잘 시키지 못할 수 있다. 부동산과 재산이 안정된 감정을 줄 수 있다.

사자자리 토성

사자자리(♌)에 토성(♄)이 위치하면, 지배하려는 성향이 강해진다. 강한 의지와 리더십을 가지고 조직을 잘 관리하고 유지시키는 데 탁월한 능력을 보인다. 대체로 보수적이며 책임감과 의무감이 강하다. 또한 매우 능력이 뛰어나 효과적으로 일을 한다. 이처럼 일에 있어서는 유능하나, 감정이나 애정을 표현하는 데에는 힘들어한다. 그래서 냉정하고 애정이 없어 보일 수 있다.

부정적인 측면으로는 다른 사람들로부터 자신을 격리할 수 있고, 화를 잘 내며, 질투가 많고 잔인한 측면도 있다는 것이다. 심장을 상징하는 사자자리에 흉성인 토성이 위치하면서 심장에 문제가 있을 수 있다.

처녀자리 토성

처녀자리(♍)에 토성(♄)이 위치하면, 근면하고 엄격하며 효율적이고 실용적으로 일을 한다. 조용하고 일을 완벽하게 처리하는 처녀자리에 근면하고 성실한 토성이 위치하면서 착실하고 성실하며 신중하게 일을 잘하는 성격이 나타난다. 숫자 감각과 경제 감각이 발달되어 있으며 깊이 분석하고 정확하고 치밀하다.

또한 내성적이고 수줍음이 많으며 검소하고 단정하다. 면학에 힘을 쓰고 조직의 질서를 따르려 한다. 다른 사람을 관리하는 능력을 가지고 있으며 완벽주의 성향을 띤다. 매우 현실적이고 세부 사정에 포커스를 맞출 수 있기 때문에 디테일한 작업들을 매우 잘 처리한다. 일을 할 때는 질서적이고 깔끔하게 하는 스타일로, 혼잡하고 난잡한 것을 싫어한다.

부정적인 측면으로는 혼자 일하려는 성향이 강하고 노예근성이 있다는 것이다. 지루하거나 한가하면 쓸데없는 걱정을 하므로, 항상 바빠야 한다. 또한 우울증이나 조울증이 잘 찾아오는 편이다. 다른 사람에게는 비판적이나 자신에게는 허용적이다.

천칭자리 토성

천칭자리(♎)에 토성(♄)이 위치하면, 공정하고 냉정한 판관이 된다. 균형 감각이 뛰어난 천칭자리에 엄격한 토성이 위치하면서 바르게 분배하고 엄격하게 따진다. 공정함과 균형 감각을 가지고 있으며 신용을 불어넣는 데 최선을 다한다. 물질적 안정을 추구하기 때문에 파트너십을 통해 안정을 찾고자 하는 경향이 있다. 그래서 결혼을 할 때에도 실용적인 이유나 돈 때문에 결혼을 할 수 있다.

부정적인 측면으로는 냉정하고 차가워 보이며 감정을 잘 드러내지 않는다는 것이다. 눈이 높아서 마음에 드는 파트너를 고르기가 힘들다.
건강 면에서는 비뇨기나 신장에 문제가 생길 수 있다. 신장을 상징하는 천칭자리에 흉성인 토성이 위치하면서 신장의 여과(濾過) 작용을 방해할 수 있다. 또한 혈액의 흐름에 독성 물질이 머물면서 몸을 취하게 할 수 있다.

전갈자리 토성

전갈자리(♏)에 토성(♄)이 위치하면, 매우 내성적이고 진지하며 깊이가 있어 보인다. 사람들에게 뭔가 비밀을 품고 있는 것처럼 보일 수 있으며, 인내심이 좋고 특유의 고집도 가지고 있다. 자기 훈련이 매우 잘되어 있고 지략이 풍부하며 유능하다. 통찰력과 지각력이 있으며 심령적 능력도 내재하고 있다. 조용하고 비밀스럽게 보이기 때문에 상대가 어려운 사람으로 느낀다.

주위 상황이 좋지 않더라도 묵묵히 인내하며 기다리고 끈질기게 고수하는 편으로, 고집이 매우 세 보일 수 있다. 자신을 훈련시키고 안으로 깊이 파고드는 전갈자리와 토성의 신중함이 잘 결합되면 최고의 조합을 만들어내기도 한다. 언제 어디서든 집중력이 뛰어나고, 드러내지는 않지만 야심이 매우 강하다.

부정적인 측면으로는 무자비하고 원한을 잘 품으며 잘 용서하지 않고 보복하려 한다는 것이다. 건강상으로는 변비나 치질이 생길 수 있으며, 분노가 오래 지속되면 신장 또는 방광에 돌을 형성할 수 있다.

사수자리 토성

사수자리(♐) 토성(♄)은 법제화된 질서의 테두리 안에서 잘 훈련될 수 있다. 종교나 법과 관련된 사수자리에 질서적인 토성이 위치하면 스스로를 관념의 테두리 속에 가둔다. 확장하려는 사수자리에 틀을 만드는 토성이 위치하면서 이상과 꿈을 현실화시키고 구체화하려 하며, 인류를 위한 현실적인 대안을 찾고자 한다. 사수자리 토성은 책임감이 발달되어 있고 관대함이 있다. 또한 지속성이 있고 독립성이 있다. 명상과 성찰을 통해 많은 깨달음을 얻을 수 있으며, 스스로 고행의 길을 떠나기도 한다.

부정적인 측면으로는 신을 맹신하거나 신을 부정하는 이중적 상황에 처하기도 하는데, 무조건적인 신봉자 혹은 무신론자적 성향이 나타날 수 있다. 냉소적이고 회의적이며 때로는 야심이 강하고 독단적일 수 있다. 건강 면에서는 엉덩이와 다리의 순환 기능이 약하기 때문에 에너지를 순환시켜줄 육체적 운동을 하는 것이 좋다.

염소자리 토성

염소자리(♑) 토성(♄)은 야심이 강하고 자기통제(self-control)와 자기 훈련(self-discipline)이 잘되어 있다. 인생에 대해 진지하고 심각하게 받아들이며, 책임감이 매우 강하다. 나중에 보상받을 일들에 대해서는 인내심을 가지고 끝까지 노력하며 매사에 성실하다. 인생의 최고 목표는 권위나 지위라고 생각하며, 목적을 달성하기 위해서는 고통도 감수하고자 한다. 조직적 능력을 타고났고, 추상적인 개념을 구체적이고 실질적인 개념으로 바꾸는 능력이 있다. 일과 쉼 사이에 에너지를 나누는 것이 어렵고, 고독과 결핍에 대한 느낌을 경험하기 쉽다.

부정적인 측면으로는 명성과 사회적 지위를 매우 중요하다고 생각하기 때문에 그것을 얻기 위해서라면 무엇이든 한다는 것이며, 이기심과 권력에 대한 욕망이 강하다는 점이다.

물병자리 토성

물병자리(♒)에 토성(♄)이 위치하면, 기존에 이미 사용하던 방법이나 전통적인 방법이 아닌 독특하고 새로운 기술을 가지고 시스템을 짜서 훈련하고 전술을 행사할 수 있는 능력이 있다. 이처럼 발명의 감각을 가지고 남들보다 앞서 생각하고 일을 계획하며 시스템을 구축하려 한다. 자기 훈련과 강한 지구력을 지니고 있다. 또한 인간적 본성은 친절하고 동정심이 있을지라도 다른 사람의 마음을 이해하는 것은 다소 어려움이 있을 수 있다. 완전히 새로운 방식으로 사물을 보고 매우 이성적이고 냉정하며 분석적이고 과학적이다.

부정적인 측면으로는 자기주장을 고집할 수 있으며, 차갑고 냉정한 편이라는 것이다. 또한 자신의 계획에 반대를 하면 앙심을 품거나 아니면 계획 자체에 무관심해져 버리는 경향이 있다.

물고기자리 토성

물고기자리(♓)에 토성(♄)이 들어오면, 경계를 허무는 물고기자리에 토성이 흡수되거나 숨어버리는 형국이 된다. 조직을 세우고 질서를 유지하는 토성이 물고기자리에서 경계가 무너지면서 나와 타인의 경계를 갖는 것이 힘들고, 때때로 갈팡질팡하며 자기희생적으로 되어 버린다. 피해자 포지션에 서려 하고 무대 뒤에 숨어서 은밀하게 작업하려 한다. 상상을 현실화하려고 노력하고, 남몰래 봉사한다. 불공정한 대우를 받을 때에도 밖으로 표현하지 못해서 우울증으로 발전하기 쉽다.

09 천왕성: 특별한 재능

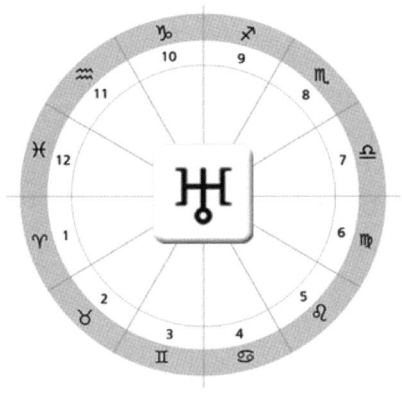

천왕성이 천궁도를 한 바퀴 회전하는 데 걸리는 시간은 84년이다. 천왕성은 열두 개의 궁마다 약 7년간 머물다가 빠져나가는데, 7년이라는 시간 동안 머물면서 해야 하는 일 중에는 개인적인 일보다는 전체적이고 사회적인 큰 흐름과 연결이 된다. 즉, 사회를 위해 자신의 재능을 일정 부분 내어놓는다.

천왕성은 자전축이 심하게 기울어져 있어서 마치 북극과 남극이 적도면에 위치하는 것 같다. 그만큼 천왕성은 일반 행성과는 움직임 자체가 다른 예측 불허한 발명가의 별이다. 극단적인 성향을 가진 채, 사회를 변화·변혁하려는 움직임 속에서 천왕성의 기질이 발현된다.

일정 기간 동안 사회적 변화의 흐름을 주도하는 주체가 되느냐 객체가 되느냐는 자신의 기질에 달려 있다. 천왕성을 비롯한 해왕성과 명왕성의 경우, 시대적 소명과 세대적 임무와 연관되어 있다. 따라서 같은 세대들에게는 비슷한 사회적 임무와 역할이 주어지고, 이는 곧 시대적 흐름과 맞물려 돌아가는 큰 흐름의 영향력 때문이다. 마치 시계 톱니바퀴의 큰 바퀴와 작은 바퀴가 동시에 돌아갈 때, 큰 바퀴는 세대적 임무와 역할이라면 작은 바퀴는 개인적 임무와 역할에 비유할 수 있다.

양자리 천왕성

리더적인 속성의 양자리(♈)와 비범하고 독창적인 천왕성(♅)이 만나면, 예측 불허하고 과격하며 창의적인 리더의 속성이 나타나게 된다. 독창적이고 극단적이며 과학적인 방식으로 사람들을 리드한다. 양자리에 천왕성이 머무는 동안 천왕성은 사회적 흐름을 창조하고, 이끄는 일에 약 7년간 참여하게 된다.

이 기간은 사회적으로 새로운 시도를 하고, 새로운 길을 만들어가는 때가 될 것이다. 새로운 길을 만들어내는 일은 하나의 도전이며 모험이고 기회이다. 천왕성이 양자리에 머물렀던 기간은 2011년부터 2018년까지이다.

이 시기는 물질문명(物質文明)과 과학기술(科學技術)의 발전으로 새로운 시대로의 도약을 할 수 있는 때이며, 미래를 여는 새로운 길을 만들어가는 시기가 될 것이다.

황소자리 천왕성

의지가 굳고 인내심이 강한 황소자리(♉)에 천왕성(♅)이 머물면, 천왕성이 황소자리의 굳어진 관념의 막을 부수면서 들어가기 때문에 딱딱하고 견고한 막을 뚫듯, 새로운 세계로 진입하고자 애를 쓰는 주기가 된다.

새로운 기술과 사상을 연구하고 물질의 기반을 만들며, 고집과 고집이 충돌하는 시기이다. 변화하지 않고 지키려는 황소자리 성향과 새롭게 변화하려는 속성의 천왕성이 힘겨루기를 하는 때로, 황소자리에 천왕성이 머물렀던 기간은 1935년부터 1942년까지였다.

이 시기는 제2차 세계대전이 한창 치러지는 때로, 새로운 변화를 도모하고 물질의 판을 까는 시기였다. 우리나라는 일제 수탈의 시대로, 인내하고 억압당하던 시기였다. 또한 지키려는 힘과 변화하려는 힘이 충돌한 시기이기도 했다. 외부의 힘에 의해 강제적으로 시스템화가 된 시기였다.

쌍둥이자리 천왕성

호기심이 강하고 이성적이며 두 얼굴의 모순을 가진 쌍둥이자리(♊)에 천왕성(♅)이 머물면, 새로운 사상과 이념을 창조하기에 좋은 포지션을 갖는다. 이성적이고 과학적인 방식을 도입하고, 기존의 패러다임이 아닌 새로운 세상을 만들 이념을 생산해내는 시기로, 천왕성이 쌍둥이자리에 머물렀던 기간은 1943년부터 1949년까지였다.

이 시기는 공산주의와 민주주의가 우리나라에 확립되던 시기였다. 즉, 소련의 공산주의와 미국의 민주주의라는 두 가지 이념이 우리 한반도를 반으로 나누게 만든 시기였다. 이 시대에 태어난 사람들은 두 가지의 대립된 사상 속에서 그 체제를 몸소 경험하고 그 모순을 발견하여 분석하고 체계화시킨 세대이다.

게자리 천왕성

보호하고 방어하려는 속성이 강한 게자리(♋)에 천왕성(♅)이 머물면, 지키고 방어하려는 속성과 변화시키려는 속성이 충돌될 수 있다. 서로 간에 이념을 강하게 주장하고 이념을 가진 사람들끼리 강한 연대가 일어나며, 자국을 보호하고 지켜야 한다는 생각이 강하게 드는 시기이다. 게자리에 천왕성이 머물렀던 기간은 1950년부터 1956년까지였다.

이 시기에 우리나라는 6·25전쟁이 발발했는데, 이념의 대립 속에서 남과 북이 서로 간의 체제를 지키고 방어하기 위해서 전쟁이 발발한 것이다. 이 시대에 태어난 사람들은 체제를 지키고 방어하는 데 약 7년간 참여하게 된다.

사자자리 천왕성

위엄과 권위가 있는 사자자리(♌)에 천왕성(♅)이 머물면서 힘과 권위를 가지고 새로운 시도를 해보는 시기가 된다. 정치적 변화에 대한 실험을 해보는 시기로, 사자자리에 천왕성이 머물렀던 기간은 1957년부터 1962년까지였다.

이 시기에 우리나라에서는 민주주의라는 제도가 확립되려는 과정 중에 많은 실험을 해보는 시기였다. 더불어 권력과 정치적 힘의 충돌이 발생하는 시기였다. 새로운 정치 시스템이 확립되기 위한 시기로, 이때 태어난 사람들은 정치적 실험에 약 7년간 참여하게 된다. 새로운 질서가 탄생되는 이 시기에 태어난 사람은 시스템의 발판이 되어 주는 사명이 있다.

처녀자리 천왕성

실재적이고 현실적이며 실무적인 처녀자리(♍)에 천왕성(♅)이 위치하면서 국가 기반의 새로운 기틀을 확립하는 데 약 7년간 참여하게 된다. 교육이나 의료시설 그리고 서비스 분야에서 실재적인 개혁을 한다. 기술과 창조성을 발휘하며 시스템의 세부적인 부분을 구축해나간다. 보수적이고 윤리적인 사람들 편에 서거나 혹은 반항하거나 분열시키는 그 반대편에 서는 사람들의 씨앗이 나오는 시기이다. 천왕성이 처녀자리에 머물렀던 기간은 1963년부터 1968년까지였다.

이 시기에는 국가의 새로운 기틀을 만들고 구축했다. 힘을 하나로 모아 시스템을 구축했고, 전 국민의 문맹 퇴치를 위한 교육의 발판이 이루어졌으며, 개천에서 용이 나오기 시작한 시기였다. 이 시기에 태어난 사람들은 어떻게든 성공해야 하는 세대이며, 시대적 모순을 변화·개혁시키는 사명이 있다.

천칭자리 천왕성

공정하고 균형과 조화를 추구하는 천칭자리(♎)에 천왕성(♅)이 위치하면, 균등한 발전과 평등을 위해 노력하는 사람들 그룹에 7년 동안 속하게 된다. 좌와 우 모두의 모순점을 바라보면서 균형점을 형성해 나간다.

어느 한쪽에 소속되지 않은 채, 세상을 관찰하고 바라보며, 객관적인 입장에서 균형과 공정함을 찾으려 한다. 즉, 시스템에서 벗어난 상태에서 양쪽의 모순점을 찾으려 한다는 특징이 있다. 천왕성이 천칭자리에 머물렀던 기간은 1969년부터 1974년까지였다.

이 시기에 태어난 사람은 새로운 시스템이 구축되고 난 뒤, 시스템을 사용해보는 세대이다. 또한 시대의식의 균형과 공정성을 찾아 물질을 균등하게 분배해야 하는 역할이 있다. 또한 시대를 관찰하고 분석해야 하는 사명과 더불어 사람과 사람 사이의 관계성에 대해 재조정을 겪어야 하는 세대이다.

전갈자리 천왕성

강하게 파고드는 집념의 전갈자리(♏)에 천왕성(♅)이 들어오면, 날카롭고 깊게 파고드는 힘이 더욱 강해진다. 물질 판이 구축되고 난 뒤, 자아와 내면으로 깊이 파고들기 시작한다. 전갈자리에 천왕성이 머물렀던 기간은 1975년부터 1981년까지였다.

이 시기는 새로운 안정기로 넘어가는 과도기적 질서 속에서 시대적 모순을 깊이 감추려는 집단과 파헤치려는 집단이 힘겨루기를 했다. 반항과 분열을 조장하는 그룹은 비밀스럽게 활동하던 시기였다. 이 시기에 태어난 사람은 정련의 시간을 가지면서 정보를 채우고 힘을 갖추는 세대이다.

사수자리 천왕성

높은 이상과 꿈을 가지고 있는 사수자리(♐)에 천왕성(♅)이 머물면서 확장하고 멀리 나가고자 하는 속성이 더욱 강해지는 시기로, 사수자리에 천왕성이 머물렀던 기간은 1982년부터 1987년까지였다.

이 시기는 체제의 질서가 잡히고, 문호(門戶)가 열리기 시작했으며, 스포츠가 활성화되었다. 안정적인 시대적 상황을 맞이하면서 태평성대를 이루었다. 이 시기에 태어난 사람들은 정보를 찾으러 직접 뛰어다니는 세대로, 외국으로 나가거나 이동이 많은 세대이다.

염소자리 천왕성

권위와 질서를 유지하려는 속성의 염소자리(♑)에 천왕성(♅)이 위치하면, 진보적 권위를 형성하려는 시기가 도래한다. 염소자리에 천왕성이 머물렀던 기간은 1988년부터 1994년까지였다.

이 시기는 민주주의의 기틀을 마련하고 진보가 점점 힘을 받아가는 시기였다. 이 시기에 태어난 사람은 사회적 구조를 적극적으로 개혁하는 사람들 그룹에 약 7년간 속해 있으면서 다양한 개혁을 진행시키려 했다. 또한 힘과 지위를 얻고자 노력하고 열심히 공부에 매진하는 세대이다.

물병자리 천왕성

과격하고 진보적이며 변화·변혁의 자리인 물병자리(♒)와 천왕성(♅)이 만나면, 급진적인 개혁과 변화의 시기를 맞이하게 된다. 물병자리에 천왕성이 머물렀던 기간은 1995년부터 2002년까지였다.

이 시기는 우리나라가 IMF를 맞이하면서 급격한 개혁과 개방의 길로 들어서는 환경을 맞이했다. 이 시기에 우리나라는 여기저기 개혁의 목소리가 높아졌고 많은 사건 사고가 발생했다. 성수대교 붕괴, 삼풍백화점 붕괴 등 낡은 건물이 무너지듯, 기존의 낡은 관념의 벽이 서서히 무너지고 있던 시기였다. 변화하기 싫어도 시대적 상황이 변화를 요구하고 있었으며, 변화의 소용돌이로 끌려들어갈 수밖에 없는 환경 속에서 약 7년간 머물렀다. 이 시기에 태어난 사람들은 기존의 낡은 관념을 부수는 사자(使者)로 등장한다.

물고기자리 천왕성

인류애와 박애가 있는 물고기자리(♓)에 천왕성(♅)이 머물면, 정신 영역에 새로운 바람을 일으키는 시대가 된다. 물고기자리에 천왕성이 머물렀던 기간은 2002년부터 2010년까지였다.

이 시기는 영성(spirituality)이 활성화되기 시작한 때였다. 정신적이고 영적인 것들에 관심을 두고, 사람들이 평화와 인권에 앞장서는 시대로, 이 시대에 태어난 사람들은 평화와 인권을 확립하는 그룹에 약 7년간 참여하게 된다. 또한 이들은 저마다 독특한 재능과 능력을 개발하고 키워야 하는 세대들이다.(※ 천왕성이 각 궁에 머무는 기간은 실제로 1~2년가량 차이가 있을 수 있으며, 평균 7년가량 머물기 때문에 7년이라고 표기하였다.)

10 해왕성: 헌신과 희생

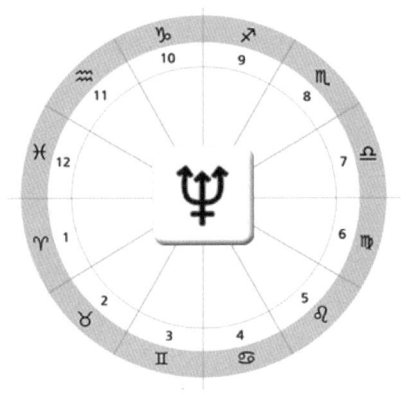

해왕성은 너와 나의 경계를 허물고 해체시킨다. 나라는 개체보다는 전체를 위한 희생과 헌신의 역할을 한다. 인류의 의식을 상승시키는 역할을 하지만 경계를 허물기 때문에 파괴적인 속성도 내재하고 있다. 즉, 인류의 거름 역할을 포함하고 있다.

해왕성이 천궁도를 한 바퀴 도는 데는 약 165년이 걸리기 때문에 궁 하나에 머무는 시간은 대략 12년에서 14년이 소요된다. 오랜 시간 넓고 크게 영향을 미치지만 섬세하고 미묘하게 영향을 끼친다.

(*현재 생존해 있는 연령대 위주로 다루기 때문에 양자리부터 사자자리까지는 생략한다.)

처녀자리 해왕성

해왕성이 처녀자리에 머물렀던 기간은 1930년부터 1942년까지이다. 이 시기는 실재적이고 현실적이며, 타인을 위해 살고 봉사하는 일에 약 12년간 참여하게 된다. 남을 위해 봉사하고 질병을 돌보는 시기로, 이 시기에 우리나라는 일제치하를 겪으면서 일본을 위해 강제로 봉사하는 삶을 살아야 했다. 이 시기에 태어난 사람들은 헌신적이고 희생적인 삶을 산다.

천칭자리 해왕성

해왕성이 천칭자리에 머물렀던 기간은 1943년부터 1956년까지이다. 이 시기는 자유와 평등사상 혹은 공평의 개념에 관한 새로운 생각들에 약 13년간 참여하게 된다. 평등과 공평의 개념을 중시하는 사상, 특히 공산주의 사상에 빠져들기 쉽다. 천칭자리가 결혼을 주관하는 궁인 만큼 결혼을 하여 대를 잇거나 씨를 이으려 했다. 그러나 기존의 결혼 개념과 자유 간에 갈등을 할 수 있다.

전갈자리 해왕성

전갈자리에 해왕성이 머물렀던 기간은 1957년부터 1969년까지였다. 이 시기에 태어난 사람들은 심령적으로 예민하고 영적 감수성을 가진 사람들 속에 약 12년간 속해 있게 된다. 이 그룹은 매우 색다르고 기묘하며 비범한 것들에 끌려들어간다. 신에 대한 경외감과 무서움을 아는 세대로, 이 시기에 태어난 사람들은 상당히 종교적이다. 이 시기에는 미스터리한 영화나 차가운 서스펜스가 인기 있었다.

감정적인 우울증에 휩싸이거나 약물에 의존할 수 있으며, 자살도 상대적으로 높은 편이다. 신비로운 감각과 깊은 정신적 수양을 비롯한 종교와 명상 등은 이 세대들에게 매우 매력적이다. 도에 관심이 있거나 신기가 많은 그룹이다.

사수자리 해왕성

사수자리에 해왕성이 머물렀던 기간은 1970년부터 1983년까지였다. 이 시기에는 꿈은 선견지명이 있고, 매우 이상주의적인 사람들 그룹에 약 13년 동안 연결되게 된다.

이 세대의 사람들은 매우 자유롭고 비전과 전망이 광범위하며, 다양한 종교를 접하기 쉽다. 여러 가지 종교에 더 많이 유연하게 다가가게 될 것이며, 종교는 더 이상 흥미를 끌지 못하고, 영성이나 유에프오(UFO) 또는 예언 등에 매우 강한 흥미를 느끼기 쉽다. 새로운 문을 열고 싶고, 통찰력과 지혜를 얻고 싶어 하나 종종 망상으로 빠지기도 한다.

염소자리 해왕성

염소자리에 해왕성이 머물렀던 기간은 1984년부터 1997년까지였다. 이 시대에 태어난 사람들은 정치적 야망을 추구하거나 전통적 종교 분야에서 나름대로 보수적인 사람들 그룹과 약 13년간 연결된다. 종교적인 면에서도 전통적인 근본으로 돌아가려 하고, 음악과 예술도 전통적 스타일로 돌아가려 한다. 고전음악과 문학이 이 그룹에서 재탄생되고, 종교적인 문제에도 논리적으로 접근한다. 정신적이고 형이상학적인 관념을 논리적으로 비판하는 세대이다.

물병자리 해왕성

물병자리에 해왕성이 머물렀던 기간은 1998년부터 2010년까지였다. 새로운 이상과 새로운 패러다임을 꿈꾸는 시대로, 과학적 기술 발전 속에 진보적이고 독창적인 기술 개발에 대한 아이디어를 내는 그룹과 약 12년간 연결된다. 과학문명이 발전하면서 새로운 기술에 대한 개발이나 발명이 이루어지는 시기로, 종교적인 부분보다는 창의성과 아이디어를 통해 새로운 기술을 개발하고 발명하며 물질을 더 진보적으로 발전시켜나가는 그룹이다. 이 세대는 물질적 풍요 속에 새로운 이념을 가지려고 한다.

물고기자리 해왕성

물고기자리에 해왕성이 머무는 기간은 2011년부터 2024년까지로 약 13년간 머문다. 이 시기는 영성과 정신을 추구하고, 물질이라는 바탕 위에 정신을 얹어놓는다. 조화와 평화를 사랑하며 영성과 정신을 추구하고, 연민과 동정심을 가지고 인류를 위해 헌신한다. 인류 의식을 하나로 통합하는 세대이기도 하다.

11 명왕성: 끌어당기는 자력

명왕성이 천궁도를 한 바퀴 도는 데 걸리는 시간은 약 248년이 걸린다. 따라서 한 궁에 머무는 시간은 약 12년에서 30년 가까이 된다.

명왕성은 세대별 의식을 관장한다. 10대, 20대, 30대 등 세대별로 주어진 시대적 의식이 어디로 향하고 있는지, 어디로 모아지고 있는지를 나타낸다.

명왕성은 강한 자력과 힘을 가진 별로, 인간의 의식 속에 잠재된 본능적 자력의 힘을 관장한다.(*명왕성은 처녀자리부터 염소자리까지 다루었다.)

처녀자리 명왕성

처녀자리에 명왕성이 머물렀던 기간은 1958년부터 1971년까지였다. 이 세대의 사람들은 약 13년간 무엇이 옳고 무엇이 그른지에 대한 명확한 분별과 도덕적 규범을 발견할 필요가 있는 사람들 그룹에 소속된다. 세상의 모든 악을 처단하고 세상에 질서를 창조하고자 하는 욕구가 잠재의식 속에 저장되어 있다.

세상의 모든 추악하고 무질서한 것들에 반감을 갖지만, 아이러니하게도 이러한 것들에 종종 끌려들어가기도 한다. 세계의 상태에 대해 절망과 희망 없음을 느끼기 쉽다. 내적으로는 감정적이고 투쟁적인 면이 있으며, 이 세대들은 대부분 보수적이고 윤리적이다.

소수만이 극단적인 반대 성향을 띠고 있으며, 중간지대가 없는 것처럼 보인다. 보수적인 성향은 쉽게 바뀌지 않으며, 타협하는 것을 좋아하지 않고, 세상의 질서를 확립해 나가고 싶다는 생각을 강하게 느낀다. 선과 악의 극단성에 매달리려는 이들의 태도는 큰 변화를 겪을 것이다. 이 그룹은 의료와 영양, 그리고 사회 생태(ecology of society)와 교육 분야에 크게 기여할 것이다.

천칭자리 명왕성

천칭자리에 명왕성이 머물렀던 기간은 1972년부터 1983년까지였다. 약 11년간 머물며, 사람들과의 관계성을 깊이 즐기려는 사람들 그룹에 오랜 기간 소속된다. 사람들과 깊은 관계성을 맺고 싶어 하고, 보고 들으며 정보를 얻고자 하며, 조화롭게 사람들과 소통하고자 한다.

이 시기는 외교와 소통의 시기로, 서로 간에 의견을 조율하고 중재하며, 이들은 타협할 준비가 되어 있다. 이 그룹은 심리학과 사회학에 관심이 많고, 사교적인 기술이 매우 뛰어나다. 또한 결혼의 스타일을 실험할 것이며, 가족과의 관계성을 비롯한 비즈니스의 관계성 속에서도 효과적인 소통 방법과 공정함을 가져올 것이며, 다른 문화에 대한 관심도 꽤 강하다. 이 시기의 그룹들은 문화유산을 보존하고 지켜내는 것이 어려울 수 있다. 모든 것이 빠르게 변화하는 가운데에서도 안정된 상태를 원하고 조화로운 관계성을 맺으려 한다. 이러한 성향은 국제적 협력에서 중요한 성과를 이룬다. 세계의 많은 협정과 정책을 마련하려 하면서도, 개개인의 이득을 취하려는 탐욕스러움이 있는 개인 분화의 시대를 만들어가는 사람들이다. 관계성에 대해 실험을 하려 할 것이고, 친구, 가족, 직장 등 사회 곳곳을 연결시키는 방법에 대한 새로운 모델을 만들어낼 것이다.

전갈자리 명왕성

전갈자리에 명왕성이 머물렀던 기간은 1984년부터 1994년까지였다. 약 10년간 머물며, 이 시기의 그룹은 자신의 재능과 자기 자신에 대해 깊이 파고드는 시간을 갖는다. 자신의 재능을 개발하고 발전시키려 노력한다. 자신의 일에 깊이 파고들며 성과 죽음 그리고 오컬트적인 것들에 관심을 두고 깊이 알고 싶어 한다. 다양한 정보를 받아들이기보다는 정보를 깊이 있게 파헤치는 세대이다. 세계의 많은 정보를 심도 있게 발전시키는 연구자적 성향이 강하다. 또한 이때부터 인간에 대한 본질적 질문을 하는 시대로 접어든다.

사수자리 명왕성

사수자리에 명왕성이 머물렀던 기간은 1995년부터 2007년까지였다. 이때부터 우리나라는 본격적으로 외국에 나가기 시작했다. 외국 유학의 붐이 불기 시작했고, 투자에 몰두했으며, 물질적·재정적으로 확장하고 성장하고자 하는 시기로, 멀리 퍼져나가 새로운 세상을 만나고 새로운 지식을 경험하며, 외국의 많은 문물을 접하는 시기였다. 도박이나 투기 등 부동산값은 치솟고, 증권의 열기는 과열되었으며, 그 과정에서 IMF라는 위기 국면을 맞이하게 되었다.

염소자리 명왕성

염소자리에 명왕성이 머물렀던 기간은 2008년부터 2023년까지이다. 개인주의와 이기주의가 팽배한 가운데, 사람은 서로 간에 냉정하고 무관심해지기도 한다. 인간의 의식이 크게 팽창을 한 뒤 염소자리 명왕성은 점차 질서를 잡아가는 시기로, 새로운 질서를 준비하는 힘이 형성되고 있다. 힘과 의식이 하나로 모아지는 시기로, 새로운 질서를 만들어 간다.

Chapter 4

12하우스

01 12하우스의 특징

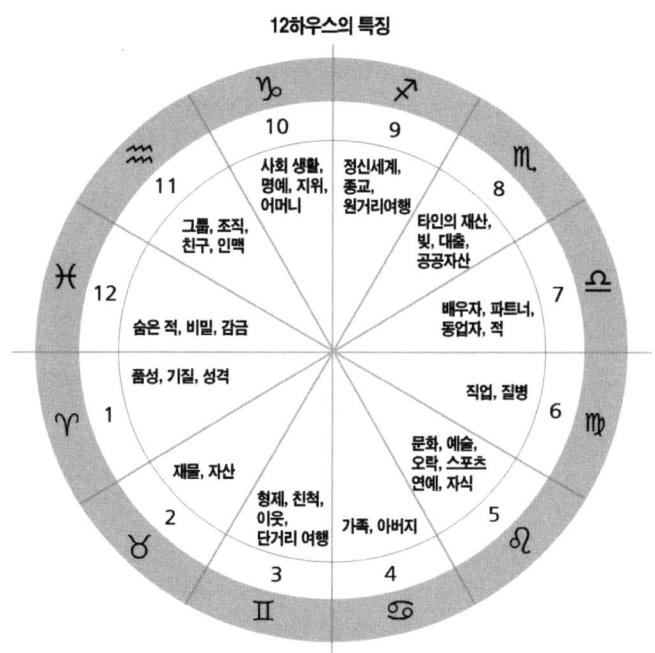

하우스(house)는 황도면을 열두 개로 분할하여 나타낸다. 즉, 황도를 30도씩 할당하여 열두 개의 동등한 하우스로 나눈다. 첫 번째 하우스가 상승점에서 시작된 후, 반시계 방향으로 하우스의 순서가 매겨진다. 하루 동안 별자리와 행성들은 모두 12하우스를 지나며, 행성은 몇 달 혹은 몇 년에 걸쳐서 별자리를 옮긴다.

02 1하우스(자신의 방)

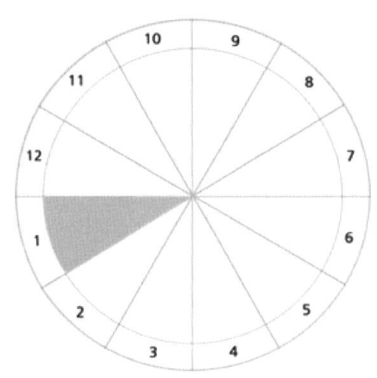

1하우스(1house)는 품성과 기질, 그리고 성격과 성향을 나타낸다. 1하우스의 시작점을 상승점이라고 하는데, 상승점이 위치한 궁을 '상승궁'이라 한다. 상승궁과 1하우스에 위치한 행성을 통해 차트 주인의 생김새와 품성을 유추할 수 있다.

1하우스는 자신에 대한 정보가 담겨 있는 방으로, '자신의 방'이라고도 한다. 자신을 거울처럼 비춰볼 수 있는 하우스로, 인간의 내적인 면보다는 신체적이고 외모적인 면을 더 자세히 들여다볼 수 있다.

1하우스에 어떤 행성이 배치되느냐에 따라 성격이 달라진다. 예를 들어, 1하우스에 태양이 위치할 때는 모든 만물이 자신을 위해 움직이는 것처럼 자기중심적인 성향을 나타낼 수 있고, 달이 위치할 경우에는 움직임이 빠르기 때문에 마음의 변동이 매우 커서 변덕이 심한 것으로 나타난다. 각각의 행성이 1하우스에 들어왔을 때는 아래와 같은 유형의 성격을 나타낸다.

1하우스 태양 ☉

태양은 자신의 생명력이 어디에서 어떻게 빛나는지 알려준다. 태양이 1하우스에 위치하면 밝고 명랑하며 낙천적이다. 그러나 자기중심적인 성향이 강하여 자신의 일을 하는 것을 대단히 중요하게 생각하므로, 개인적인 업무에 많은 시간과 많은 에너지를 들이는 편이다.

태양은 자기 자체에서 빛이 나기 때문에 자신만만하고 독립적이며 홀로 빛나는 것처럼 보인다. 이런 이유 때문에 권력을 추구하는 독재자적인 성향이 있는 것으로 비춰질 수 있다. 자신의 일거수일투족이 다 드러나는 편이다.

무슨 일을 하든지 밝고 긍정적이고 명확한 것을 좋아하기 때문에 누구와 무엇을 하는지에 주목하고, 본인이 상황을 직접 리드하고 지배하고 싶어 한다. 어딜 가든지 누구와 무슨 일을 하든지 간에 눈에 띄고 주목을 받기 쉽다. 어디에서든 밝고 명확하게 빛나는 스타일이다. 그만큼 자신의 인생도 명확하고 분명하다.

일을 함에 있어서 책임감이 강하고, 명예를 중시하며, 자존심이 세다. 자신감이 넘치기 때문에 자신보다 급수가 떨어지는 사람을 낮게 보거나 경멸하기 쉽고 자만해 보이기 쉽다.

태양이 1하우스에 머무는 사람은 굳이 잘난 체를 하지 않아도 잘나 보이기 때문에 오히려 약간은 겸손을 배울 필요가 있다.

태양이 1하우스에 위치한 경우, 눈이 동그랗고 크며, 명예를 중시하고 바르게 생긴 사람들이 많다.

1하우스 달 ☽

달은 움직임이 가장 빠른 행성이다. 밀물과 썰물이 달의 영향을 받듯, 달은 인간의 마음을 주관하고 마음의 변동성을 나타낸다.

달이 1하우스에 위치하면, 마음이 불안하고 변덕이 심하다. 민감한 감정과 날카로운 지각력을 갖게 되면서 마음이 이랬다저랬다 변동이 심해지고 급변하며, 심하면 정서불안이 생길 수 있다. 상대의 감정에 예민하게 반응하기 쉽고, 정에 끌려가기 쉬우며, 마음이 약하다. 쉽게 감정적으로 되기가 쉽고, 감상에 빠지기 쉬우며, 눈물도 많고 정도 많다. 상대의 감정을 그대로 느끼기 때문에 상당히 예민하고 민감한 편이며, 직관이 발달되어있다. 연예인적 기질도 있고 유혹에는 약한 편이다. 사랑에 쉽게 빠져들고 쉽게 식는다.

1하우스 수성 ☿

1하우스 수성은 매우 지적이고 영리하며 호기심이 강하다. 탐구열이 높고 재치가 있으며, 환경에 대한 적응력도 뛰어난 편이다. 그러나 정보를 너무 많이 흡수하려 하기 때문에 긴장하기 쉽고, 머리를 너무 많이 쓰고 생각이 많기 때문에 신경과민이나 신경장애가 생기기 쉽다.

수성은 움직임이 매우 빠르고 또 태양과 붙어 다니기 때문에 주변의 큰 기운에 영향을 받고, 큰 기운의 덕을 입어야 성공할 수 있다. 눈치가 빠르고 예민하기 때문에 윗사람이 무엇을 원하는지 바로 캐치할 수 있고, 머리를 많이 굴리는 스타일이다. 비서나 전령 등이 잘 어울리고 잔걱정도 많은 편이다. 잔머리를 많이 쓰고 재주를 부리며 말과 행동도 빠른 편이다. 단점은 말이 많고 경솔할 수 있다는 것이다.

수성이 1하우스에 위치할 경우, 작은 머리에 슬림한 몸을 가지고 있으며, 자신에 관해서는 무엇이든 이야기하기를 좋아한다.

1하우스 금성 ♀

1하우스 금성은 타고난 매력이 많고, 친절하며 매너가 좋다. 사근사근하고 개성 강한 자력을 가지고 있으며, 외모도 좋은 편이다. 인생을 즐기고 싶어 하며, 다른 사람들이 듣기 원하는 말이 무엇인지 잘 알아채어 무슨 말을 해야 할지 잘 알고, 생활에 필요한 것들을 끌어당기는 능력을 가지고 있다. 즉, 자신이 원하는 것을 타인을 통해서 어떻게든 얻어낼 수 있는 매력을 타고났다.

사람과 사물이 잘 다가오는 편인데, 이러한 능력을 이용하여 자신이 원하는 것을 얻으려 한다. 또한 아름답고 럭셔리한 것들을 좋아하고 즐기며, 사람들에게 아름답게 보이길 원한다. 단점은 아주 이기적이고 자기중심적이며 게으르다는 것이다. 공주과로 철부지 말괄량이처럼 행동할 수 있다.

1하우스 화성 ♂

1하우스 화성은 개성이 강하고, 힘과 용기가 있으며, 의지력이 강하다. 자기 생각과 의견이 강하고 카리스마가 있다. 능동적이고 적극적이나, 독단성이 있고 극단적이기 쉽다. 화를 잘 내고 불같은 성정을 가지고 있다. 또한 정의롭고 용감하며 질서의식이 매우 강하다. 끝없이 상대와 자신을 비교하며, 경쟁의식이 강하고, 자존심도 세다. 성격도 급하고 충동적이며 직설적이나 뒤끝은 없다. 단점으로는 무모하고 충동적이며 단순하고 화를 잘 낸다는 것이다.

1하우스에 화성이 있는 경우, 소방관이나 군인, 경찰 등, 불을 다루거나 질서를 지키고 용맹과 용기를 필요로 하는 직업이 잘 어울린다. 1하우스에 화성이 있는 경우, 쌍꺼풀이 없는 눈이 많고, 눈이 올라가 있는 경우도 많다. 그래서 마치 화난 사람처럼 보이기도 한다. 얼굴에 상처가 있기도 하다.

1하우스 목성 ♃

1하우스 목성은 인간적 카리스마가 있는 편이다. 관대하고 낙천적이며 쾌활하고 자신감이 있다. 선의를 가지고 있으며, 타고난 리더십이 있고, 스스로를 믿는 자기 확신이 강하다. 확장하고자 하는 힘이 좋고, 성격이 좋아 보인다. 개인적인 성장과 확장을 하는 데 있어서 물질적 기회가 주어지기 쉽고, 다른 사람들에게 신뢰와 믿음을 줄 수 있다. 단점으로는 제멋대로이고 이기적이며, 감정적으로 오버하기 쉽고 허세와 낭비가 있을 수 있다. 그래서 남에게 잘 속기도 한다. 목성형으로 생긴 사람치고 빈곤하게 사는 경우는 없으며, 대체로 말년운이 좋다.

1하우스에 목성이 있으면 얼굴이 사각인 경우가 많고 살이 찌기 쉽다. 특히, 달과 연결되어 있으면 살이 잘 찐다. 또한 달 상태가 나쁘면 대외적으로 고립되기 쉽다.

1하우스 토성 ♄

1하우스 토성은 내성적이고 조용하며 진지하다. 말수가 없고 무표정하기 때문에 냉랭하고 차갑게 보일 수 있다. 책임감이 강하고 성실하며 열심히 일을 하고 의무를 중시한다. 약간의 노예근성과 호구 기질이 있다. 타인들이 볼 때는 자기관리(self-management)와 자기 훈련이 매우 철저한 것처럼 보이는데, 어린 시절에 엄격한 부모 밑에서 자랐거나, 물질적으로 어려운 경험을 했을 가능성이 있다. 열등감과 무가치함을 느끼기 쉽지만, 역으로 그들의 열등감은 큰 야망과 성취를 이끄는 기폭제가 될 수 있다.

강한 의지를 가지고 노력한 끝에 성공하는 대기만성(大器晩成)형이다. 또한 보수적이고 꼼꼼하며 철저하다. 단점은 비관적이고 우울하며 의심이 많고 겁과 두려움이 많으며, 집착과 억압이 트라우마로 내재할 수 있다. 자신이 하는 노력이 낭비되지 않는다면 인생 후반기에 성공을 거둘 것이나 그 과정 중에 생존 문제를 경험할 수도 있다.

1하우스에 토성이 위치하는 경우, 살이 많이 찌지는 않으나 피부가 그다지 좋은 편은 아니다. 약간 건조한 체질이 되기 쉽다. 전반적으로 조용하고 내성적으로 보이며, 차갑고 무표정하지만 대체로 성실하다.

1하우스 천왕성 ♅

1하우스 천왕성은 생각이 매우 독특하며 본능적이다. 직관이 뛰어나고 사람들을 끌어당기는 독특한 개성을 가지고 있다. 또한 고집이 세고 신경질적이다. 파동의 옥타브가 높기 때문에 긴장하고 불안해지기 쉬우며, 때때로 독특한 기분을 느끼는 편이다. 자기를 표현할 때 독특하고 개성 강한 방식으로 표현하며, 진보적이고 독창적인 견해를 가지고 있다. 남다른 생활방식이나 행동패턴이 있으며, 질서적인 생활에는 적합하지 않다.

새로운 길을 제시할 수 있는 리더가 되기 쉬우나, 한쪽으로 편향된 마음을 갖기 쉽다. 마음을 점유하고 있는 생각들이 많고, 타인을 별로 의식하지 않는 편이다. 총명하고 참신하며 연구심과 발명의 재주가 있다. 크게 명성을 얻거나 반대로 크게 잃거나 하는 카르마의 진폭이 큰 편이다. 천왕성은 독특한 에너지로 주변의 관념을 파괴시키는 힘이 있다. 기존의 관념을 파괴하고 미래의 에너지를 끌어오는 사람이다.

천왕성이 조화각을 이루면 진보적인 생각과 독특함이 남다른 빛을 발하겠지만, 부조화각을 이루면 반항하기 쉽고 시스템을 이탈하기 쉽다. 변덕과 사치가 있고, 말과 행동은 놀라우며, 예측 불허하다.

1하우스 해왕성 ♆

1하우스 해왕성은 너와 나의 경계 구분이 약하며, 타인의 에너지에 끌려들어가기 쉽다. 정에 약하고 동정심과 연민이 강하며, 주변 환경에 민감하고 직관적이며 신비주의적이다. 물질세계와 단절되기 쉽고 육감이 발달되어 있으며, 사물에 대한 날카로운 통찰력이 있다. 또한 주변의 에너지를 흡수하고 포용하며, 현실과 비현실의 경계선을 허무는 힘을 가지고 있다. 성격이 부드럽고 유한 편이며, 자신이 조금 손해를 보더라도 상대의 요구를 들어주려 노력하고, 대체로 품성이 착한 편이다.

1하우스 명왕성 ♇

1하우스 명왕성은 사람을 끌어당기는 강한 자력을 형성하고 있다. 강한 의지와 용기를 가지고 다소 거만하고 실력을 뽐내는 스타일이지만, 정작 남들 앞에 나서는 것은 꺼리는 편이다. 조용히 힘과 자력으로 다른 사람을 컨트롤하려 한다. 자신과 타인 모두를 변화시키고자 하며, 자기 개혁(self reform)은 그의 머릿속을 차지하는 주제들이 된다.

주변 사람들을 끌어당기는 강한 자력을 형성하고 보스의 기질을 가지고 있으나 고독한 편이다. 자신이 이루고자 하는 것을 위해서는 쉽게 물러서지 않으며, 정상적인 환경에서도 가끔씩 분노하기 쉽고 폭탄처럼 터지기 쉽다. 타인을 거부하는 배타적 성향이 있기 때문에 고립되기 쉽고, 정신적이든 물질적이든 힘을 갖고 싶어 한다.

젊은 시절에는 카르마가 셀 수 있으며, 인생의 전반과 후반이 바뀌기 쉽다. 권력의 맛을 알기 때문에 어떻게든 강한 권위를 갖고자 한다. 치유의 힘도 내재하고 있으며, 주변의 환경을 변화시키는 변성의 힘도 갖고 있다.

〈1하우스에 행성들이 위치할 때 요약〉

☉	타고난 생명력이 강하며, 밝고 낙천적이다. 자기중심적이며 자신감이 있다. 사람들에게 주목받고 싶어 하며, 타인을 잘 의식한다.
☽	마음이 불안정하고 예민하다. 정도 많고 눈물도 많으며, 날카로운 지각력과 직관력을 가지고 있다.
☿	생각의 변덕이 많고, 주변의 센 기운에 끌려가며, 눈치 보기 쉽다. 지적이고 영리하며 끊임없이 탐구하고 연구한다.
♀	사람과 사물을 끌어당기는 매력과 자력이 있어서 자신이 원하는 것을 쉽게 얻을 수 있다.
♂	자기 의견과 주장이 강하다. 힘과 용기, 의지력이 있고, 질서적이며 자존심이 세다.
♃	인간적인 카리스마가 있고 확장하는 힘이 강하다. 사람들로 하여금 신뢰와 믿음을 준다.
♄	조용하고 내성적이며 수줍음이 많다. 신중하고 조심스러우며, 성실한 노력가이나 고집이 세다.
♅	엉뚱하고 반항적이며 독특한 방식으로 자신을 표현한다. 변덕이 있고 개인주의적이며 개성이 강하다. 관념을 파괴시키는 힘이 있다.
♆	우유부단하고 마음이 여리며, 정이 많아 타인에게 끌려들어가기 쉽다. 주변을 포용하는 힘이 있다.
♇	우두머리의 속성이 있고 자기 자력이 매우 세며, 주변을 변화시키는 변성의 힘이 있다.

03 2하우스(재물방)

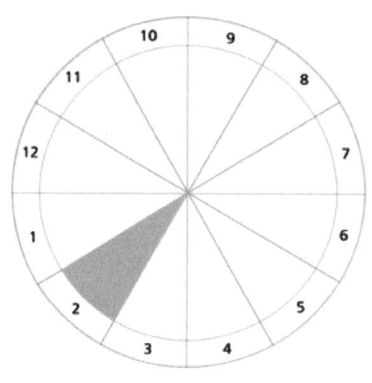

2하우스(2house)는 출생 차트 당사자의 재물과 재산의 정도를 알 수 있으며, 재물을 쓰는 방법과 패턴 등을 분석할 수 있다. 2하우스에 어떤 행성이 어떻게 위치하느냐에 따라 재물을 대하는 방식과 패턴이 달라진다.

2하우스에 행성이 꼭 들어 있어야 재물운이 좋은 것은 아니다. 돈과 관련된 일을 하거나, 혹은 자신의 인생에서 재물과 관련된 깨달음이나 카르마가 배치되어 있을 때, 2하우스에 행성이 배치되게 된다. 인생에 있어서 재물이 크게 문제가 되지 않거나, 재물이 큰 목적성이 아닌 경우에는 재물방에 행성이 위치하지 않는다. 따라서 재물운을 살필 때는 행성과 더불어 행성이 맺는 각도 유심히 살펴서 분석해야 한다.

전반적으로 불 행성(태양, 화성)의 경우, 돈을 통 크게 쓰는 경향이 있다. 또한 흉성인 토성이 재물방에 들어오는 경우는 검소하거나 인색한 경향이 있으며, 일정 기간 재정적 빈곤으로 인해 노동을 해야 하는 상황에 처할 수 있다.

　길성(목성, 금성)이 2하우스에 위치하는 경우, 대체적으로 재물복이 좋은 편이다. 그러나 부조화각을 맺고 있는 경우에는 재물이 쉽게 빠져나가거나 어려움이 있을 수 있다. 재물복을 알아보는 자세한 설명은 『태라의 점성학 2』에서 다룰 예정이다.

　다음은 2하우스에 위치하는 행성별 돈을 다루는 성향을 살펴보자.

2하우스 태양 ☉

　태양이 2하우스에 위치하면, 재물의 힘을 사용하면서 빛을 발한다. 물질적 가치에 큰 관심을 두고, 돈을 벌고 돈을 쓰는 데 있어서 자신의 진가가 빛을 발휘한다. 무엇이든 통 크게 잘 벌고 잘 쓰기 때문에 돈이 잘 모이는 스타일은 아니다. 지출이 많은 편으로, 돈을 바르게 잘 쓸 때, 자신의 매력이 드러난다. 돈에 대한 가치를 중시하기 때문에 돈을 모으는 사람이라기보다는, 재물을 어떻게 벌어서 어떻게 쓰는지에 관심을 두는, 돈을 쓰는 사람에 해당된다.

　2하우스에 태양이 있는 사람은 돈의 힘과 돈의 가치에 대해 깊이 생각할 필요가 있으며, 돈을 어떻게 가치 있게 쓸 것인지를 생각해봐야 한다. 명분 있게 써야 하는 곳에는 통 크게 돈을 쓰는 편이다.

2하우스 달 ☽

달이 2하우스에 위치하면, 재정적 변동성이 들쭉날쭉 심한 편이다. 돈이 들어오고 나감이 불규칙하고, 돈을 버는 방법도 롤러코스트를 탈 수 있다. 달은 변동성이 큰 행성이기 때문에 돈의 회전이 매우 빠른 편이며, 재정적으로 잘 풀리다가도 갑자기 안 풀리거나 또는 일이 잘 안 풀리다가도 갑작스럽게 융통이 되는 등 변동성이 크다.

재정적으로 예측 불허하고, 또한 재정 문제가 발생할 시에는 감정적 불안을 겪을 수 있다. 재물에 있어서 귀가 얇은 편으로, 사기의 위험성도 크다. 돈을 회전시키는 사람에 해당된다. 대체적으로 돈은 떨어지지 않으며, 돈이 떨어질 만하면 어디선가 융통되기도 한다. 따라서 큰돈은 아니지만 돈이 들어오고 나감이 있으며, 빈곤하지는 않다.

2하우스 수성 ☿

2하우스에 수성이 위치하면, 돈을 버는 데 있어서 자신의 지혜와 지식 등 다양한 정보와 기능을 사용한다. 돈에 관해 이야기하는 것을 좋아하고, 다른 사람들에게 아이디어를 전달하면서 돈을 벌 수 있다.

금융 스킬은 있으나 행성의 특성상 돈의 회전이 빠르기 때문에 돈이 수중에 잠깐 머물다가 빠져나가기 쉽다. 즉, 돈 버는 아이디어는 있으나 직접 돈을 버는 사람은 아니며, 타인이 돈을 벌게끔 아이디어와 정보를 줄 때 자신에게 돈이 돌아온다. 재물이 들어오고 나감을 꼼꼼히 따지고, 이득과 손실을 따져보기 때문에 작은 돈에 집착하기 쉽고 연연하기 쉽다.

2하우스 금성 ♀

2하우스에 위치하는 금성은 자신이 필요할 때에 돈과 물질을 끌어당길 수 있는 자력과 매력이 있다. 빨리 벌고 빨리 쓰는 스타일이다. 돈을 쓸 때는 아름답고 매력적인 것, 음악을 비롯한 문화·예술에 사용하며, 자신의 주변을 고급스럽게 만드는 것을 좋아한다. 또한 진가(眞價)를 알아볼 수 있는 눈이 있다. 돈을 세련되고 가치 있게 쓰는 스타일로, 돈이 들어올 때는 파트너와의 관계성을 통해서 들어올 수 있다. 금융인(은행 및 보험 관련 일을 하는 사람)의 경우, 2하우스에 금성이 위치하는 경우가 많았다. 이들은 돈을 빠르게 회전시키는 사람들이다.

2하우스 화성 ♂

2하우스 화성은 돈을 버는 데 있어서 매우 열정적이고 열심이다. 빠르게 부를 얻고 싶은 욕망이 강한 편으로, 빠르게 벌고 도전적으로 투자하는 편이다. 도박적 투기나 모험을 할 수 있다. 헤픈 소비 경향이 있는 편이나, 돈을 벌려고 노력하기 때문에 화성이 들어가 있는 경우, 대체적으로 돈을 벌 수는 있다.

부정적인 측면으로는 돈에 극단성을 띨 수 있고, 전투적으로 투자를 하기 때문에 크게 욕심을 부리다가 실수를 할 수 있다. 돈에 대해 경쟁적이고 투쟁적으로 접근한다.

2하우스 목성 ♃

2하우스에 목성이 들어가 있는 경우, 대체적으로 재물복과 타고난 먹을 복이 있다. 물질적 번영과 확장에 힘을 쓰고, 재정적으로 성공할 가능성도 높다. 때로는 돈이 다가오는 것처럼 보이기도 한다. 돈복이 좋은 편인데, 투자를 할 때도 통 크게 투자하는 편이며 확장을 잘한다. 재능과 능력에 대해 자신감이 있고 낙관적이며 투자를 할 때는 직관과 영감을 쓰는 편이다. 미래에 대한 비전을 그리거나 아이디어를 개발하는 동안에는 다른 사람으로부터 재정적인 원조를 받을 기회가 있고, 사람들에게 믿음과 신뢰를 주는 스타일이다.

부정적인 측면으로는, 체면으로 인한 낭비를 할 수 있고, 허영을 부리거나 사치할 수 있다.

2하우스 토성 ♄

2하우스 토성은 특히 돈과 소유물에 있어서 매우 현실적이고 집착이 강하며 책임감이 강하다. 돈을 거부하지는 않지만 돈을 얻기 위해서는 많은 노력이 따르며, 때때로 돈을 감추는 데 급급해서 돈을 쓰고 즐기기보다는 어려운 날을 대비해서 돈을 가지고 있으려는 성향이 강하다. 이러한 성향은 스크루지 영감[26]처럼 인색하게 보인다.

빈곤은 돈과 재산의 실제 가치에 대한 이해 부족에서 기인하는데, 마음의 영향에 따라 빈곤하게 느끼기도 한다. 물질적인 문제로 인해 우울해지는 경향이 있으며, 재산을 가지고 있는 것이 행복하기보다는 걱정거리가 될 수 있다. 물질을 통해서 안전을 확보하려 하기 때문에 경제적 안정에 전심하는 편이다. 또한 돈은 있으되 검소하게 사는 사람도 많다. 재물을 모으고 응집하는 힘이 강하나, 돈을 잘 못 쓴다.

부정적인 측면으로는 인색하고 싼 물건과 공짜를 좋아한다. 단, 2하우스에 토성 외에 다른 행성이 함께 있다면 영향력은 달라진다.

2하우스 천왕성 ♅

2하우스 천왕성은 재물을 버는 데 있어서 예측 불허하다. 엉뚱한 곳에 투자를 했다가 생각지 못하게 갑자기 이득을 본다든가, 제대로 투자를 했는데 엉뚱한 상황이 발생해서 막심한 손해를 본다든가, 재물에 있

---

26 찰스 디킨스의 소설 크리스마스 캐럴의 주인공으로 인색한 구두쇠 영감.

어서 양극단성을 띠기 쉽다. 즉, 크게 먹거나 아예 없거나 할 수 있다.

재물에 극단성을 띠듯, 인연에 있어서도 극단성을 띠는 편이다. 소유욕이 강해 집착을 하다가 갑자기 마음을 고쳐먹고 갑작스럽게 떼어낼 수 있다. 인생의 기복이 심한 편인데, 돈을 버는 것도 기발한 방식으로 벌 수 있다.

2하우스 해왕성 ♆

2하우스에 해왕성이 위치하는 경우, 네 돈과 내 돈이 분명치가 않다. 이처럼 돈에 대한 경계가 불분명하기 때문에 돈 관계를 애매하게 하기 쉽고, 이로 인해 손실을 보거나 혹은 이득을 볼 수 있다. 자신의 재정자원(finance resources)을 잘 분석하지는 않지만, 돈에 대한 육감이 발달되어 있다면 다른 사람보다 많이 벌 수 있다. 금융 문제에 대한 부주의가 큰 문제로 부각될 수 있으므로, 재정자원을 명확하게 할 필요가 있다.

2하우스 명왕성 ♀

2하우스에 명왕성이 위치하는 경우, 돈을 끌어당기는 자력이 강한 편이며, 물질에 있어서 극단성을 띠기 쉽다. 물질적 이익이나 탐욕을 강하게 당기거나, 반대로 물질을 멀리하거나 한다. 돈에 대한 관계는 비밀리에 하는 편으로, 길성이 연결되면 돈을 끌어들이는 자력이 더욱 강해진다.

⟨2하우스에 행성들이 위치할 때 요약⟩

☉	돈을 쓰면서 자신의 가치가 빛을 발하며 자신을 갖추기 위해 돈을 잘 쓴다. 돈을 모으기보다는 돈을 쓰는 행성이다.
☽	재정적인 변동성이 심하다. 재물의 변동성이 있어야 재물이 들어오고 나간다.
☿	재물에 대해 분석하는 재정(財政)분석가이다.
♀	자신의 품위 유지와 자신이 원하는 것을 얻기 위해서 재물을 벌려고 하며, 돈을 빨리 벌고 빨리 쓰며, 돈을 돌리는 사람이다.
♂	재물을 빠르게 벌려는 욕구가 강하고, 경쟁심이 강하다. 또 재물을 잘 쓰는 기분파이다.
♃	재물을 확대하는 힘이 강하고, 재물운이 좋다.
♄	재물을 모으고 저축하려는 속성이 강하기 때문에 다소 인색한 경향이 있다.
♅	재물을 모으는 데 있어서 흥하거나 망하거나 극단성을 띠며, 삶 자체가 롤러코스트다.
♆	재물을 잘 풀어주는 만큼 되돌아오기도 하지만, 재정 상황을 분석하지 않거나 돈 관리를 애매하게 하여 손실을 보기도 한다.
♇	재물을 끌어들이는 자력이 매우 강하다.
⊗[27]	재물을 운용하는 데 있어서 기회와 행운이 따른다.

---

27 행운의 가상점, 포르투나.

04 3하우스(가까운 이웃·친척 그리고 형제방)

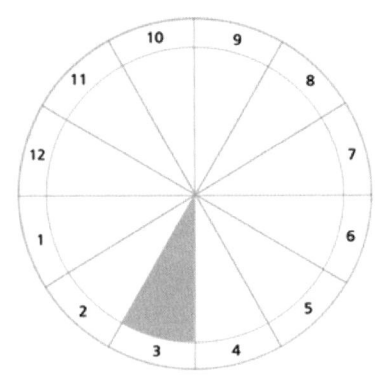

3하우스(3house)는 가까운 이웃·친척 그리고 형제와 관련된 방이다. 또한 단기 여행운의 방이기도 하며, 지적 능력과 의사소통의 방이기도 하다.

3하우스에 가벼운 행성인 달이나 수성이 위치하는 경우, 역마살이 있다고 표현할 수 있으며, 이런 경우 잦은 이동이 예상된다. 3하우스에 흉성이 들어가 있는 경우, 형제 관련 카르마가 센 편이다. 또한 의사소통의 방이기도 해서 3하우스에 가벼운 행성(달이나 수성)이 들어가 있는 경우, 이리저리 움직이면서 취재하거나 글을 쓰는 기자 또는 여행 작가 등이 잘 어울린다.

  3하우스에 흉성인 토성이 위치하면, 형제 때문에 애를 먹고, 3하우스에 화성이 위치하는 경우, 형제들과 불화가 많다.

3하우스 태양 ☉

3하우스 태양은 주변 사람들에게 두루두루 관심을 두는 스타일로, 주위에 대한 배려가 큰 사람이다. 주변 환경을 살피기 때문에 예민한 관찰력을 가지고 있고, 가까운 형제나 가족을 비롯한 친구들을 잘 챙기고, 그들과 함께 소통을 할 때 빛을 발한다.

주변 사람들에게 자신의 생각을 잘 표현하고, 광범위한 영향력을 끼치고 싶어 하기 때문에 여기저기 관여하기 쉽고, 오지랖이 넓을 수 있다. 때문에 구설수가 생기거나 정보 유출이 발생할 수 있다. 에너지적 허브(hub)나 톨게이트가 되기 때문에 주변 사람들의 정보를 흡수하고 전달하는 가운데 오해가 발생할 수도 있다.

3하우스 달 ☽

3하우스 달은 방황하기 쉽고, 여기저기 이동수가 많은 편이다. 사물의 광범위한 것들에 관심을 두기 때문에 호기심에 따라 여기저기 이동을 하게 되며, 너무 많은 의사소통을 하거나 여행이 많을 수 있는데, 이런 경우 기자나 작가 등을 해도 잘 어울린다. 형제들 간에 우애는 좋은 편이다.

3하우스 수성 ☿

3하우스 수성은 가까운 친구나 지인과 대화하고 의사소통하는 것을 즐기는 편이다. 쉬지 않고 말을 많이 하고, 대체로 영리하며 재치가 있다. 주변 사람들에게 관심이 많고 말을 많이 하기 때문에 구설수가 따르기 쉽다. 즉, 헛똑똑이가 될 가능성이 높다. 달과 마찬가지로 수성은 빠른 행성이기 때문에 단기 여행이 많고 의사소통이 많다. 기자, 작가, 특파원 등이 잘 어울린다.

3하우스 금성 ♀

3하우스 금성은 세련된 커뮤니케이션 스킬을 가지고 커뮤니케이션의 즐거움을 느끼고 싶어 한다. 사교적이고 달변가이며, 문화·예술을 사랑하고 논쟁을 싫어한다. 주변 사람들과 두루두루 친하게 지내려 한다. 그러나 스캔들의 위험이 있고, 음란 정보와 관련된 문제가 생기기 쉽다.

3하우스 화성 ♂

3하우스 화성은 환경에 예민하게 반응하고 불안해하며 가까운 친구나 형제에게 신경질을 낼 수 있다. 형제나 가까운 친척 간에 서로 의견이 달라서 충돌이 생기기 쉽고, 독선적으로 의사소통하기 쉽다. 자기의 의견을 관철시키기 위해 주변 사람들에게 과도하게 신경 에너지를 쓸 수 있으며, 정신이 기민하고 단호하며 충동적이다. 지역 활동에 에너지를 소비하는 편이다.

3하우스 목성 ♃

3하우스 목성은 형제나 친척의 도움을 받기 쉽고, 형제·자매 및 친척들이 매우 좋아하여 주변의 도움을 받기 쉽다. 그러나 정신적으로 쉬지 못하고 에너지가 분산되어 퍼지기 때문에 에너지가 분산되지 않도록 조심할 필요가 있다. 주변 환경 및 관계 속에서 깨달음을 얻고 철학적이며 낙관적이다. 주변 사람들에 대한 배려심도 좋지만 너무 광범위하게 생각하는 바람에 망상으로 이어지거나 비현실적으로 되기 쉽다. 좋은 교육 환경 속에서 공부할 수 있는 환경이 주어지는 편이다. 간혹 목성과 천왕성이 동시에 3하우스에 위치할 때, 이복형제가 있는 경우가 꽤 있다.

3하우스 토성 ♄

3하우스 토성은 흩어져 있는 환경에 질서를 부여하고, 억압과 질서 속에 관계성이 묶여 있다. 사실들을 조직화하며 보이지 않는 것들을 물질화시키는 힘이 있다. 그러나 지적인 부분의 발달은 늦은 편이다. 형제로 인한 고통 분담이 생길 수 있고, 형제나 친척으로 인해 애를 먹는 경우가 있다. 형제간에 감정표현을 억제하기 때문에 오해를 사기 쉬우며, 형제 카르마에 매이거나 억압될 수 있다.

3하우스 천왕성 ♅

3하우스 천왕성은 형제나 친척과 관련하여 갑작스런 사건이나 이벤트에 휘말리거나, 별난 형제가 있어서 걱정을 끼칠 수 있다. 이상한 개념에 관심이 많거나 항상 무언가 골똘히 생각하는 듯하며, 갑작스런 여행을 할 수 있다. 마음은 민첩하고, 호기심은 많은 편이다.

3하우스 해왕성 ♆

3하우스 해왕성은 주변 사람들과 에너지가 잘 혼합되기 때문에 다른 사람들의 마음을 읽을 수 있다고 느끼기도 한다. 정서적으로 민감하고 관념을 쌓지 않고 자유로운 사고를 한다. 시각화와 이미지화를 잘하며 직감이 발달되어 있고, 갑작스럽게 영감이 떠오르고 생각은 망상으로 이어지기 때문에 공부에 방해가 된다. 또한 형제 또는 친척을 화해시키기 위한 카르마적 의무가 있을 수 있다. 때때로 불안한 느낌이 들기도 하며, 불신과 부정적인 마음이 생기기도 하며, 백일몽이나 망상에 빠져 현실과 단절되기 쉽다.

3하우스 명왕성 ♇

3하우스 명왕성은 가까운 이웃·친척이나 형제·자매의 카르마에 끌려들어가기 쉽다. 형제나 친척 관련 문제에 깊이 연루될 수 있으며, 생각을 깊이 하고 집중력이 좋으며 직관력도 뛰어나다. 사물을 깊이 있게 통찰하기 때문에 문학적 독창성은 좋은 편이다.

〈3하우스에 행성들이 위치할 때 요약〉

☉	형제나 친척들에게 영향력을 끼치며, 예민한 관찰력을 가지고 있다.
☽	사물의 광범위한 것들에 관심이 많고, 한곳에 정착하지 못하고 여기저기 돌아다니며 역마살이 있을 수 있다.
☿	쉬지 않고 언변 활동을 하며 재치 있고 영리하다.
♀	세련된 의사소통 능력이 있고, 커뮤니케이션의 즐거움을 느끼려 한다.
♂	형제 및 친척과 트러블이 많고, 독선적인 의사소통을 하려 한다.
♃	에너지가 분산되기 쉬우며 챙겨야 할 사람들이 많다. 또한 교육상의 혜택이 주어진다.
♄	형제로 인해 애를 먹기 쉽고, 지적 발달이 늦은 편이다.
♅	생각이 독특하며 이상한 개념에 관심이 있고, 별난 형제로 인해 뜻밖의 사건이 생길 수 있다.
♆	관념에 매이지 않고 유연한 사고를 가지고 있으나, 민감하고 생각은 망상으로 이어지기 쉽다.
♇	가까운 형제·자매나 친척의 장력이 커서 그들의 카르마에 연루되기 쉽다.

05 4하우스(아버지 및 가족의 방)

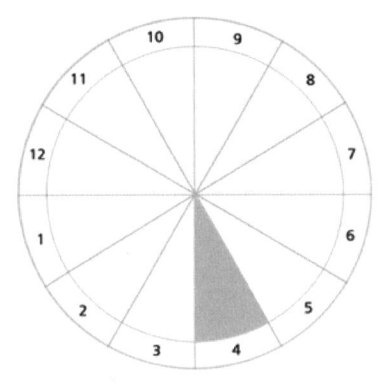

4하우스(4house)는 가문을 비롯한 가족의 방이며, 아버지의 방이기도 하다.

4하우스에 어떤 행성이 위치하느냐에 따라 어떤 가문, 어떤 아버지 밑에서 자랐는지에 대한 정보를 유추할 수 있다. 또한 아버지의 성격을 엿볼 수 있으며, 가정의 분위기와 차트 주인의 성장 환경을 유추할 수 있다. 대체적으로 태양과 목성이 4하우스에 위치하는 경우, 좋은 가문에서 아버지의 영향력을 많이 받는다.

4하우스 태양 ☉

4하우스에 태양이 위치하면, 좋은 가문에서 아버지라는 태양의 빛을 잘 받고 자란 사람이다. 가문이라는 배경이 있을 때 자신의 빛이 빛나며, 아버지의 영향을 많이 받고 자랐다. 대체적으로 가정은 화목하고, 가족에 대한 충의가 깊다. 가족이 삶의 중심이 되기 때문에 가족 간의 에너지를 중시한다. 아버지나 가문의 영향을 크게 받기 때문에 가문의 정신이나 이념을 전해 받기 쉽고, 부모님의 가업을 물려받거나 부모 밑에서 일을 하는 경우도 많다. 가정의 관심과 사랑을 많이 받고 자랐으며, 가족이 행복할 때 자신도 행복하다. 집안의 환경은 아버지 중심으로 돌아가는 경우가 많으며, 아버지 기운이 크기 때문에 아버지에게 자식이 종속되기도 한다.

4하우스 달 ☽

4하우스 달은 가족에 대한 애정이 많다. 형제간의 정이 깊고 우애가 깊은 편이다. 아버지는 섬세하고 정이 많지만, 감정적으로 변덕이 있기도 하다. 아버지의 감정 상태에 영향을 많이 받고 자란다. 안정을 중요하게 생각하기 때문에 주거의 안정을 찾길 바라지만, 주거지가 자주 바뀌는 편이다. 자신이 안전하다고 느껴지는 곳을 찾을 때까지 이동은 계속된다. 가정적인 환경에서 일을 하면 성취도가 좋은 편이며, 작업환경이 안락해야 일하는 동안 안전과 편안함을 느낄 수 있다.

4하우스 수성 ☿

4하우스 수성은 가족과의 대화를 중시한다. 의사소통을 중시하고 지적인 수성이 아버지의 방에 위치하면서 지적인 가정환경을 만든다.

그러나 부모의 학구열이 강한 만큼 부모의 잔소리가 많을 수 있으며, 끊임없이 자식과 의사소통을 하려 한다. 수성은 변화가 많은 행성이기 때문에 가정환경이 쉽게 변할 수 있다.

4하우스 금성 ♀

4하우스 금성은 매너와 품위를 지키는 가정에서 예절교육을 잘 받았으나, 아버지가 멋쟁이거나 바람기가 있을 수 있다. 아버지의 성격이 친절하고 부드러워 대체로 화목한 가정을 만들겠지만, 반대로 부모의 무관심이 있을 수 있다.

4하우스 화성 ♂

4하우스에 화성이 들어오게 되면, 가족 간에 서로 의견이 달라서 불화하기 쉽다. 가족 구성원의 기가 세고 자기의견과 주장이 강하며, 아버지가 독선적이고 독재적일 수 있다. 노력을 많이 함에도 불구하고 다툼이 끊임없이 일어나며, 애정과 증오의 양쪽 감정을 동시에 느끼기 쉽다. 내면에 불안감이 도사리고 있으며, 조그만 일에도 스트레스를 잘 받고 아버지와의 사이가 좋지 않다.

4하우스 목성 ♃

4하우스 목성은 부모로부터 정신적·물질적 도움과 관심을 많이 받는다. 아버지의 영향력이 강하고 부모가 자식에게 거는 강한 믿음이 있다. 가문은 좋은 편으로, 아버지가 통이 크고 자신감이 넘치며 성공한 사람일 경우가 많다. 가족과 나라를 사랑하는 마음이 있고, 나이 들어서 성공하는 케이스가 많다. 가정이 풍요롭거나 형제가 많을 수 있으며, 때때로 이복형제가 있을 수 있다. 부모로부터 큰 보살핌 내지는 지나친 간섭을 받을 수 있다. 물질적 혜택을 받고 자랐기 때문에 부정적인 측면으로는 방종(放縱)과 허세가 있을 수 있다.

4하우스 토성 ♄

4하우스 토성은 가족 간에 서먹서먹하고 냉랭한 경우가 많다. 가족 카르마가 센 편이며, 가족의 삶에 대한 책임과 의무가 따른다. 가족을 위한 노동의 의무와 희생이 강요되며, 가족에 대한 카르마 빚 때문에 부모를 돌보거나 나이 들어 부모와 함께 거주할 가능성이 높다. 토지나 물건을 통해 안정을 찾으려 하며, 변화를 별로 좋아하지 않는다. 아버지는 조용하고 점잖지만 가족들에게 엄격한 규율을 지시하거나 고집이 세다. 부모에 대한 책임과 의무감 때문에 늦게 결혼할 가능성이 높고, 가족들이 자신을 사랑하지 않는다는 외로움에 빠지기 쉽다. 가정에 묶여서 고립된 삶을 살지만, 인생의 후반부터 풀리기 시작한다.

4하우스 천왕성 ♅

4하우스 천왕성은 갑작스러운 가정환경의 혼란을 경험할 수 있다. 폭력이나 갑작스런 사건에 노출되기 쉽고, 혼란스런 가족의 분위기로 인해서 급히 독립하고자 하는 마음이 강하게 생성되면서 가족과 떨어져 지낼 수 있다. 가정환경이 롤러코스트를 탈 수 있고, 어려서 힘든 상황을 겪을 수도 있다. 아버지의 성격이 예측 불허하고 독특하기 때문에 직면하는 상황이며, 가족 카르마가 센 편이다. 가족 간에 뿔뿔이 흩어질 수도 있다.

4하우스 해왕성 ♆

4하우스 해왕성은 가정환경이 애매하고 불안하다. 산만하고 혼란스러우며 질서가 잡히지 않았다. 아버지의 성격은 정에 약하고 우유부단하며 나약할 수 있다. 아버지의 질서가 약하기 때문에 외부에서 치고 들어오는 기운에 영향을 받을 수 있다.

4하우스 명왕성 ♇

4하우스 명왕성은 스트레스를 많이 받고 자랐을 가능성이 높다. 권위적이고 폭력적인 아버지 밑에서 기운이 억눌리고, 아버지의 권위에 지배받기 쉽다. 가족 간의 자력이 센 편으로, 아버지의 기운에 휘둘리며, 가족 간의 에너지에 끌려들어가기 쉽다. 스트레스가 바짝 올라온 상태이기 때문에 사소한 것에도 쉽게 반응하고 영향 받기 쉽다.

4하우스에 천왕성이나 명왕성이 들어오는 경우, 대체적으로 가족 카르마가 센 편이며, 어릴 적 겪은 트라우마나 피해의식이 커서 사회로 전이되기 쉽다.

〈4하우스에 행성들이 위치할 때 요약〉

☉	가족에 대한 충의가 강하고 아버지의 영향력이 강하다. 좋은 가문에서 아버지의 영향력을 많이 받는다.
☽	가족 간에 애정이 많고 아버지가 섬세하고 예민하다. 주거지는 안정을 찾을 때까지 빈번하게 이동할 수 있다.
☿	지적인 가정 분위기와 학구열 높은 부모 밑에서 자랐다.
♀	가족에 대한 애정이 크고, 품위와 매너를 중시하는 집안이다.
♂	가정의 불협화음이 있으며, 가족 간에 애증이 많다.
♃	정신적·물질적 관심과 보호를 받고 자랐으며 가정이 풍요롭다.
♄	가족에게 매이고 억압될 수 있으며, 가족 간의 분위기는 냉랭하고 고독한 편이다.
♅	예상치 못한 사건으로 인해 가족 분위기가 혼란스럽다.
♆	애매하고 불안정한 가정환경 속에서 자랐으며, 가족 간의 에너지가 흩어지고 아버지가 우유부단할 수 있다.
♇	권위적이고 폭력적인 아버지 밑에서 영향을 받을 수 있으며, 아버지의 자력이 센 편이다.

06 5하우스(연애와 자녀의 방)

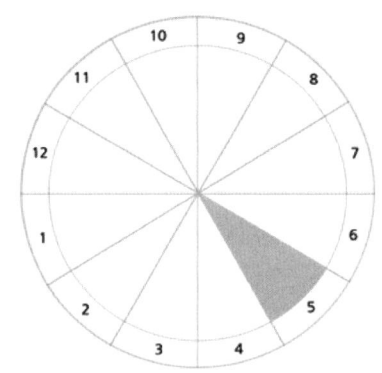

5하우스(5house)는 연애와 자녀의 방이다. 즉, 꾸준히 관심을 갖고 보살펴주어야 하는 대상의 방으로, 연애 대상자나 자식에게 애정과 관심을 보인다. 즉, 애정을 주어야 하는 상대를 나타낸다.

따라서 5하우스는 연애의 패턴뿐만 아니라 자식을 대하는 방법도 엿볼 수 있다. 또한 인간에게 즐거움과 기쁨을 주는 스포츠나 오락의 방이기도 하다.

인간이 즐거움과 기쁨의 에너지를 얻는 에너지원을 잘 나타내주는 하우스로, 연애를 하면서 즐거움을 얻고, 자식을 키우면서 행복감을 얻으며, 스포츠나 오락을 즐기면서 기쁨을 경험하기도 한다.

인간의 기쁨과 행복을 주는 원천이 담겨 있는 하우스이기 때문에 문화·예술이나 드라마, 연예 등도 5하우스에서 관장한다. 5하우스에 흉성, 특히 토성이 위치하는 경우는 연애에 서툴거나 또는 자식에게 엄격하다. 즉, 기쁨이나 즐거움이라는 감정이 억제되어 있다.

5하우스 태양 ☉

태양이 5하우스에 위치하면, 인간에게 기쁨과 행복을 주는 대상, 즉 연애나 자녀 양육에 집중하기 쉽다. 자식을 돌보거나 애인을 돌보는 데 관심을 두고, 자신이 보호하고 지켜야 하는 사람과 대화하고 소통하는 것을 좋아한다. 관심을 주고 관심을 받고 싶어 하며, 창조적으로 자기 자신을 표현한다.

인생을 즐겁고 재미있게 살려고 노력하며, 기쁨과 행복을 주는 취미 등에 몰입하기 쉽다. 문화·예술이나 엔터테인먼트에 관심이 많다. 부정적인 측면으로는 자식에 대해서 오지랖이 넓을 수 있고, 지나치게 관심을 둘 수 있으며, 사치나 허영이 있을 수 있다.

5하우스 달 ☽

5하우스 달은 관심의 대상이나 애정의 대상이 쉽게 바뀐다. 애정을 많이 베풀고 또 받으려 하며, 관심의 중심에 서고 싶어 하지만 관심의 대상을 수시로 바꾸기도 한다. 연애의 기분이 자주 바뀌기 때문에 바람을 피우기 쉽고, 상대에게 계속해서 애정을 요구하거나 받고자 한다. 응석받이 스타일로, 연애 대상에게 집착하거나 혹은 아이들에게 집착

할 수 있다. 상대에게 자신을 어필할 때 애교를 떨거나 어린이처럼 행동하고 발음할 수 있다. 많은 매력을 가지고 있고, 사랑하는 사람과 즐거움을 나누고 싶어 한다. 감정의 변화는 창의성에 영감을 줄 수 있다. 아이들을 돌보고 가르치는 직업이나 연극인 등이 잘 어울린다.

5하우스 수성 ☿

5하우스 수성은 정보를 수집하고 커뮤니케이션에서 즐거움을 느낀다. 글이나 말을 통한 의사소통을 잘하기 때문에 언변력과 글쓰기 능력이 좋은 편이다. 연애를 할 때도 서로 대화하고 이야기하면서 즐거움을 느낀다. 단점은 잔소리가 많다는 것이다. 연애 대상이나 자녀에게 잔소리가 많고 가르치고 싶어 한다.

5하우스 금성 ♀

5하우스에 금성이 위치하면 잘 놀고, 잘 즐기며, 창의적이다. 즐거움과 기쁨을 주는 것들을 잘 활용하고, 음주가무(飮酒歌舞)를 좋아한다. 분위기를 잘 리드하기 때문에 이성에게 매력이 많지만, 자신의 이익을 위해서 상대의 에너지를 너무 끌어당기는 경향이 있다. 연기나 미술 혹은 음악 등에 재능이 있을 수 있고, 무대 위에서 공연을 하거나 즐기고 노는 것을 좋아한다. 재미있고 즐거운 여가시간을 보내길 원하기 때문에 방종하거나 방탕할 수 있다.

5하우스 화성 ♂

　5하우스 화성은 스포츠나 오락 등에 열광하기 쉽고, 승부욕이 강하다. 위험을 느끼면서도 스릴을 느끼고 싶어 한다. 도박꾼이나 투기꾼이 되기 쉽고, 창의적인 놀이에 에너지를 많이 쓰는 편이다. 승부에 집착하기 때문에 쟁취하는 것에 목적을 둘 수 있고, 연애를 할 때는 집요하게 파고들며 상대를 리드하려 한다. 연애 혹은 도박에 올인하기 쉽다. 자식에게도 자신의 의견을 강하게 주입하려 하기 때문에 자식과 마찰이 생기기 쉽다.

5하우스 목성 ♃

　5하우스 목성은 애정과 관심의 대상에게 관대하고 아량이 넓다. 두루두루 마음을 쓰고, 창조적인 자기표현을 통해서 중요한 공헌을 하고 싶어 한다. 자식 복이 좋은 편이고, 아이들을 가르칠 기회가 많다. 성공과 행복을 가져올 수 있는 창조적인 능력을 지니고 있다. 넘치는 자기확신으로 인해서 무모한 노름이나 투기에 빠지기 쉽고, 남녀 모두에게 인기가 있다.

5하우스 토성 ♄

　5하우스에 토성이 들어오면, 관심과 애정의 대상에게 자신의 감정을 표현하는 것이 서툴다. 연애를 할 때는 심각하고 진지하며, 감정 표현을 억제하기 때문에 차갑게 느껴진다. 때로는 사랑이 없이 무감정해 보인다. 스스로 마음을 잘 열지 않으며, 사랑받지 못하고 인정받지 못한다고 느끼기 때문에 위축되기 쉽다. 즐기는 것이나 하고 싶은 것을 억제하는 편으로, 휴식을 갖는 것이 어렵다. 자식에게도 부담감과 책임감을 느끼며, 자녀에게 엄격하거나 반대로 무관심할 수 있다. 감정을 잘 드러내지 않기 때문에 사랑을 보여주는 것이 너무 어려울 수 있다.

5하우스 천왕성 ♅

　5하우스 천왕성은 매우 독특하고 개성 강한 창조적 본능을 지니고 있다. 그래서 취미도 독특한 것을 갖기 쉽고, 연애를 할 때도 예측 불허하기 때문에 상대를 불안하게 만들기도 한다. 투기나 게임 등은 극단적인 성향 때문에 주의할 필요가 있다. 또한 자극적인 즐거움을 찾고 쾌락을 쫓기 쉬우며 신비로움에 끌려들어간다. 항상 새롭고 자극적인 것을 원하기 때문에 파트너 편력이 있을 수 있다. 예술을 보는 안목은 매우 높다.

5하우스 해왕성 ♆

5하우스 해왕성은 무대 위에서 혹은 스포츠나 오락 등을 할 때 자신의 자아를 놓아버리고 그 상황에 녹아든다. 이렇게 자신을 놓아버릴 수 있기 때문에 연극이나 연기 등도 잘 어울린다. 많이 혼란스럽고 무질서한 연애를 경험하거나 사랑이 물거품처럼 사라져 버리는 것을 경험할 수도 있다. 희망이 사라져 앞이 보이지 않는 연애를 하거나 반대로 백마를 탄 기사를 꿈꿀 수 있다. 즉, 연애에 대한 망상이 심하다. 애정 상대에게 많은 희생을 할 수 있지만, 그만큼 보답을 얻을 수 있다. 연애를 할 때 정서적 자극과 흥분을 원하기 때문에 약물이나 알코올에 의존할 수 있다.

5하우스 명왕성 ♇

5하우스 명왕성은 관심 있는 것들에 깊이 몰입되고 빨려 들어간다. 모든 분야의 정보를 흡수하여 통합하고자 하며, 예술적 창작성을 가지고 있다. 투기나 모험적인 사업에 대한 통찰력이 있으며, 연애를 경험하면서 스스로를 변성시킨다. 연애감정에 깊이 몰입되거나 자녀의 삶에 깊이 영향을 받으며, 감정적인 관계를 맺기 쉽다. 범상치 않은 혹은 자력이 강한 자녀를 얻거나, 보스 기질이 있는 사람과 연애할 수 있다.

〈5하우스에 행성들이 위치할 때 요약〉

☉	애정이나 관심의 대상을 보호하고 양육하면서 빛을 발한다. 연애나 자녀 양육에 집중하기 쉽고 자기표현에 창조적이다.
☽	애정과 관심의 대상이 자주 바뀌며, 감정을 잘 표현한다. 예술적이고 창의적이며 인기가 많다.
☿	의사소통을 통한 자기표현을 하고, 자녀에게 잔소리가 많은 편이다.
♀	연애와 사교에 능하고, 인간적인 매력이 많다. 잘 노는 편이다.
♂	승부욕이 강하고 스포츠나 오락 등에 열정적이고 적극적이다. 연애 상대 또는 자식과 트러블이 생기기 쉽다.
♃	가르치고 양육하는 것을 좋아하고, 넘치는 자기 확신이 있다.
♄	표현력이 서툴거나 차갑고, 자녀에게 엄격하다.
♅	예측 불허하기 때문에 연애 상대가 불안을 느끼기 쉽고, 예술 수준은 높지만 파트너 편력이 있을 수 있다.
♆	혼란스럽고 무질서한 연애를 경험할 수 있고, 스포츠나 오락을 할 때 자신을 놓아버린다.
♇	연애 대상이나 자식에게 몰입되기 쉽고, 투기나 모험적 사업에 대한 통찰력이 있다.

07 6하우스(직장 및 질병의 방)

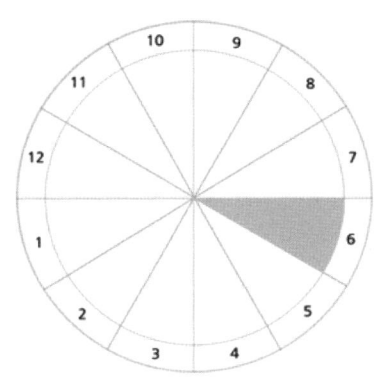

6하우스(6house)는 질병의 방이자, 직장의 방이기도 하다. 우리의 인체가 하나의 유기체처럼 움직이듯, 직장도 하나의 조직이 유기체처럼 움직인다.

우리 몸의 세포들은 서로 맡은 바 역할을 하면서 에너지를 주고받으며 생명력을 유지한다. 직장이라는 조직도 사람과 사람이 에너지를 전달하고 하나의 세포 조직처럼 움직이며, 각자 맡은 역할을 수행해낸다. 따라서 6하우스는 자신이 속한 조직에서 사람들과의 관계성을 살펴볼 수 있고, 일하는 방식을 알 수 있다. 마찬가지로 우리 세포의 움직임과 관련 있는 질병도 6하우스에서 살펴볼 수 있다.

6하우스는 처녀자리가 위치한 자리로, 처녀자리는 세밀하고 분석적인 일에 장점을 가지고 있다. 처녀자리는 자신에게 맡겨진 일을 완벽하게 처리하는 꿀벌과 같다. 꿀벌은 자신에게 맡겨진 역할을 수행하는 노동자와 같기 때문에 조직 및 시스템의 일원이 되는 것은 6하우스에서 관장한다.

6하우스 태양 ☉

  6하우스 태양은 자신이 하는 일에 대한 자부심이 크다. 자신의 도움이 필요한 곳에 도움을 주고 싶어 하며, 다른 사람에게 서비스를 제공하거나 도움을 주는 데서 행복감을 느낀다. 이것은 남을 위해서라기보다는 자신을 위해서 봉사하는 것이다. 성실하고 부지런하며 동료들에게 도움이 되는 충실한 직원이다. 관리자보다는 직원이 되어 일하는 것을 선호하고, 바쁠 때 행복감을 느낀다.

  월급을 생계수단으로 삼는 경우가 많다. 오너나 관리자의 위치가 아닌 고용인이나 직원의 포지션이기 때문에 위에서 내려오는 지시에 따라 성실하게 임무를 수행한다. 자신의 일에 대한 프라이드와 자부심이 강한만큼, 가끔씩 일을 할 때 횡포를 부리기도 한다. 걱정과 근심이 많고 완벽을 추구하기 때문에 스스로를 힘들게 할 수 있다. 일중독이 있을 수 있으며 이로 인해 건강을 해칠 수 있다. 작은 일에도 공감을 구하는 편이며, 치유나 봉사와 관련된 일을 하기 쉽다. 과로하기 쉬우므로 특별히 몸을 잘 돌봐야 한다.

6하우스 달 ☽

6하우스 달은 동료들에게 친절하고, 배려심이 깊으며, 가정적이면서도 생산적인 작업환경을 구축하고자 한다. 타인에 대한 봉사는 친절하고 좋은 편이나, 종종 우울하고 예민할 수 있으며, 건강에 대한 불안이나 걱정이 많다. 일터에서 안정을 추구하기 때문에 안정된 곳을 찾아 잦은 직업적 이동을 할 수 있다. 서민 혹은 여성과 관련된 일을 하기 쉽다. 질병에 민감하고, 면역력이 약한 편이기 때문에 특별히 건강을 돌볼 필요가 있다. 동료에 대한 배려심이 좋아 직장이나 일터에서 인기가 많다. 환경에 민감하고 예민하며, 특히 미각이 발달되었다.

6하우스 수성 ☿

6하우스 수성은 수리적 능력과 분석 능력을 가지고 있어서 컴퓨터를 다루는 일이나 전자공학 등을 좋아한다. 세심한 것에 집중을 잘하고 신경은 날카로운 편이며, 생각과 걱정이 많기 때문에 건강을 해치기 쉽다. 수성은 달과 마찬가지로 움직임이 빠르기 때문에 변동성이 심하다. 특히, 직장에서의 변동이 심한 편이다. 달이 안전한 작업환경을 찾아 자주 이동한다면, 수성은 지적인 호기심을 찾아 자주 이동한다. 수성은 어느 정도 정보파악이 끝나면 새로운 정보를 찾아 또다시 이동한다. 직장에서 하는 일은 단조로운 것보다는 다양한 호기심과 관심을 끌 수 있는 일이어야 한다. 건강과 다이어트에 관심이 많고, 지식에 의거한 건강관리를 하는 편이다.

6하우스 금성 ♀

6하우스 금성은 함께 일하는 동료나 직원이 잘 따르고 좋아하며, 일을 할 때 즐겁고 신나게 하고자 하는 바람을 가지고 있다. 직장이나 사무실에서 동료 간 의견 차이가 발생할 때 중재를 잘하기 때문에 직장에서 평화와 균형을 가져올 수 있다. 여성 관련 일을 하기 쉽고, 동료들이 잘 따르기 때문에 사람을 부리는 일을 하면 좋다. 풍부하고 달콤한 음식을 좋아하며, 건강의 방에 길성(吉星)인 금성이 들어온 격이므로 면역력과 자연 치유력이 좋은 편이다.

6하우스 화성 ♂

6하우스 화성은 직장에서 일을 할 때 매우 열정적이고 활동적이다. 성실하고 근면하며 일을 성취하고자 하는 욕망이 매우 크다. 또한 지칠 줄 모르고 일을 한다. 단점으로는 일에 지나치게 몰입하다 보면 전투적으로 일하기 쉽다는 것이다. 자질은 부족한데 마음만 앞서기 쉬우며, 경쟁적으로 일을 하고, 동료나 직원에게 짜증내기 쉽다. 일을 할 때 조바심을 내면 일터에서 사건 사고가 발생하기 쉽다. 또한 직장이나 작업 환경에서 사고나 화상의 위험도 높다. 직업도 투지를 요하는 직업을 갖기 쉬우며, 동료들과 불화가 생기거나 직장 분쟁이 발생하기 쉽다. 건강 면에서는 강한 회복 능력이 있는 편이나, 병이 났을 때 일반인보다는 높은 열병을 앓기 쉽다.

6하우스 목성 ♃

　6하우스 목성은 직장에서 성실하고 신뢰감이 있기 때문에 빨리 승진을 하거나 좋은 자리를 얻기 쉽다. 고용관계에서 행운이 따르고, 직업을 통해서 성공할 수 있다. 직원들과 깊은 유대관계를 맺으며, 두루두루 잘 관리하고 동료들과 친하게 지낸다. 신임을 얻기에도 좋은 포지션이며, 동료들이 많이 도와주는 편이다. 직장 내에서 리더십도 좋고, 평판도 좋으며, 좋은 직장을 얻기 쉽다. 건강적인 면에서는 길성인 목성이 6하우스에 위치하기 때문에 대체로 건강한 편이다.

6하우스 토성 ♄

　6하우스 토성은 노동의 고(苦)가 있고 일복이 많다. 주어진 일에 순응하고 따르다 보니 일은 많아지고 몸은 힘들어진다. 오랜 인내와 노력을 통해서 자신만의 작업 기반을 구축할 수 있으며, 혼자서 일처리를 하려는 속성이 있다. 혼자 일하려는 속성은 직장에서 어려움에 부딪히기 쉬우며, 노력함에도 불구하고 어려운 상황으로 치닫기도 한다. 맡겨진 임무를 성실히 수행하는 노동자로, 매우 현실적이고 양심적이다. 걱정과 지속적인 고민은 건강에 영향을 미칠 수 있고 우울증의 원인이 될 수 있다. 또한 6하우스 토성은 건강에 있어서 어려움이나 장애를 가져올 수 있다.

6하우스 천왕성 ♅

6하우스 천왕성은 독창적이고 특수한 기술이나 능력을 가지고 남다른 환경에서 일할 수 있다. 일에 몰입하면 시간 가는 줄 모르기 때문에 일하는 시간이 불규칙하다. 또한 다양하고 서로 다른 많은 일들을 하는 것을 좋아한다. 일을 할 때는 극도로 신경질적인 경향이 있고, 직장에서는 이상한 사건 사고가 발생하기 쉽다. 회사가 망한다든가, 특수한 상황에 놓인다든가, 직장 관련 이벤트가 많은 편이다.

스스로 오너나 보스가 되어 일을 할 때 최선의 효과를 낼 수 있고, 주변 사람들에게 인내심을 가지고 대하지만 어느 날 갑자기 회사를 그만두거나 떠날 수 있다. 갑작스럽게 프로젝트에 투입되거나 갑작스럽게 개발을 하는 등, 작업환경은 불규칙하고 혼란스러운 편이다. 컴퓨터와 기계를 다루는 전자, 전기, 항공, IT산업 등 발명과 과학에 재주가 있다. 남 밑에서 일하는 스타일이 아니며, 창업과 같이 독자적으로 일할 때 가치를 발휘한다.

건강 면에서는 건강에 이상이 생기거나 갑작스럽게 예상치 못한 상황에 처할 수 있는데, 대부분 신경증과 불안 스트레스가 원인이다.

6하우스 해왕성 ♆

6하우스 해왕성은 직장 또는 일을 하는 환경 속에서 혼란스러움을 경험할 수 있다. 일이 산만하게 여기저기 퍼져 있기 때문에 스스로도 혼란스럽고, 어디서부터 일을 어떻게 처리해야 할지 막막함을 경험할 수 있다. 일과 가정의 분리가 힘들다. 작업환경과 분위기에 영향을 많이 받기 때문에 작업환경을 기발한 방식으로 바꾸기도 하는데, 일하는 곳이 일터인지, 가정인지, 애매모호할 때가 있다. 순간적으로 기분이나 감정이 불안해지며, 장소나 환경에 민감하게 반응한다.

6하우스 명왕성 ♀

　6하우스 명왕성은 직장의 자력에 끌려들어가기 쉬운데, 직장 내 문제에 너무 강하게 몰입하는 편이다. 자신의 명령 하에 노동자 및 직원들을 관리·감독하려 하며, 그들이 일하는 방식에 대해 너무 관여하려 하면서 신경 에너지를 과도하게 쓴다. 직장 내에서 힘든 문제를 해결했을 때 즐거움을 느끼며, 일에 대해 깊이 분석하고 집중하는 편이다. 부정적인 측면으로는 동료 또는 부하와 갈등이 생길 수 있고, 윗사람의 권위에 도전하는 등 하극상 관련 문제가 생길 수 있다. 건강 면에서는 가문에서 내려오는 뿌리 깊은 질병이나 문제가 발생할 수 있고, 치유에 관심을 둘 수 있다.

〈6하우스에 행성들이 위치할 때 요약〉

☉	직무에 대한 자부심이 있고, 월급을 생계수단으로 삼는다.
☽	작업환경에서 인기가 많으나, 직장 변동이 많고 면역력이 약하다.
☿	지적이고 일을 잘하며, 수리·분석 능력을 가지고 있다.
♀	인기 있으며, 여성 또는 아름다움과 관련된 일을 갖기 쉽다. 자연 치유력이 있다.
♂	경쟁적이고 전투적으로 일하기 쉬우며, 동료들과 트러블이 나거나 직장 내에서 사건 사고가 많다.
♃	직원들 간에 유대감이 높고, 직장에서 행운이 따른다.
♄	노동의 고(苦)가 있으며, 꾸준한 인내를 통해서 자신만의 작업환경을 구축한다.
♅	예측 불허하고 갑작스럽게 개발이나 프로젝트에 뛰어든다. 컴퓨터 및 기계 등을 잘 만지고, 발명의 재주가 있다.
♆	작업환경이 혼란스럽고, 순간적으로 기분이나 감정이 불안해진다.
♇	하극상 문제가 발생할 수 있고, 직장 일에 강하게 몰입된다.

08 7하우스(배우자 또는 파트너의 방)

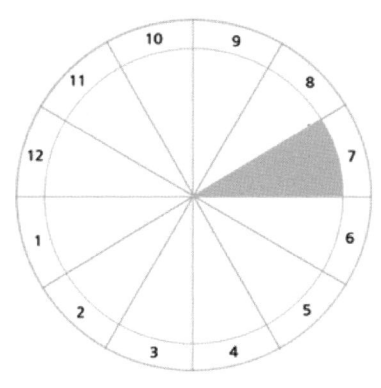

7하우스(7house)는 배우자 또는 파트너의 방이다. 자신의 방인 1하우스의 반대편에 위치한 7하우스는 가까이하기엔 너무 먼 당신이다. 반대편에 위치한다는 것은 서로 반대 성향이 있음을 나타내는데, 배우자나 파트너가 나와는 전혀 다른 반대 성향의 사람을 만나 서로를 비춰주는 거울이 된다.

내 에너지 권에 가장 가까이 들어오지만 가장 반대되는 성향의 사람으로, 우리는 배우자를 통해서 나를 배우고 남을 배운다. 서로 반대되는 에너지끼리 만나 서로 조율하고 맞추어 나가는 것이 바로 결혼 생활이며, 이 때문에 결혼은 7하우스에서 담당한다.

7하우스를 통해서 파트너와의 관계성을 살펴보고, 어떤 유형의 파트너가 들어오는지, 결혼 생활은 어떠한지, 관계성은 어떻게 맺어 가는지를 살펴볼 수 있다.

7하우스 태양 ☉

7하우스 태양은 자신의 방 반대편에 위치하기 때문에 자신의 입장이 아닌 타인의 입장을 먼저 생각하고 배려해야 하는 포지션이다. 1하우스에 위치한 태양이 자기(自己) 중심적이라면, 7하우스에 위치한 태양은 타인(他人) 중심적이 되어야 한다. 이번 생은 자신이 중심이 되는 삶이라기보다는 파트너와 협력하여 서로 공존공생(共存共生)을 이루어야 하는 삶이다. 따라서 상대를 도와주거나 파트너십을 통한 협력관계를 잘 유지해나가야 성공할 수 있고, 결혼이나 교제를 통해서 함께 성장하고 발전할 수 있다.

7하우스에 위치한 태양은 상대방을 의식하기 쉽고, 정직하고 신용을 주는 스타일이다. 또한 상대를 통해서 자신을 비춰봐야 하는 코드가 있기 때문에 상대를 배려하고 이해해야 한다. 상대에게 맞추어준다고 하지만 반대로 상대의 도움을 받아야만 성공할 수 있는 구조이기 때문에 결혼을 통해서 지위를 향상시킬 수 있다. 이 포지션은 파트너와 상생하는 방법을 배워야 한다.

7하우스 달 ☽

7하우스 달은 파트너에 대한 변동성이 심하다. 달은 움직임이 빠르고 변동성이 심한 행성이기 때문에 달이 7하우스에 들어오면 짧은 연애를 하거나 파트너가 자주 바뀌는 등 바람을 피울 가능성이 높다. 이는 파트너를 통해서 궁극적인 안정을 찾길 원하기 때문이다.

　7하우스 달은 민감한 파트너를 만날 가능성이 높은데, 엄마 같은 사람이나 엄마가 되어 줄 사람을 원한다. 또한 가까운 사람에게 의존하는 경향이 있다. 타인에게 인기를 얻기를 원하며, 동정심을 불러일으키거나 감정을 통해 움직일 수 있는 사람을 찾으려 한다. 친절하고 가정적인 파트너를 원하며, 한 번 이상 결혼할 가능성이 크다. 특히, 기분이나 감정을 조절할 필요가 있으며, 다른 사람에게 의존하는 점을 고칠 필요가 있다.

7하우스 수성 ☿

　7하우스 수성은 상대를 이해하고 맞춰주는 편으로, 상대의 생각을 잘 읽기 때문에 상담이나 조정 또는 중재 등에 잘 어울린다. 의사소통과 관련된 일을 하기 쉽고, 서로 이야기가 통하는 상대를 찾으려 한다.

　자신보다 기운이 센 사람은 눈치를 보고, 자신보다 기운이 약한 사람은 가르치려 하기 때문에 청소년을 지도하거나 상담하는 일이 잘 어울리며, 방송·출판에도 잘 어울린다. 그러나 머리를 많이 쓰기 때문에 사람을 겉만 보고 판단하기 쉽고, 말이 앞서기 때문에 실수하기 쉽다. 수성도 움직임이 빠르기 때문에 연애를 할 때 짧고 잦은 주기의 연애를 한다.

7하우스 금성 ♀

　7하우스 금성은 자신의 에너지 권에 가까이 들어오는 파트너에게 매력적이고 사교적이며 친절하다. 사랑에 대한 본성을 그대로 드러내고 표현을 잘하기 때문에 파트너십에 매우 유리하다. 행복하고 즐거운 파트너십을 만들 수 있으며, 파트너와 삶을 안락하게 즐기길 원한다. 파트너를 고를 때는 재정적으로 잘 나가고 매력적인 배우자를 원하며, 재정적으로나 물질적으로 상대에게 기대는 경향이 있다. 상대의 필요를 너무 맞춰주려 하기 때문에 조금은 피곤하지만, 자신이 얻고자 하는 것은 어떻게든 얻어내는 스타일이다. 완벽한 관계를 원하기 때문에 욕망이 충족되지 못했을 때는 너무 많은 심리적 결여감 혹은 상실감을 느끼기 쉽고, 안락한 삶을 제공하거나 아름답고 럭셔리한 삶을 영위할 수 있게 만들어주는 파트너를 구하려 한다. 눈높이가 다소 높은 편이다. 결혼을 통해 지위가 높아질 수 있으며, 경쟁하기보다는 협동을 좋아한다.

7하우스 화성 ♂

　7하우스 화성은 서로 간에 생각과 의견이 달라 부부간에 갈등이 생기기 쉽다. 강력하고 에너지가 넘치며 극단적이고 개인주의적인 배우자를 만날 수 있는데, 서로 기운 싸움을 하기 쉽다. 파트너를 리드하고 주도하려 하면서 연애 초기에는 열정적으로 다가가기 때문에 애정이 생길 때는 불같이 붙지만 빨리 붙은 불은 쉽게 잦아든다. 전략적으로 동맹

관계를 맺기 쉽고, 속전속결로 빠르게 결혼할 수 있다. 야심차고 권위적이며 자기주장이 강한 사람과 만나 서로 간의 의견을 조율하는 과정을 거칠 것으로 분석된다. 7하우스에 화성이 있는 사람의 배우자는 사람을 살리고 치유하는 불과 검(劍) 에너지와 관련된 일을 하는 사람일 가능성이 높다.

7하우스 목성 ♃

7하우스 목성은 배우자 복이 좋은 편인데, 배우자가 통이 크고 관대하며 정직하고 성실한 사람이다. 배우자의 기운이 크기 때문에 배우자 덕(德)을 볼 수 있고, 파트너나 배우자를 통해 행운이 따른다. 또한 파트너와의 관계성 속에서 이익을 증대할 수 있다. 파트너의 공덕을 인정할 필요가 있으나, 자기중심적인 태도로 인해서 불화가 발생하기 쉽다.

7하우스 토성 ♄

7하우스 토성은 나이가 많거나 심각한 파트너를 만날 경향이 있다. 배우자 대신 생활을 책임지거나 힘든 노동이 수반될 수 있고, 파트너와 전생으로부터 기인한 카르마적 억압이 있을 수 있다. 파트너를 통해 행동이 제한되는 느낌이 들고 불안하며 속박 받는 느낌이 강하게 들 수 있다. 파트너를 얻기까지 시간과 공이 많이 들어가며, 찾더라도 어렵게 찾을 것이며, 때로는 혼자 살아야 하는 경우도 있다. 사랑보다는 심리적 안정이나 관습에 따라서 결혼을 하려 하며, 파트너와의 관계가 매우 계산적이고 방어적이다. 책임감 또는 성공의 의지를 불러일으키는 파트너를 구하려 할 것이다.

특히, 여자의 경우는 파트너에게서 아빠의 모습을 기대하는 경향이 있을 수 있고, 결혼에 대한 책임감과 공포심 때문에 결혼 시기를 늦출 수 있다.

토성이 길성(吉星)의 빛을 받고 있다면, 결혼의 의무를 충실히 수행하고 신뢰할 만한 사람을 파트너로 얻을 것이나, 토성이 흉각으로 연결된다면, 불행한 결혼을 지속하거나 헤어질 수 있다. 금전적인 안정을 주지만 정이 쌓이지 않는 무늬만 부부인 관계를 유지할 수 있다. 배우자를 불신하고 의심하기 때문에 책임감 있는 협동이 필요하다. 결혼을 늦게 하거나 독신으로 살 가능성이 높고, 설령 결혼을 한다 해도 나이 차이가 많이 날 수 있다.

7하우스 천왕성 ♅

7하우스 천왕성은 매우 특별한 사람을 만나기 쉽다. 만남의 과정 또한 예측 불허하다. 일반적인 사람과는 쉽게 헤어질 수 있으므로, 개성이 강하고 특별한 사람을 만나는 것이 좋다. 결혼에 대한 의무를 지고자 하는 생각이 약하고, 결혼을 감옥이라 생각하는 경향이 크다. 그래서 결혼보다는 동거를 하기 쉽고, 자유에 대한 갈증이 큰 편이다. 특별한 파트너를 만나야 에너지가 고양되기 때문에 일반적인 사람을 만나면 밋밋하다고 느끼면서 애정이 생기질 않는다. 결혼 생활 자체가 불안정하고, 특수하게 이뤄지는 경우가 많다.

7하우스 해왕성 ♆

7하우스 해왕성은 물질적인 배우자보다는 영적인 배우자를 찾는 성향이 있다. 또한 배우자를 이상화하려는 경향이 강하다. 파트너에 대한 기대와 현실 사이에서 갈등하기 쉽고, 혼란스런 결혼을 경험하기 쉽다. 이상과 현실의 구분이 애매하고 배우자를 위해 많은 희생을 할 수 있다.

파트너는 영적이거나 예술적인 사람일 수 있으나, 게으르고 유약한 사람을 만날 수 있다. 또한 병약하고 무능력한 사람과 연결되기 쉽다. 목적과 이상이 일치하지 않아 소통의 문제가 발생할 수 있으며, 순교자나 구세주 역할을 하려는 이상이나 망상을 가진 사람과 접촉하려는 경향이 있다. 파트너를 이상화하다가 어느 순간 파트너의 진짜 모습을 보게 되는 날이 올 수 있으며, 거짓으로 살아왔다는 것을 깨달았을 때, 큰 실망이나 낙담으로 이어질 수 있다. 이상이나 낭만은 사라지고 차가운 현실을 직시하면서 관계성에 어려움이 생길 수 있다.

파트너를 구할 때 영감을 받을 수 있는 파트너를 구하려 하고, 이상형을 찾으려 하기 때문에 상대의 겉모습에 빠지기도 한다. 또는 동정심으로 끌려들어가 결혼하기 쉬우며, 자신의 의사보다는 주변 환경에 이

끌려 결혼할 수도 있다.

　인생에 있어서 물질적인 면은 크게 고려하지 않으며, 파트너와 영적인 관계를 원한다. 파트너에 대한 가능성을 보고 현재의 상황을 타개할 수 있다는 믿음을 가지고 있기 때문에 무능력한 파트너와 관계를 계속 이어갈 수 있는 것이다. 또한 잘 속고 위험에 현혹되기 쉽다. 배우자를 분별하는 기준이 애매한 상태에서 파트너를 선택하고 이로 인해서 희생이 뒤따를 수 있다. 비현실적인 이상을 가지고 소울메이트를 찾으며, 무지개 같은 로맨스를 꿈꾼다. 결혼 생활을 이어가면서 불안한 감정에 휩싸이기 쉽기 때문에 파트너에 대한 바른 분별성과 현실성을 볼 필요가 있다.

7하우스 명왕성 ♀

　7하우스 명왕성은 파트너의 자력에 끌려들어가기 쉽다. 파트너의 보이지 않는 기운이 세기 때문에 파트너에게 종속되기 쉽고, 개인의 자유를 유지하는 것이 힘들 수 있다. 보스의 기운이 있거나 비밀스런 사람과 결혼할 가능성이 있고, 결혼 또한 자신의 의지보다는 상대방의 의지에 의해 끌려들어가기 쉽다. 결혼이 인생의 전부이거나 전무가 되기 쉽다. 결혼이 선택의 도피처가 되거나 혹은 극단적으로 회피할 수 있다.

〈7하우스에 행성들이 위치할 때 요약〉

☉	파트너십이나 결혼을 통해서 상생을 배운다
☽	관계에 의존하는 편이며, 짧고 잦은 연애를 한다.
☿	파트너와 의사소통을 하려 하며, 대화가 통하는 상대를 찾는다.
♀	친절하고 사교적이며 파트너십이 유리하다.
♂	열정적으로 교제하나, 부부간에 서로 경쟁적인 상대가 되기 쉽다.
♃	배우자 덕(德)이 크고 협력관계에서의 행운이 따른다.
♄	독신이나 만혼일 수 있고, 결혼 생활이 고독하다.
♅	특별한 사람과 만나 특별한 경험을 한다.
♆	파트너를 이상화하기 쉽고, 파트너에게 희생당하기 쉽다.
♇	보스적인 파트너를 만나거나, 상대의 힘에 끌려들어가기가 쉽다.

09 8하우스(부활과 자아정련의 방)

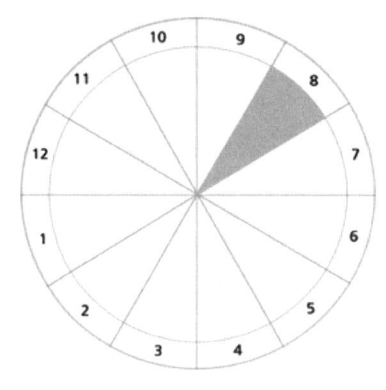

8하우스(8house)는 수술의 방이자 부활의 방이며, 자신을 새롭게 정련하고 재탄생시키는 방이다.

영(靈)의 변화를 담당하는 곳이기 때문에 인체가 수술을 통해 새롭게 재탄생되듯, 영혼도 자아정련의 시간을 거쳐 재탄생되기 때문에 8하우스는 부활의 방이자 수술의 방이다.

8하우스는 인간 의식을 변형시키는 것들과 관련이 있다. 특히 죽음과 성은 인간을 변형시키는 가장 큰 힘이 된다. 성은 타고난 성향에 외부의 기운이 들어오면서 에너지가 섞이고 혼합되면서 새로운 에너지로 재탄생되고, 성을 통해서만 제3의 새로운 인간이 탄생되기 때문에 성은 변화 에너지의 시발점이기도 하다. 성은 물질적인 인간을 창조하는 신비한 힘을 가지고 있다. 또한 죽음은 물질의 옷을 벗고 영적인 인간으로의 재탄생이기도 하다.

8하우스는 인간의 의식과 연결된 방으로, 매우 중요한 영역이기도 하다. 8하우스에 위치하는 행성을 통해서 인간의 의식이 어떻게 움직이고 내면의 자아가 어떻게 변화하는지를 알 수 있으며, 8하우스는 타인의 재물방이기도 하다. 그래서 타인의 재물을 어떻게 쓰고 활용하는지를 알 수 있다.

8하우스 태양 ☉

8하우스 태양은 오랜 기간 자아를 정련하고 단련하는 곳이다. 오랜 시간 자신을 계발하고 닦는 시간을 가지며 공부하는 곳이기도 하다. 자아를 정련하는 시간은 물질적으로 타인에게 의존하지만, 정련이 끝나고 나서 자신의 재능은 사회에 귀속되면서 공적인 삶을 살기 쉽다.

타인에게 물질적 지원을 받으면서 도(道)를 닦는 공부를 한 뒤, 세상에 나와 빛이 되는 일을 하기 때문에 인생의 전반과 후반이 다른 삶을 산다. 특히, 40세가 넘어서야 빛을 발할 수 있고, 인간의 죽음과 성, 그리고 부활 및 재생에 관심이 많고, 치유와 오컬트에 관심을 둘 수 있다.

유형이든 무형이든 유산을 상속받기 쉽고, 정련을 하는 동안은 타인을 통한 자선 및 기부를 받으며, 잠시 시스템을 떠나 에너지를 재충전하게 된다. 그렇기 때문에 오랜 시간 직업이나 직장 없이 공부를 하거나 타인의 도움을 받는 시간이 길어질 수 있다.

8하우스 달 ☽

　8하우스 달은 다른 사람의 재산이나 자원을 통해서 자신의 안전을 찾으려는 바람을 가지고 있다. 즉, 인연을 통해서 물질적으로 보호받고 싶어 하기 때문에 결혼이나 파트너십을 통해 재정적 지원을 받을 수 있으며, 타인에게 동기를 부여하는 것에 흥미를 느끼는 편이다. 자신에 대한 의심과 걱정이 있기 때문에 어떻게든 좋은 인연을 만나 인연을 통해 재물의 덕을 보려 한다. 그렇기 때문에 질투나 시기를 받기 쉽고, 소유욕의 대상이 될 수 있다. 심령적 민감성이 있으며 성이나 죽음과 관련된 생각에 사로잡힐 수 있다. 마음이 불안정하고 감정은 강렬하며 폭력성이 생길 수 있다. 자의든 타의든 다른 사람의 자원에 의존하려는 상황을 맞이할 수 있다.

8하우스 수성 ☿

　8하우스 수성은 분석하고 연구하며 통찰한다. 누가, 무엇을, 어디서, 왜, 라는 기조를 가지길 원하며, 파헤치려는 성향이 강한 수사관과 같다. 재정적 변동을 걱정하는 경향이 있으며, 다른 사람들에 대한 이야기를 관찰하고 지켜본다. 인간의 근원적 질문에 대한 궁금증을 가지고 인간 의식에 대해 연구하고 분석하며, 죽음과 성, 치유와 마법 등에 관심을 둔다. 탐정처럼 파고드는 성향이 강하다.

8하우스 금성 ♀

8하우스 금성은 파트너의 원조를 받으면서 편안하고 즐겁게 정련의 시간을 가질 수 있다. 파트너의 노력으로 물질적 편안함과 재정적 번영을 즐길 수 있는데, 이렇게 물질적으로 상대에게 의존하다 보니 자기 훈련은 부족하고 게으르며, 정신적 소양이 부족하면 육체적 섹스에 몰두할 수 있다. 본인이 찾는 고급스러움과 아름다운 것들은 타인이나 배우자의 재산을 통해 향유할 수 있으며 돈을 상속받기도 쉽다. 타인의 재정적 지원을 받기 때문에 끊임없이 자기계발을 해야 하며, 자기계발이 없으면 급수가 떨어지기 쉽다. 힐링이나 치유 등에 관심을 둘 수 있다.

8하우스 화성 ♂

8하우스 화성은 자신의 변화와 발전을 위해서 투쟁적으로 몰입한다. 자신을 알기 위해 끊임없이 분석하고, 감추어진 비밀 등은 어떻게든 들추려 하며, 인간의 근원적 욕망을 탐구하길 바란다. 고치고 바꾸려는 집념 때문에 치료나 수술에 관심이 있을 수 있다. 또한 타인의 재물을 갈취하거나 끌어당기는 힘이 강하다. 타인의 재산을 끌어당겨 자기 소유를 증대할 수 있고, 때로는 파트너를 통해서 재정적 문제가 발생할 수 있다. 결혼이나 상속을 통해 재정적 이득이 생길 수 있으나, 이것을 받아내기까지 전투적인 투쟁을 벌여야 한다. 협력적인 관계에서는 개인의 자원을 기꺼이 내어놓기도 한다. 공적인 대출이나 투자 사업을 할 수도 있다.

8하우스 목성 ♃

　8하우스 목성은 타인을 통한 기부 운이 매우 좋은 편이다. 타인을 통한 재정상의 행운이 따르는 편으로, 결혼을 통해 원조를 받거나 재물운이 좋은 배우자를 만나기 쉽다. 파트너를 통해서 급수를 올릴 수 있고, 이득을 얻기 위해 감정적 에너지를 많이 사용할 수 있다. 배우자 혹은 다른 사람의 돈을 이용하여 확장하고 기회를 얻을 가능성이 있다. 자신을 따르는 사람에 대한 믿음을 가지고 있고, 인류를 치유하고자 하는 마음이 있다.

8하우스 토성 ♄

　8하우스 토성은 배우자의 덕을 받기보다는 역으로 배우자에게 물질적으로 지원할 가능성이 높다. 또한 배우자의 재산이나 자원과 관련해서 책임을 질 수 있다. 투자를 할 때는 신중하게 하는 편으로 성실하고 꾸준히 일을 해낸다면 나중에 보상을 받을 수 있다. 성적인 제한이나 장애를 겪을 수 있으며, 성에 대해 스스로를 구속시킬 수 있다.

8하우스 천왕성 ♅

　8하우스 천왕성은 의도하지 않게 타인의 재산을 소유하거나 혹은 손실을 입힐 수 있으며, 갑작스럽게 상속이나 투자에 연결되기도 쉽다. 또한 예상치 못한 놀라운 사건에 빠지면서 이러한 사건을 통해 스스로 변환·변성될 수 있다. 인생 자체가 롤러코스트를 탈 수 있다.

8하우스 해왕성 ♆

8하우스 해왕성은 어떤 문제가 발생했을 때, 전체 상황을 막연하게 인식(認識)하기 때문에 일이 해결될 기미가 잘 보이질 않는다. 일이 잘 진행되다가도 흐지부지될 가능성이 있다. 무언가 깊이 파고들기보다는 에너지가 해체되는 편으로, 다른 사람의 금융이나 돈을 얻는다 해도 일이 애매하게 흐지부지될 수 있다. 돈을 획득하기 어렵기 때문에 투자나 금융은 멀리하는 편이 낫다.

8하우스 명왕성 ♇

8하우스 명왕성은 깊이 침잠하여 스스로 분석하고 집중한다. 죽음과 성에 대해 강하게 집중하기 쉽고, 육감이 매우 발달되어 있다. 성적인 자력이 강하고, 성에 관심이 많으며, 성 에너지를 창조 에너지로 변환시키는 힘이 있다. 배우자의 재정 상태에 강하게 영향을 받는다.

〈8하우스에 행성들이 위치할 때 요약〉

행성	내용
☉	오랜 시간 자아를 정련하는 시간을 거친 후, 자신의 재능을 사회에 귀속한다.
☽	감정이 강렬하고 반응이 강하며, 타인의 재정에 의존하는 경향이 있다.
☿	분석하고 파헤치는 수사관이며, 재정 문제에 대해 걱정을 많이 하는 편이다.
♀	파트너의 물질을 통해 즐거움을 누릴 수 있고, 결혼을 통해 급수를 높일 수 있다.
♂	타인의 재물을 갈취하거나 끌어당기는 힘이 강하다.
♃	결혼을 통한 원조 또는 타인을 통한 재정상의 행운이 있다.
♄	배우자의 재정을 책임지거나 빈곤한 배우자를 만날 수 있다.
♅	예기치 못한 놀라운 사건을 통해 갑작스럽게 타인의 재물을 얻거나 손실을 입힐 수 있다.
♆	성이나 투자 문제에 대해 막연한 인식 태도를 가지고 있어서 다른 사람의 금융이나 돈을 획득하기 어렵다.
♇	성 에너지를 창조 에너지로 바꾸는 능력이 있고 육감이 발달되어 있다.

10 9하우스(정신과 외국의 방)

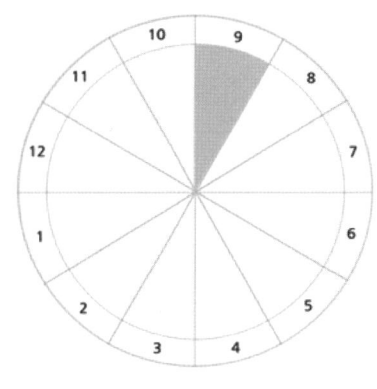

9하우스(9house)가 위치한 자리는 사수자리 포지션으로, 사수자리처럼 드넓은 이상과 꿈 그리고 더 넓고 큰 세계를 상징한다.

정신적으로는 큰 이상과 포부를 나타내지만, 물질적으로는 거리적으로 멀리 나갈 수 있는 외국과 관련된 방이기도 하다.

에너지의 확장과 관련된 방이므로, 행성들이 9하우스에 들어오면 정신적인 부분에서는 어떻게 확장하고, 물질적인 면에서는 어떻게 확장하는지, 9하우스를 통해서 엿볼 수 있다.

9하우스는 정보의 방이기도 하다. 정보를 가져올 때 정신적인 부분은 종교에서 가져오고, 물질적인 부분은 외국에서 가져오는데, 영적인 정보를 얻고자 하는 사람은 종교성이 강하게 발휘되고, 지식적인 정보를 얻고자 하는 사람은 외국에 나가 외국의 지식을 배워 오려 한다. 따라서 외국에 나가고자 하는 사람은 9하우스를 살펴보면 된다.

9하우스 태양 ☉

　9하우스 태양은 높은 이상과 철학 그리고 형이상학적 삶을 추구하는 편이나, 명확하게 밝혀지거나 증명되어야 믿고 받아들이는 성향이 있다. 그만큼 태양은 밝고 명확한 것을 선호한다. 인생을 이해하고 찾으려는 바람은 더 넓은 세계로 나가고픈 욕망을 만들고, 정신적으로 확장하고 싶어 하는 마음을 가지고 있으며, 확장하고자 하는 마음은 외국 진출에 매우 유리하게 작용한다. 해외로 나갈 확률이 높고 외국에서도 쉽게 잘 적응하는 편으로, 해외 사정에 매우 밝은 편이다. 외국으로 이민을 가거나 외국으로 진출할 기회도 많으며, 지식에 대한 욕구가 있기 때문에 학벌에 대한 콤플렉스가 생길 수 있다. 태양과 28도 이내에서 같이 움직이는 수성이 9하우스에 위치할 경우, 외국에서 공부할 확률은 더 커진다.

9하우스 달 ☽

　9하우스 달은 자기 인생에 만족하지 못하고 새로운 세계 등을 찾으려는 바람을 가지고 있다. 이러한 마음은 육체적·정신적으로 많은 여행을 하게 만들며, 종교나 철학적 이상에서 안정을 찾으려 하기 때문에 자기 계발서 등을 좋아한다. 삶의 고차원적인 면에서 음악가이자 몽상가이다. 여기저기 마음이 이끄는 대로 돌아다니기 때문에 역마살이 있으며, 예지몽을 꾸기도 한다. 여행을 할 기회가 많고, 여행을 통한 이슈를 다루거나, 대중의 의식을 분석하는 일들도 잘 맞는다.

9하우스 수성 ☿

9하우스 수성은 지적인 사유를 할 수 있는 것들에 관심이 많다. 특히 종교와 철학 그리고 법 등에 관심이 많다. 생각이 빠르고 사고(思考)의 방식이 유연하기 때문에 종교성이 쉽게 바뀌고, 적응력도 좋은 편이다. 말로 이상과 신념을 잘 표현하는 능력이 있으며, 여행과 외국 문화를 즐기고 싶어 한다. 수성도 움직임이 빠른 행성이라서 9하우스에 수성이 들어오면 잦은 여행을 하기 쉽다. 달과 마찬가지로 수성도 역마살이 있는데, 달이 감정에 따라 이동을 한다면, 수성은 호기심을 따라 이동을 하는 것이다. 또한 9하우스 수성은 외국어를 배우거나 통역의 능력이 있으며, 어떤 방식으로든 사람들을 가르치는 일을 할 것이며, 출판이나 광고 등에도 잘 어울린다.

9하우스 금성 ♀

9하우스 금성은 여행을 통해 이득을 얻을 수 있는 능력이 있고, 여행을 좋아하고 사랑한다. 다른 문화를 이해하는 폭이 넓고, 아름다움과 예술 그리고 음악을 통해 자신을 어필하며, 종교, 철학, 법 또는 교육에 대해 매력을 느끼고 좋아한다. 외국에서 파트너를 만나거나 결혼할 가능성도 높다. 외국 문화를 흡수하고 받아들이는 것이 빠르고, 외국에서 다양한 사람들과 만나 사교를 즐기는 것도 좋아한다.

9하우스 화성 ♂

9하우스 화성은 종교적 신념과 열정이 강한 편으로, 심하면 광신도가 될 수 있다. 한번 믿은 종교적·철학적 신념을 전파하고자 하는 열정이 강한 편으로, 마음이 불안하고 자신이 믿고 있는 것을 멀리 전파하고자 하는 마음이 있다.

정신적인 만족을 위해 여행을 하고자 하며, 새로운 모험에 도전하고 정복하고자 하는 마음도 가지고 있다. 자신의 신념을 강조하기 때문에 사상적인 면에서 분쟁이 발생하기 쉽다. 법률이나 종교 분쟁이 생기기 쉽고, 무엇보다 자신의 신념을 위해 싸울 것이며, 자신이 항상 옳다고 생각하는 믿음을 가지고 있다.

9하우스 목성 ♃

9하우스 목성은 마음이 넓고 관대하며 배려심이 좋다. 정신적인 것과 영성을 추구하며, 화성만큼은 아니지만 약간 광신도적인 면이 있다.

화성이 강하게 신념을 주입하려는 성향이 강하다면, 목성은 신뢰를 가지고 천천히 그리고 조용히 퍼뜨리는 편이다. 강한 직관력과 좋은 판단력을 가지고 있으며, 예지몽이나 생생한 꿈을 꾸기도 한다. 정신을 추구하기 때문에 종교성은 좋은 편이다.

법이나 종교 혹은 철학에 관심이 있고, 자신의 생각과 아이디어를 전달하면서 사람들에게 영감을 주고 길을 인도할 수 있는 능력이 있다. 사람의 의식을 다루거나 혹은 외국인을 다룰 수 있으며, 여행을 통해서 이득을 얻을 수 있다. 단점으로는 꽤 독단적일 수 있다는 것이다. 어떤 사람은 믿음을 전적으로 부정하는 경험을 겪을 수도 있다. 영적인 정보든 물질적인 정보든 수용하고 확장하는 힘이 크기 때문에 학문이나 교육·출판에 유리하다.

9하우스 토성 ♄

9하우스 토성은 종교와 철학적 신념에 있어서 매우 보수적이고 전통적이다. 쉽게 믿지 않고 의심이 많으며, 다른 사람의 신념에 비판적이다. 종교와 절대적 신에 대해 의문을 가지며, 외국 문화를 잘 받아들이지 않고 경계하는 편이다. 종교성이 약하나 한번 믿으면 끝까지 가는 스타일이다. 외국 문화나 외국 여행과 연결되는 것이 어려울 수 있다. 외국 여행을 간다 해도 어려움이 생기거나 좌절감 또는 여행이 지연될 수 있다. 기성종교나 시스템에 대한 비판의식이 강한 편이며, 권위주의적 성향을 가지고 있고, 중도에 학업을 포기하거나 좌절감을 느끼기 쉽다. 정신적 수용성에 편협함이 있기 때문에 스스로 고립되기 쉽다. 깊이 파고들 수 있는 주제들을 좋아하고, 과도한 집중으로 인해 에너지가 고갈되지 않도록 주의할 필요가 있다.

9하우스 천왕성 ♅

9하우스 천왕성은 독특하고 창조적인 아이디어나 혁신적인 생각을 가지고 추상적이고 정신적인 주제에 접근한다. 정보를 얻을 때는 불현듯 갑작스럽게 떠오르고, 또 생각은 매우 독창적이다. 여행을 떠날 때도 예기치 않게 갑작스럽게 떠날 수 있으며, 여행을 통해서 많은 아이디어를 접할 수 있다.

9하우스 해왕성 ♆

9하우스 해왕성은 정보를 받아들일 때 이것저것 가리지 않고 흡수하는 편이다. 영적이고 정신적인 개념이나 형이상학적인 철학을 좋아한다. 더 큰 세계 속에서 영감의 소스를 찾으려 하며, 세계와 하나가 되고 싶어 한다. 단점으로는 영성이나 종교 등에 맹목적으로 끌려들어가기가 쉽다는 것이다.

9하우스 명왕성 ♇

9하우스 명왕성은 정신력과 집중력이 뛰어나기 때문에 한번 어떤 개념에 꽂히면 파고드는 힘이 강하다. 열정과 끈기가 있고 외국으로 나가고픈 마음이 강하게 들 수 있다. 정보를 얻을 때도 끈질기고 집요하게 파고들어 정보를 얻으려는 스타일이다. 변화 혹은 변성이 일어날 때까지 집중한다.

〈9하우스에 행성들이 위치할 때 요약〉

☉	정신적으로 성장하고 싶어 하며 외국 운이 좋다.
☽	마음이나 감정에 따라 외국을 오고갈 수 있으며 역마살이 있다.
☿	잦은 여행을 할 수 있고, 호기심 때문에 외국으로 나간다. 외국어에 능하기도 하다.
♀	외국 문화를 포용하고 받아들이며 외국에서 결혼을 할 수도 있다.
♂	열정과 신념이 강하고, 광신도가 될 수 있다.
♃	정신과 영성을 추구하며 종교적이다. 광범위한 정보를 얻고자 하기 때문에 학문이나 교육·출판에 잘 어울린다.
♄	외국으로 나가는 것이 어렵고, 생각이 보수적이고 편협한 편이다.
♅	독창적인 생각과 혁신적인 아이디어를 얻을 수 있고, 예상치 못하게 외국에 나갈 수 있다.
♆	철학이나 영적인 것들에 관심을 두고, 더 큰 세계와 하나가 되고 싶어 한다.
♇	정보를 습득하고자 하는 집중력과 정신력이 좋다.

11 10하우스(사회생활의 방)

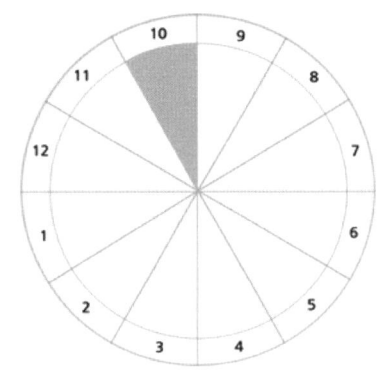

10하우스(10house)는 천구의 가장 높은 곳에 위치하는 곳으로, 염소자리가 다스리는 궁이다. 염소자리는 권위를 가지는 궁으로, 10하우스는 자신의 재능을 이 사회에 펼친다. 전문적인 재능이 꽃피고, 사회생활 속에서 어떻게 권위를 지켜나가는지를 보여준다.

9하우스에서 정신적·물질적인 정보를 모두 통합한 뒤, 10하우스에서 정보가 통합되어 사용되기 때문에 10하우스는 추상적인 생각들을 구체적인 생각으로 변환시킨다. 즉, 10하우스는 생각을 물질화시키는 방이다. 9하우스에서 받아들인 정보들은 10하우스로 넘어오면서 사회생활에 도움이 되는 생각으로 바뀐다. 이것이 바로 전문성을 쌓는 일이기도 하다. 따라서 10하우스는 어떻게 이 사회에 자신의 이상과 생각을 물질화시키고 펼쳐나가는지를 잘 보여준다.

10하우스 태양 ☉

10하우스 태양은 가장 높이 떠서 밝게 빛나기 때문에 자신의 생각과 이상이 사회 속에서 환히 빛나는 형국으로, 사회적으로도 성공하려는 욕망이 강하다. 다른 사람들의 생각과는 상관없이 스스로를 위해서 힘과 권력을 얻길 원하며, 경력이나 업적을 인정받고 싶어 한다. 즉, 사회구성원으로서 일을 할 때 자신의 재능이 빛나길 바란다. 개인적인 성과나 경력을 이루는 데 있어서 강한 동기가 부여되는 편이며, 주변 사람들을 격려할 수 있는 능력도 가지고 있다.

사회생활을 할 때 야심차고 열정적으로 일을 하기 때문에 높은 자리에 있는 사람의 도움을 받거나, 반대로 방해를 받을 수 있는 흐름과 연관되어 있다. 성공하려는 야심이 윗사람의 눈에 좋게 보일 수도 있는 반면에, 윗사람을 치고 올라가려는 것으로 보여서 경계를 받을 수 있다.

대체적으로 10하우스에 태양이 위치하는 경우, 공적인 삶을 살 수 있으며, 공직이나 국가기관 등 사회에 공적인 일을 할 가능성이 높으며 명예나 지위를 얻기에 좋은 포지션이다.

10하우스 달 ☽

10하우스 달은 성공하고자 하는 욕망이 자신의 감정을 지배하면서 강한 욕망의 사념(邪念)을 형성할 수 있다. 또한 다른 사람들이 무엇을 생각하는지가 본인에게 매우 중요하며, 여성과 대중의 의식 변화에 관심을 둔다. 공적인 지위에서 관리하려 하며, 다른 사람들에게 영향력을 미칠 수 있는 인기와 카리스마가 있으며, 경력상에 많은 변화가 따른다. 즉, 다양한 분야의 경험을 할 가능성이 높다. 사회에 유용한 일을 하고 싶어 하며, 작업환경 내에서도 책임자의 위치에 서 있고 싶어 하기 때문에 낮은 자리에서 일하는 것을 잘 용납하지 못한다. 특유의 카리스마 때문에 대중적인 인기는 높은 편이다.

10하우스 수성 ☿

10하우스 수성은 받아들인 지식을 말로 표현하고 글로 쓰면서 생각을 물질화시키는 재능을 가지고 있다. 때문에 언변이나 글 쓰는 일이 잘 어울리나 꾸준히 하지는 못한다. 정보를 흡수할 때에는 한곳에서만 하는 것이 아니라 다양한 곳에서 얻으려 한다. 그래서 중간에 직업이 바뀌거나 한번에 여러 가지 직업을 가질 수 있으며, 이것저것 다양한 재능을 가지고 있는 편이다. 직업적 이동이 많으며, 한 가지 일을 꾸준히 하기보다는 여러 가지 일을 하면서 글이나 말로 그것을 통합하게 된다.

10하우스 금성 ♀

10하우스 금성은 세련된 매너와 기교로 비즈니스에서 유리한 상황을 만들 수 있다. 사회적 매력과 사람을 끄는 자력이 있기 때문에 주변 사람들은 당신에게 무언가 도움을 주고 싶어 한다. 이러한 에너지를 남용한다면 게을러지기 쉽고, 남의 손을 빌려 일하려고 한다. 사근사근하고 친근하며, 사랑스런 매력과 좋은 목소리를 가지고 있는 경우가 많고, 대중을 위해 연설하고 노래하는 데 유리하다. 또한 목소리는 사람들에게 기쁨과 영감을 줄 수 있고 편안함을 준다. 10하우스 금성은 자신에게 다가온 정보를 예술적이고 음악적으로 풀어낸다.

10하우스 화성 ♂

10하우스 화성은 성공하고자 하는 열망과 야망이 크다. 또한 조직을 만드는 힘과 좋은 행정 능력을 가지고 있다. 조직을 리드하길 원하고, 길을 보여주고자 하며, 일을 하는 데 있어서 에너지가 충만하고 열정과 야심을 가지고 있다. 자신이 쌓아올린 경력을 가지고 계획을 짜며, 자신의 기업을 만들어나갈 수 있고, 또 성공할 수 있다. 다양한 직종에서 최선을 다하며, 자립심이 강하고 실용적이며 결과 지향적이다. 10하우스는 출생 차트의 '어머니'를 상징하기 때문에 어머니의 성격이 카리스마와 리더십을 가지고 있으나 트러블이 많이 생기는 스타일이다.

10하우스 목성 ♃

10하우스 목성은 큰 꿈과 비전을 가지고 계획을 설계함에 있어서 다른 사람들에게 믿음을 줄 수 있는 능력을 가지고 있다. 사회활동을 통해서 행운이 따르므로, 성실히 노력하기만 하면 자신이 원하는 직업을 가질 수 있다. 자신에게 찾아오는 기회를 사회 전체를 위한 이득으로 돌려낼 수 있고, 그 기회를 확장·확대할 수 있는 능력을 가지고 있다. 개인적인 성취보다는 강한 책임이 따르는 공적인 삶을 살게 될 것이다. 국가기관과 연결된 일을 하거나 공직에서 일할 수 있으며, 자신이 습득한 정보는 사회 전체에 이득이 되는 일로 재창출되어 나갈 것이다. 단점으로는 허영심과 특권의식이 생길 수 있다는 것이다.

10하우스 토성 ♄

10하우스 토성은 권위를 얻고자 하는 강한 집념과 야망을 가지고 성공하고자 한다. 자신의 지위를 지키고자 하는 힘이 강하다. 또한 시스템을 유지하고 지키려는 힘이 강하고, 인내와 노력을 통해서 천천히 자신의 지위를 획득해나간다. 단점으로는 원하는 것을 얻기 위해서 다른 사람을 이용하거나 힘으로 누를 수 있다는 것이다. 자신이 습득한 정보는 꼭 쥐고 있으려 하고, 권력과 힘을 추구하며 독재자적 성향이 있다. 일을 함에 있어서는 근면 성실하다. 어머니는 조용하고 내성적이나 엄격한 편이다.

10하우스 천왕성 ♅

10하우스 천왕성은 독특하고 전문적인 재능을 가지고 사회에 나아가지만, 사회생활을 하면서 갑작스런 사건 사고에 휘말리기 쉽다. 특히 용기와 결단력을 필요로 하는 사건에 휘말리기 쉽다. 사회생활을 하면서 이런저런 큰 사건을 경험할 수 있고, 그러한 가운데 예측 불허하게 자신의 재능을 발견할 수 있다. 예측할 수 없는 사건으로 지위나 힘을 얻을 수 있으며, 독창적이고 창의적인 생각으로 사회에 공헌할 수 있다.

10하우스 해왕성 ♆

10하우스 해왕성은 나와 사회를 구분하는 것이 힘들고, 사회생활을 하더라도 희생자의 포지션에 서기 쉽다. 사회적인 문제나 사회를 이끄는 의식에 민감한 편으로, 큰 기운에 휘말려 집단적 사건의 희생자가 될 가능성이 있다. 또한 속임수나 스캔들에 휘말리기 쉽지만, 반대로 이러한 시대적 흐름에 연루되어 지위나 기회를 얻을 상황이 만들어질 수도 있다.

10하우스 명왕성 ♇

10하우스 명왕성은 사회활동에 강하게 끌려들어가며, 목표를 향해 움직이면서 주변을 변환시킬 수 있다. 자신이 가는 곳마다 변화·변혁의 흐름을 만들며, 운명적인 도전을 해야만 하는 상황을 마주할 수 있다. 이 포지션은 권위적이고 강압적인 어머니 밑에서 자랐을 수 있다.

⟨10하우스에 행성들이 위치할 때 요약⟩

☉	사회에 공적인 일을 할 가능성이 높으며, 명예나 지위를 얻기에 좋은 포지션이다.
☽	성공하고자 하는 욕망이 자신의 감정을 지배할 수 있고, 여성과 대중의 의식 변화에 관심을 둔다.
☿	말과 글 쓰는 직업을 갖기 쉬우나 다양한 정보를 습득하기 위해서 직업적 변동을 자주 겪을 수 있다.
♀	세련된 매너와 기교로 비즈니스에서 유리한 상황을 만들 수 있고, 대중적인 연설이나 노래 등도 잘 어울린다.
♂	성공하고자 하는 야망과 열정이 큰 편으로, 조직을 이끄는 리더적 능력이 있다.
♃	성실히 노력하여 전문적인 성과를 얻거나 좋은 직장을 얻을 수 있고, 사회에 공적인 일을 한다.
♄	권위를 가지고 명예와 지위를 지키려 하며, 근면하고 성실하나 권력과 힘을 추구한다.
♅	갑작스런 사건을 통해서 세상에 정보를 던져주는 역할로, 용기와 결단력을 필요로 하는 사건을 겪을 수 있다.
♆	시대적 움직임에 민감하기 때문에 집단적 움직임에 연루되어 지위를 얻거나 반대로 희생자가 될 수도 있다.
♇	사회활동에 강하게 끌려들어가 운명적 도전을 할 수 있으며, 그 가운데 사람들을 변환시킬 수 있다.

12 11하우스(그룹 및 조직의 방)

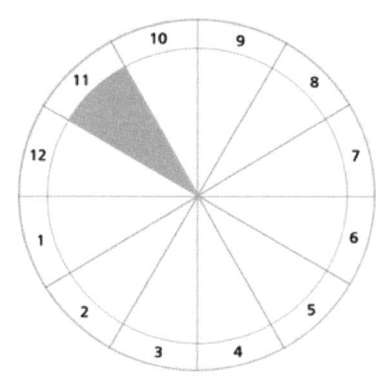

11하우스(11house)는 그룹 및 조직의 방이다. 사회생활 속에서 형성된 조직이나 그룹의 에너지를 담는다. 직장이나 사회생활을 하면서 소속되는 회사나 그룹 등 자신과 직접적으로 영향을 미치는 조직 내에서의 역할을 나타내준다. 학교, 직장, 친구 모임, 동호회 등 인연의 맥을 살펴볼 수 있다. 어떻게 사람을 사귀는지, 어떤 사람들과 인연을 맺는지는 11하우스에서 살펴볼 수 있다.

11하우스 태양 ☉

11하우스 태양은 조직이나 그룹을 통해서 자신의 목표와 욕망을 성취할 수 있다. 조직에 빛을 밝히고 활력을 주며 리더십이 있다. 조직에서 중심의 포지션에 서기 쉽고, 조직에서 영향력을 휘두르며, 많은 친구와 동료를 만들어낼 수 있다. 또한 자신의 목표를 이루는 데 그룹의 도움이 필요하며, 그룹과 함께 작업하고 즐기려 한다.

광범위하고 폭넓은 인간관계를 맺고, 그룹에게 인기가 있으나 인기가 있는 만큼 적이 생기기 쉽고 불화하기 쉽다. 그룹에서 일을 할 때 눈에 잘 띄는 편이다. 조직에서 중요한 역할을 담당하며, 자신의 능력을 통해 그룹의 활동에 매우 중요한 역할을 맡게 될 것이며, 그룹이나 모임에서 특유의 리더십을 발휘할 수 있다.

11하우스 달 ☽

11하우스 달은 여자들에게 인기가 많다. 남자보다는 여자 친구들이 많으며, 그룹에 속해 있다는 느낌은 감정을 안정시킨다. 인도주의적 프로젝트에서 자신의 직감을 개발시킬 수 있고, 자신의 이익보다는 그룹의 이익을 위해서 일하는 것을 즐긴다. 개인적이기보다는 그룹적인 면이 강하기 때문에 다른 사람들의 감정에 반응하고, 작업환경 내에서도 우정 네트워크가 강조된다. 직장 사람들과도 친구처럼 우정을 나누고, 친구들과 함께 일을 하고 도우며, 전문 상담원의 조언보다는 친구의 조언들을 더 중요하게 생각한다. 달은 변동성이 심하기 때문에 인간관계도 자주 변한다.

11하우스 수성 ☿

11하우스 수성은 다양한 정보를 습득하는 능력이 뛰어나고 지적이며 이해력과 융통성도 좋다. 지적인 정보를 나눌 수 있는 친구를 사귀는 편으로, 주변에 친구들이 많고, 자신의 마음을 자극할 친구를 고른다. 서로 이야기를 나누고 자극을 받으면서 성장해나간다. 그룹이나 조직에서는 대변인이나 총무가 잘 어울리며, 아이디어를 나누고 분배하는 일을 하기 쉽다. 또한 인터넷 관련 일을 하기도 쉽다.

11하우스 금성 ♀

11하우스 금성은 사람을 사귀고 대화하는 것을 좋아한다. 사교적이고 재치 있으며 매너도 좋다. 주변에 도움이 되는 친구들이 많고 그들을 즐겁게 하기 위해서 비용을 많이 지출하는 편으로, 친구들에게 에너지를 많이 소모하는 편이다. 또한 쉽게 사람을 사귈 수 있는 능력이 있고, 문화와 그룹 및 동호회 활동을 즐긴다. 가능한 한 편안함과 즐거움을 위해서 모든 일을 하려는 바람 때문에 친구들을 이용할 수 있지만, 본인과 잘 맞고 편안한 사람과 있고 싶은 바람을 가지고 있다.

11하우스 화성 ♂

11하우스 화성은 그룹을 이끄는 리더십을 가지고 있다. 그룹을 성공시키고자 하는 강한 욕망과 소망을 가지고 있다. 활력이 넘치고 많은 소규모 단체들과 연결되어 있으며, 우정에 많은 에너지를 쏟아 넣는 편이다. 친구나 그룹을 통해 이득을 얻을 수 있으며, 그룹 활동에 적극적으로 참여하고 잘 어울리며, 그룹 내에서 리더십으로 자신을 어필한다. 부정적 측면으로는 그룹 간에 분열을 조장하기 쉽고, 집단행동이나 폭력 투쟁을 할 가능성이 있다는 점이다.

11하우스 목성 ♃

11하우스 목성은 광범위한 인맥과 연결되어 있으며, 두루두루 잘 어울리고 그룹 간에 연대가 잘된다. 폭넓은 교우관계를 맺고 친구들과 우정을 나누며 인연의 덕이 있다. 많은 인연들의 도움을 받아 성공을 할 수 있고, 자선 모임이나 기부 모임을 형성하기 쉬우며, 그룹이나 조직을 확장·발전시켜 나갈 수 있다.

11하우스 토성 ♄

11하우스 토성은 사람을 쉽게 믿지 못하고 본능적으로 자신을 숨기기 때문에 인간관계가 협소한 편이다. 그러나 한번 신뢰하면 끝까지 가고, 한번 친분을 맺으면 오래가는 성향이 있다. 또한 실속 있는 교우관계를 맺는 편이다. 자신의 속마음을 잘 드러내지 않기 때문에 마음을 털어놓을 친구가 없어서 고독하다. 또한 마음이 통하는 사람이 없어 홀로 고립감을 느끼기 쉽고, 많은 사람들 속에 있어도 고독감을 느낀다.

11하우스 천왕성 ⛢

11하우스 천왕성은 독특하고 엉뚱한 개성 강한 친구가 많다. 친구를 사귈 때도 남들과 다른 독특한 방식으로 친구 관계를 맺으며, 친구 간에도 긴밀한 유대관계가 형성된다. 매우 특별한 사람들과 어울리길 좋아하고, 특별한 그룹 속에서 공헌하며, 인기는 변동이 심한 편이다.

11하우스 해왕성 ♆

11하우스 해왕성은 그룹이나 친구 관계를 부드럽게 만들고 유연하게 조정하는 능력이 있다. 어느 누구의 편을 들기보다는 다함께 어울리기를 바라기 때문에 그룹 내 사람들에게 좋은 인상을 준다. 인연 간의 좋은 윤활유와 같은 인물로, 우정에 헌신하고 친구를 위해 기꺼이 자신을 희생하는 편이다. 또한 그룹과 그룹의 병합에도 유리한 포지션에서 그룹 간의 기운을 잘 조정한다.

11하우스 명왕성 ♇

11하우스 명왕성은 그룹이나 친구 간에 강력한 자력을 형성하고, 친구들을 모으고 끌어당기며 자기들만의 우정 네트워크를 만든다. 친구들에게 힘의 영향력을 행사할 수 있고, 친구들 무리에서 우두머리 행세를 하며 보스처럼 굴기도 한다. 프로젝트의 중심이 되거나 그룹에서 중요한 역할을 맡을 수 있다.

⟨11하우스에 행성들이 위치할 때 요약⟩

☉	조직에 활력을 더하고 그룹이나 모임에서 특유의 리더십을 발휘한다.
☽	사람들의 감정에 반응하고 작업환경 내에서도 우정을 강조하며 인간관계가 자주 변한다.
☿	지적인 의사소통을 할 친구들을 사귀는 편으로 친구가 많다. 대변인이나 그룹의 총무 역할이 잘 맞는다.
♀	사교적이고 인기가 많으며 친구들에게 에너지를 많이 소모하는 편이다.
♂	그룹을 성공시키려는 강한 욕망과 소망을 가지고 있으나 그룹에 분쟁을 만들기 쉽다.
♃	인맥이 넓고 다양하며 두루두루 잘 어울린다. 그룹 간에 연대가 잘된다. 또한 인연의 덕이 좋다.
♄	마음을 털어놓을 친구가 없어서 외롭고, 한번 사귀면 깊게 사귄다.
♅	독특하고 개성 강한 친구들이 많고, 특별한 그룹 속에서 공헌한다.
♆	그룹이나 친구 관계를 부드럽게 만들고, 유연하게 조정하는 능력이 있다.
♇	그룹이나 친구 간에 강력한 자력을 형성한다. 친구들을 모으고 끌어당기며, 친구들 속에서 우두머리가 되고 싶어 한다.

13 12하우스(은둔과 명상의 방)

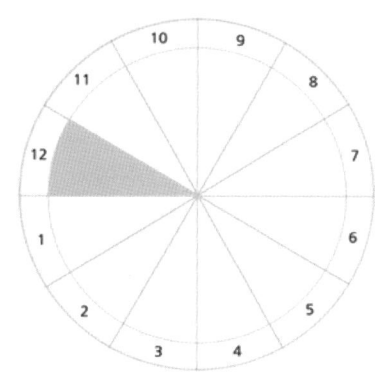

12하우스(12house)는 천궁도가 한 바퀴 돌면서 원점으로 다시 회귀하는 마지막에 잠시 동면을 취하는 것과 같이, 스스로를 돌아보고 정리하는 시간을 갖는 궁이다. 즉, 은둔과 명상의 방이기도 하다.

겨울과 같은 시기는 자신을 점검하고 새로운 시작을 준비하는 시간으로, 내면의 에너지를 충전하고 기다리는 시간이다. 새로운 태양이 뜨기를 기다리는 새벽처럼 정신을 명료하게 하고 새로운 기운을 맞이하기 위해 신중하고 조심스럽게 기운의 수축기를 거치는 시간이다. 마치 삶의 마지막을 정리하고 다시 태어나기를 기다리는 연옥처럼, 12하우스는 펼쳤던 기운을 갈무리하고 정리하는 궁이다.

이 시기는 빛이 꺼진 것처럼 보이지만 새로운 빛을 준비하느라 에너지를 충전하는 시간이다. 12하우스에 위치하는 행성을 통해서 기운의 수축기를 어떻게 보낼 수 있는지 엿볼 수 있다.

12하우스 태양 ☉

12하우스 태양은 빛이 감추어져 있는 형국으로, 장막 뒤에서 활동하며, 남들 앞에 나서기보다는 다른 사람을 도와주려는 마음이 크다. 기운의 수축기로 자신을 다스리고 마지막 인생을 정리하면서 내면을 성찰하고 은둔하며, 조용히 관찰하는 삶을 산다.

또 한 가지 경우는 전생으로부터 형성된 부정적인 성격의 특성을 바꿀 필요가 있을 때, 이 포지션으로 태어나 자기 안의 부정성을 씻어내고 카르마를 정리하는 구간이 되기도 한다. 이럴 때는 시스템으로부터 자발적으로 격리가 되어 은둔하는 삶을 살게 된다. 즉, 자신의 삶을 돌아보고 성찰하는 삶을 통해서 내면의 깊이가 깊어지는 시기이다.

기운의 수축기에는 자신의 능력에 대한 자신감이 결여될 수 있으며, 물질적·정신적으로 비정상적인 사람과 교류할 수 있다. 오컬트나 마법 현상에 관심이 많고, 수도사나 순교자가 되는 것을 즐길 수 있다. 세속적인 부와 명성에는 관심이 적고, 내면의 평화와 자기 성장에 가치를 두며, 외딴 곳이나 눈에 띄지 않는 곳에서 일하기 쉽다. 자신을 직접적으로 드러내지는 않지만, 다른 경로를 통해서 자신이 원하는 것을 얻을 수 있다.

12하우스 달 ☽

12하우스 달은 정신적, 육체적으로 감금되기 쉽다. 병원이나 감옥 등 공공시설과 같은 음지나 무대 뒤에서 일을 하기 쉽다. 삶이 불행한 사람을 돕거나 다른 사람에게 봉사하는 것이 가장 안전하다고 생각하며 순교자적인 성품이 있다. 자신의 경험을 통해서 배운 것을 다른 사람들에게 가르치며, 직업적으로는 병원이나 공공시설에서 일하기 쉽다. 표면에 드러나지 않는 작가나 스태프처럼 장막 뒤에 숨어서 일을 할 것이며, 개성이 드러나지 않고 숨겨질 수 있다. 또한 외부에서 하는 일에서는 한계와 제한을 가져오기도 한다.

12하우스 수성 ☿

12하우스 수성은 직관과 통찰력을 가지고 있으나 자신의 생각을 감추는 경향이 있다. 이처럼 생각을 직접적으로 표현하지 않는 것은 직관과 통찰로 이해하기 때문에 논리적으로 잘 표현하지 못하기 때문이다. 그래서 스스로에 대한 신뢰가 부족하다. 지식을 직관적으로 흡수하고 이해하며 상징이나 느낌으로 받아들이며, 형이상학적인 세계에 관심이 있다. 음해나 방해를 받을 때 스스로 한계를 느끼거나 자격지심을 느끼기 쉽다. 청력은 약한 편이다.

12하우스 금성 ♀

12하우스 금성은 애정과 사랑이 감춰지고 비밀스러울 수 있다. 사랑을 해도 비밀스럽게 하거나, 사랑해서는 안 되는 사람을 사랑하거나 할 수 있다. 애정의 즐거움은 드러나지 않고 비밀스럽다. 정상적인 관계보다는 비정상적인 인연을 맺기 쉽고, 비밀스런 관계를 유지하려는 경향이 있다. 내면의 감정을 잘 드러내지 않고, 고독을 사랑하며 자기 안에 성을 구축한다. 연민이 강하기 때문에 다른 사람을 도우려는 의지를 가지고 있다. 사회적 기준에서의 성공은 별로 중요하지 않고, 삶의 의미를 이해하고 싶어 한다. 마법이나 오컬트 등에 흥미가 있고, 비밀스런 연애를 하거나 스폰서 등 밖으로 드러낼 수 없는 관계를 맺기 쉽다. 대신 큰 기운의 옆에서 사랑을 받을 수 있다.

12하우스 화성 ♂

12하우스 화성은 강력한 감정적 반응이 밖으로 표출되지 못하고 뭉쳐 있어서 억압된 욕망과 망상증이 있을 수 있다. 사람들이 12하우스의 감추어진 감정을 감지하고 건드릴 수 있으며, 비밀의 적이나 비방을 통해서 문제가 발생할 수 있다. 내면의 억울함과 숨겨진 감정들을 극복할 필요가 있다. 억울하게 비난의 대상이 될 수 있으며, 고독감을 느끼기 쉽다. 스트레스가 억류되었다가 갑자기 풀어지면서 사건 사고가 발생할 수 있다. 호전성을 숨긴 채 홀로 격리되어 일하려는 경향이 있거나, 혹은 스크린 뒤에서 자신의 일을 효과적으로 수행하기도 한다.

12하우스 목성 ♃

12하우스 목성은 보이지 않게 남들을 후원하고 도와줄 수 있다. 직접 나서서 무언가를 확장하고 펼치기보다는 드러나지 않은 상태에서 후원자가 되기도 하는데, 원하든 원하지 않든 간에 자신이 한 일이 남을 돕는 일이 된다. 지조가 있고, 끝까지 믿고 가는 신뢰가 있다.

12하우스 토성 ♄

12하우스 토성은 스트레스를 해소하지 못하고 마음 깊숙이 쌓아둔다. 숨은 고뇌가 있고 정신적으로 고립을 느낄 수 있다. 또한 알 수 없는 정신적 두려움에 빠지기 쉽다. 12하우스는 기운을 갈무리하는 방인데, 기운을 제한하고 억압하는 토성이 들어오면 극도의 수축 상태에 빠진다. 기운의 수축기에는 무엇을 해도 좌절감을 느끼기 쉽고 고립되기 쉬우며, 에너지가 수축되고 억압되기 쉽다.

12하우스 천왕성 ♅

12하우스 천왕성은 밝히지 못하는 사건 사고가 갑작스럽게 생길 수 있다. 남들에게 밝히지 못하는 사건에 연루되어 말 못한 고통을 받거나 갑작스런 공황장애증이 생길 수 있으며, 고립되거나 고독 속에 머물 수 있다. 특별한 경우 유배나 고독한 상황에 처할 수 있다. 예기치 못한 사건에 휘말리거나 유배, 고독, 징역 등 신분을 밝히기 어려운 비밀스러운 일을 할 수 있다. 비밀 임무나 첩보원 등이 잘 어울린다.

12하우스 해왕성 ♆

12하우스 해왕성은 12하우스의 자리를 점하는 물고기자리와 가장 잘 어울리는 행성이다. 연민의 감정이 내재되어 있고, 정이 넘치며, 다른 사람의 고독에 민감하며, 타인의 아픔을 자신의 아픔처럼 여기고 인도주의적 명분을 중시하는 편이다. 스스로 고독과 하나가 되고 희생 속에 자신을 몰아넣기도 한다. 타인을 많이 도와줘야 하는 사람이다.

12하우스 명왕성 ♇

12하우스 명왕성은 핵폭탄을 몰래 숨기고 있다가 갑작스럽게 충돌이 생길 수 있다. 보이지 않는 힘겨루기가 생길 수 있고, 원수와 충돌할 수 있다. 내면 깊이 파고드는 힘이 강하기 때문에 직관과 통찰력이 좋은 편이며, 미래에 대한 힘을 저장하고자 한다. 힘이 차단당하거나 감추어질 수 있다.

⟨12하우스에 행성들이 위치할 때 요약⟩

☉	장막 뒤에서 활동하며 남들 앞에 나서기보다는 다른 사람을 도와주려는 마음이 크다.
☽	정신적·육체적으로 감금되기 쉽다. 병원이나 감옥 등 공공시설과 같은 음지나 무대 뒤에서 일하기 쉽다.
☿	직관과 통찰력을 가지고 있으나 생각을 감추는 경향이 있다.
♀	애정과 사랑을 감춰서 비밀스러울 수 있고, 정상적인 관계보다는 비정상적인 인연을 맺기 쉽다.
♂	감정적 반응이 밖으로 표출되지 못하고 뭉쳐 있어서 억압된 욕망과 망상증이 있을 수 있다.
♃	보이지 않게 남들을 후원하고 도와줄 수 있다.
♄	기운의 수축기로 무엇을 해도 좌절감을 느끼기 쉽고, 고립되기 쉬우며 에너지가 수축되고 억압되기 쉽다.
♅	밝히지 못하는 사건 사고가 갑작스럽게 생길 수 있다.
♆	연민의 감정이 내재되어 있고, 정이 넘치며, 다른 사람의 고독에 민감하며, 타인의 아픔을 자신의 아픔처럼 여긴다.
♇	핵폭탄을 몰래 숨기고 있다가 갑작스럽게 충돌이 생길 수 있다. 보이지 않는 힘겨루기가 생길 수 있다.

맺음말

천궁도 안에 내 인생이 담겨 있다!

천궁도에는 인생의 주기가 담겨져 있다. 봄·여름·가을·겨울, 사계절 속에 인생의 주기가 담겨 있듯, 천궁도 안에는 인간이 태어나서 늙고 병들고 죽는 인생의 생로병사(生老病死)와 희로애락(喜怒哀樂)이 담겨 있다.

1하우스는 처음 시작이며 탄생의 시간이다. 인간이 처음 태어나 자아를 인식하고 '나'라는 개체를 형성해가면서 각 개인의 개성이 만들어진다.

2하우스에서는 물질을 다루는 방법을 배운다. 한 영혼이 물질 세상에 내려왔으니, 물질 시스템에서 통용되는 물질을 어떻게 다루고, 어떻게 관리하며, 또 어떻게 이용하는지에 대해 배운다.

3하우스에서는 가까운 사람과의 의사소통을 배운다. 학교에 들어가 친구를 사귀고, 형제들과 마음을 나누며, 자신의 의견을 내어놓고 상대의 의견을 들으며 가까운 사람들부터 사귀기 시작한다.

4하우스에서는 가문의 카르마를 배우게 된다. 부모로부터 이어져 온 카르마는 사춘기가 되면 표면으로 드러나기 시작한다. 자식은 부모를

복제하고 닮아가며 습관을 형성해나간다.

　5하우스에서는 새로운 인연과 세상을 경험하게 된다. '나' 아닌 타인을 가장 가까이에서 접하며 마음을 내어주게 된다. 이성을 알아가고 새로운 인연을 만나면서 자신의 마음을 빼앗긴다. 또한 세상의 즐길 것들에 관심을 두게 된다.

　6하우스에서는 직장이나 조직을 배우게 된다. 조직에서 어떻게 움직이고, 어떻게 행동해야 하는지, 가정이 아닌 더 큰 사회를 배우게 된다.

　7하우스에서는 자신의 반쪽을 만나게 된다. 자신과 전혀 다른 성향의 파트너 혹은 배우자를 만나 자신을 거울처럼 비춰보기 시작한다. 서로 다름을 보면서 서로의 비슷함을 발견하고 상대를 통해 비춰진 자신의 모습 속에서 자기의 모순을 찾는 시간이 된다. 어떤 이는 파트너와 잘 맞춰 나가지만, 또 어떤 이는 파국으로 치닫기도 한다.

　8하우스는 자신의 모순점을 수술해 나가는 방이다. 7하우스에서 발견한 모순점을 8하우스에서 수술하는 형국으로, 자신의 모순을 분해하고 분석하며 고칠 것은 고치고 살릴 것은 살리면서 재탄생하는 시간을 갖는다. 그래서 8하우스는 정련의 방이기도 하다.

　9하우스에서는 새롭게 변화된 자아에 새로운 이상과 사상이 심어진다. 생각에 생각이 이어지고, 정보에 정보를 흡수하면서 점차 의식을 넓히고 확장하는 단계를 거친다.

　10하우스에서는 9하우스에서 만들어진 생각을 현실화시키고 물질화시킨다. 드디어 자신의 이상과 사상을 세상에 내어놓는 시기가 바로 10하우스이다. 전문적인 성과를 쌓고 지위를 구축하는 시간이다.

　11하우스에서는 그룹이나 조직을 형성하게 된다. 분화된 그룹과 조직생활을 통해 그룹과 그룹 간에 상호관계성을 배우게 된다. 즉, 10하우스에서 만들어진 전문적인 성과는 11하우스에서 분배되고 뿌려지게 된다.

12하우스에서는 정보를 다 쏟아놓고 난 후, 잠시 동면 상태에 들어간다. 점차 기운을 수축하고, 펼쳤던 일들을 정리하고 마무리하는 시간이 된다. 그리고 스스로 다음 시작을 위한 준비 과정에 들어간다.

이렇게 우리 인생은 '탄생-성장-죽음'을 맞이하게 된다.

"위에서와 같이 아래에서도."

참고문헌

윌리엄 릴리, 『크리스천 점성술 1·2·3』, 좋은글방, 2007.

유기천, 『인간의 점성학 1·2』, 정신세계사, 2002.

비비안 롭슨, 『성을 위한 점성술』, 좋은글방, 2008.

프톨레마이오스의 저서: Claudius Ptolemy, 『테트라비블로스(Tetrabiblos)』, Harvard University Press, 1940.

점성학적 자료 모음 사이트: http://www.astrologyweekly.com/

차트 사례를 볼 수 있는 곳: http://www.astrotheme.com/

항성을 정리해놓은 곳: http://www.constellationsofwords.com/

차트 프로그램을 다운로드할 수 있는 곳: http://www.astrolog.org

개념 정리에 도움을 받을 수 있는 곳: 위키백과